ANNETTE ROSA,
agrégée de lettres, professeur au Lycée Jacques Decour à Paris, est l'auteur de plusieurs articles, publiés ou à paraître, sur V. Hugo et sur Théophile Gautier ; elle a participé à l'édition des œuvres de V. Hugo (Laffont, « Bouquins »). Sa biographie *V. Hugo, l'éclat d'un siècle* (Messidor, la Farandole) a reçu le prix Jean Macé en 1985.

ELISABETH GUIBERT-SLEDZIEWSKI
Maître de conférences de Sciences politiques à l'université R.-Schuman de Strasbourg.
Auteur de plusieurs études sur l'idéologie politique et la législation de la Révolution française, notamment sur le statut juridique de la femme.
A publié : *Voies idéologiques de la Révolution française,* Éditions sociales, 1976, et *Idéaux et conflits dans la Révolution française,* Méridiens-Klincksieck, 1986.

CITOYENNES

LES FEMMES ET LA RÉVOLUTION FRANÇAISE

ANNETTE ROSA

PRÉFACE DE CLAUDE MAZAURIC
POSTFACE D'ÉLISABETH GUIBERT-SLEDZIEWSKI

MESSIDOR

L'histoire des femmes est devenue dans les trente dernières années l'un des chantiers les plus novateurs de l'écriture et de la recherche historique. Née en même temps, ou peu après, que l'essor du mouvement en avant de l'émancipation féminine qui restera comme l'un des acquis progressistes majeurs de notre temps, la nouvelle histoire des femmes a d'abord acquis ses lettres de noblesse aux États-Unis d'Amérique où il n'est pas d'université qui n'ait sa chaire d'histoire au féminin. Assez vite répandue en Europe, cette histoire a gagné la France où elle s'est greffée sur le tronc vigoureux de l'histoire des luttes sociales dont tant de militants avaient écrit avec leur sueur, leur peine et leur sang, des pages glorieuses au dix-neuvième et au vingtième siècle. Mais cette histoire a parallèlement rencontré la démographie historique et la nouvelle histoire des sociétés et des mentalités dont elle est devenue l'une des branches les plus fécondes. Qui concevrait aujourd'hui qu'on pût évoquer un moment quelconque de l'histoire sans connaître la place véritable que les femmes y ont prise ?

Cette nouvelle histoire cependant n'a pas toujours échappé à quelques écueils qui ont, ici ou là, freiné ou compromis l'élan initial des mouvements de libération féminine. Le risque de devenir une histoire tubulaire et étanche, coexistant avec une « histoire générale » dont l'autre partie de l'humanité serait le seul vecteur et l'unique agent, n'a pas échappé aux plus lucides des historiennes des femmes. Aujourd'hui on sait en général éviter cet écueil en construisant une histoire sociale attentive à traduire à la fois la spécificité féminine et *le mouvement d'ensemble de la société, la spécificité féminine* dans *le mouvement social tout entier. Des réussites exemplaires ponctuent cette marche en avant du travail de recherche : de Yvonne Knibielher à Michelle Perrot, de Erica-Marie Benabou à Dominique Godineau et quelques autres, on voit bien que la préhistoire dans la manière de traiter de l'histoire des femmes est révolue ! Nous atteignons le temps de maturité où la synthèse pour un large public devient possible et souhaitable. C'est à écrire une approche singulière dans cette nécessaire synthèse que s'est consacrée ici Annette Rosa épaulée par Elisabeth Guibert-Sledziewski.*

Car cette histoire a désormais balisé ses sources et ses méthodes : loin de circonscrire l'objet de leur enquête en se fondant sur l'une de ces ségrégations dont les femmes ont été si longtemps victimes dans toutes les sociétés de classe, les nouvelles historiennes s'attachent à valoriser l'enquête qui révèle soit en creux, comme un sujet présent/absent, soit sur le devant de la scène, la place des femmes dans tout le champ d'une histoire de ce fait devenue plus riche et plus complexe. C'est la démarche qu'ont suivie ici Annette Rosa et Elisabeth Guibert-Sledziewski dans le beau texte à deux voix, l'une plus romantique et suggestive, l'autre plus brève et conceptuelle, qu'elles nous offrent à propos « des femmes et de la Révolution française ».

Leur livre pose une vraie question : la Révolution a-t-elle contribué à émanciper les femmes ? Naguère, on était plutôt porté à insister sur l'émancipation politique manquée et la remise en tutelle de l'épouse et de la fille dans la « France révolutionnée » du Code civil *et de la société bourgeoise. Restaient de la geste révolutionnaire quelques belles pages écrites par ces « amazones », Olympe de Gouges ou Théroigne de Méricourt, dont Michelet autrefois nous avait entretenu. Ou bien c'était, symétriquement aux vendéennes obtuses, l'image de ces audacieuses républicaines révolutionnaires qui avait frappé notre jeunesse. Vision assurément étroite et mutilée qui réduit le formidable bouleversement démocratique de la Révolution de France à l'histoire de la loi et à la domination exercée au sortir de la Révolution par la nouvelle classe dirigeante. En fait, dès la proclamation originaire de l'égalité des droits civils entre les hommes, c'est-à-dire, selon l'acception de l'époque, entre les hommes et les femmes autant qu'entre des êtres humains économiquement inégaux, la Révolution de 1789 a dégagé le champ des luttes pour plus de justice et d'égalité. L'exigence de* l'égalité réelle, *conçue quelquefois comme égalité des droits politiques et toujours comme promotion des droits sociaux à l'instruction, à la solidarité, au bien-être, ont été en tout ou partie revendiqués au bénéfice des prolétaires, des Noirs esclaves, puis des femmes par les plus démocrates des révolutionnaires : Marat et Condorcet, Robespierre et Babeuf. La Révolution française a ainsi révélé la solidarité objective des luttes de masse contre l'injustice sociale et l'exploitation et du mouvement d'émancipation des femmes. Parce qu'elle fut une vraie révolution, sociale et politique, culturelle et morale, impliquant de grands choix de société à un moment crucial de notre histoire, la Révolution a favorisé, ne serait-ce qu'à l'état d'une promesse, cette mise en marche progressive dont nous sommes encore très loin de voir l'aboutissement.*

Le vrai mérite du livre, réaliste et intelligent, qu'Annette Rosa et sa post-facière Elisabeth Guibert-Sledziewski nous livrent aujourd'hui, est d'avoir su traduire à la fois l'élan historique de la libération civile des femmes et les innombrables contradictions et limites qui en ont freiné la réalisation complète en ce temps-là. Du coup, grâce à elles, la Révolution dont elles nous parlent en paraît encore plus réelle et plus vraie : une révolution de la citoyenneté qui en appelle aux citoyens pour ne jamais renoncer à élargir le champ de leurs droits civiques et le règne du possible humain.

Paraphrasons Sade : Citoyennes, encore un effort pour devenir de vraies républicaines !

Claude MAZAURIC

10

ÉTAT GÉNÉRAL DES FEMMES EN 1789

Dans des villes sans eau courante, monter l'eau est la corvée quotidienne, un métier pour certaines. « Comment les femmes sont-elles réduites parmi nous à un labeur si disproportionné aux forces qu'elles ont reçues de la nature ? » (L.-S. Mercier.)
Porteuse d'eau *d'après Bouchardon. (Bibl. Nat. Paris.)*

11

FEMMES DE FIGARO

Le 27 avril 1784, le rideau va se lever pour la première représentation tant attendue du *Mariage de Figaro*, comédie de M. de Beaumarchais, depuis trois ans censurée, modifiée et enfin autorisée. Le spectacle est d'abord dans la salle :

« Tout cela brillait. [...] C'étaient des bras arrondis, de blanches épaules, des cous de cygne, des rivières de diamant, des étoffes de Lyon bleues, roses, blanches, [...] tout cela impatient d'applaudir, impatient de dénigrer, tout cela pour Beaumarchais et par Beaumarchais. »

(*Mémoires* de Fleury.)

Sur la scène, il y a bien sûr Figaro, l'astucieux valet, un Tiers Etat à lui tout seul, luttant pied à pied, génie contre mépris, face à son privilégié de maître, le comte Almaviva ; combat inégal : d'un côté le nom, le pouvoir, la fortune, et leur cortège d'abus « qui désole la société », de l'autre un anonyme roturier, démuni, dépendant, domestique. Heureusement pour lui, il y a les femmes.

Elles ont de l'esprit comme quatre : ce n'est pas un luxe, mais une arme indispensable pour supporter, dénoncer et combattre l'injustice de la condition féminine. Certes, leur victoire ne dure que le temps des applaudissements et l'âpreté de leurs revendications est plus lisible aujourd'hui qu'en 1784. Elles méritent pourtant d'être écoutées.

Ne nous laissons pas abuser par l'apparence conventionnelle des « rôles ». Une comtesse -Rosine, une camériste -Suzanne, une duègne -Marceline, une fille de jardinier -Fanchette : les prénoms, eux, sont réalistes et non de comédie, comme sont vraies leurs conditions d'existence. Privilégiée, la comtesse ? Voire. Privée d'argent, de liberté, de dignité, d'amour par un époux libertin et jaloux, elle n'a d'autre compensation que les rêves d'adultère au risque de se voir enfermée dans un couvent. Que peut alors réserver le sort à celles qui ne sont protégées ni par le mariage ni par les titres ? Suzanne peut bien partager un amour honnête avec Figaro, elle est fille et domestique : deux raisons suffisantes pour « devoir » au comte des plaisirs auxquels seule une vertu intelligente lui permet de se dérober. Avec la candeur rouée de ses douze ans, Fanchette, elle, dessine l'avenir des filles moins avisées : galanterie et prostitution.

Aux obstacles dressés devant son mariage avec Chérubin, elle répond :

Fanchette — On dit que nous ne pouvons nous marier.
Figaro — Ma chère ! un gentilhomme ! Il faudrait une grande fortune, des terres immenses, un beau château.
Fanchette — J'en achèterai.
Figaro — C'est bien dit, mais tu n'as pas d'argent.
Fanchette — J'en achèterai.
Figaro — Pour acheter, il faut avoir quelque chose à vendre.
Fanchette — Est-ce que je n'ai rien à vendre, mon cousin ?

Petite fille du peuple, animée d'un amour sincère, mais sans éducation ni protection, comment pourrait-elle échapper à la corruption qui l'entoure, refuser de se vendre au premier acheteur, le comte ?

Pour achever le tableau d'une féminité opprimée et dégradée, quels que soient la fortune et l'âge, voici Marceline. C'est en procureur qu'elle s'exprime, avec une violence telle que, longtemps, son personnage fut censuré à la scène. De la misère des femmes elle a tout connu : la servitude, la séduction, la maternité illégitime, la prison, le mépris social, la solitude du cœur. Formée « à l'école du malheur », elle dénonce :

« J'étais née, moi, pour être sage, et je le suis devenue sitôt qu'on m'a permis d'user de ma raison. Mais dans l'âge des illusions, de l'inexpérience et des besoins, où les séducteurs nous assiègent, pendant que la misère nous poignarde, que peut opposer une enfant à tant d'ennemis rassemblés ? Tel nous juge ici sévèrement qui, peut-être, en sa vie, a perdu dix infortunées ! [...]

Hommes plus qu'ingrats, qui flétrissez par le mépris les jouets de vos passions, vos victimes ! c'est vous qu'il faut punir des erreurs de notre jeunesse ; vous et vos magistrats, si vains du droit de nous juger, et qui nous laissent enlever, par leur coupable négligence, tout honnête moyen de subsister. Est-il un seul état pour les malheureuses filles ? Elles avaient un droit naturel à toute la parure des femmes : on y laisse former mille ouvriers de l'autre sexe. [...]

Dans les rangs même plus élevés, les femmes n'obtiennent de vous qu'une considération dérisoire ; leurrées de respects apparents, dans une servitude réelle ; traitées en mineures pour nos biens, punies en majeures pour nos fautes ! Ah ! sous tous les aspects, votre conduite avec nous fait horreur, ou pitié ! »

Bilan terrible que l'étude historique confirme. Nobles ou roturières, les femmes rencontrent l'injustice partout : morale, sociale, pénale, économique. Hors du mariage, point de salut, point de considération, point d'identité. Dans le mariage, ni liberté, ni pouvoir, ni bonheur. Perdition ou soumission.

Ces doléances pourtant ne finiront point en « Cahiers » mais en chansons. Le rideau tombe sur le triomphe matrimonial de l'amour et de la vertu. Maris récupérés, dots gagnées, places méritées. Société et public rassurés ?

Qu'applaudissaient-elles donc, les dames parées du parterre, devant une pièce si ambiguë ? la vérité âpre d'une condition insupportable, un feu d'artifice de l'esprit féminin amorcé par un siècle de Lumières, ou encore l'image optimiste d'un type nouveau de femme, énergique, combative, digne d'estime, puisant son identité ailleurs que dans la « faiblesse » conventionnelle de son sexe ?

La vérité est sans doute à chercher dans ces deux voies tracées par le génie de Beaumarchais : dans une réalité sociale que l'histoire nous révèle, et dans une série d'images — communes ou atypiques — où les contemporains projetaient et retrouvaient leurs « idées », voire leur idéal de femme.

INFÉRIEURES

C'est une évidence, la femme ne « compte » pas. Témoin, cette paysanne du Limousin qui, au XIXe encore, à qui lui demande « si elle a des enfants, vous répond très sérieusement : non, je n'en ai pas ; et un instant après, elle vous dit qu'elle a trois filles : car une fille n'est qu'une fille, un garçon a seul le privilège d'être un enfant. »

Telle était bien la femme dans la loi d'Ancien Régime : inférieure, mineure, « nulle », les mots ne manquent pas pour désigner son inexistence. Puissante juridiquement au Moyen Age, elle a progressivement perdu tous ses droits : et d'abord celui de régner. Exclue du trône de France par la loi salique dès le XVe siècle, privée de la possibilité de transmettre son nom puis de le porter une fois mariée, elle n'est même pas digne de témoigner en justice. Le droit d'aînesse l'écarte, sauf dans certaines régions du Sud-Ouest, de l'héritage réservé au fils aîné. Comme biens, il ne lui revient que la dot, que le mari gérera et parfois s'appropriera, à condition toutefois que la fortune et la volonté de son père la lui accordent. Malheur aux filles non ou mal dotées : orphelines, filles de pères capricieux — qu'on se rappelle l'Harpagon de Molière —, bâtardes comme Suzanne Simonin, héroïne de *La Religieuse* de Diderot, les voilà interdites de mariage, bonnes pour le couvent... ou l'aventure et la déchéance.

Le mariage lui-même, en dépit d'une majorité théorique à 25 ou 26 ans, ne fait que changer la sujétion paternelle en sujétion maritale, et c'est faire une grâce à sa fille que de lui demander de consentir à l'époux qu'on a choisi pour elle. Cette conception de la femme « incapable » conduit tout naturellement à la juger inapte à tous les emplois : gouvernement, sacerdoce, commandement des armées, justice, médecine lui sont interdits, cela va de soi, mais aussi l'enseignement, qu'elle ne peut ni donner ni recevoir. Toutes les portes, y compris bien sûr celles de l'Académie française, lui sont fermées.

En somme, du point de vue de la loi, la femme n'existe pas comme personne. Elle n'est pas « sujet » juridique, objet seulement. Ce n'est que dans la famille, ou les institutions qui la remplacent, qu'elle est reconnue, non comme femme, mais comme fille, sœur, épouse, mère, ou mieux : veuve.

Dans cette « petite école », les petites filles — à qui l'on apprend pourtant à lire — cousent et brodent tandis que les garçons s'adonnent à des activités intellectuelles. Photo Édimédia.

16

FAMILLES

« Famille se prend pour un ménage composé d'un chef et de ses domestiques, soit femmes, enfants, ou serviteurs. » Cette intéressante définition de Furetière en 1690 se retrouve dans la plupart des dictionnaires jusque vers 1770. Certes, en 1789, les femmes ne sont plus considérées dans les familles comme les premières des domestiques. Le XVIIIe siècle voit en effet évoluer notablement la physionomie de la famille, mais avec des contradictions, des disparités et des préjugés dont témoigne justement la persistance de cette définition.

Il faut tenter de comprendre pourquoi une conception si méprisante pouvait avoir cours sans choquer personne, pas même les femmes sans doute. Notons d'abord que les enfants, fils aîné compris, ne sont pas mieux lotis que leur mère devant l'autorité absolue du père. Depuis saint Paul la soumission au chef de famille paraît naturelle dans une société chrétienne, et simplement symétrique de l'obéissance due à l'autre père : Dieu. « Femmes, soyez soumises à vos maris, comme au Seigneur. » Appuyées l'une sur l'autre, ces deux paternités, naturelle et divine, légitiment en retour l'autorité absolue du Monarque, roi-père de ses sujets, dont l'image se reflète utilement dans toutes ses doublures : le seigneur, le patron, l'officier, etc.

Devant cette trinité paternelle, qui ne s'inclinerait ? D'autant que les familles subissent le contrôle et la contrainte de la collectivité. Ainsi le mari qui n'était pas, par tempérament, autoritaire, se voyait, à la campagne en particulier, brutalement rappelé à sa mission de chef par le voisinage. « Les maris qui se laissent battre par leurs femmes seront contraints et condamnés à chevaucher un âne le visage par devers la queue dudit âne » : cette coutume appelée le « charivari », quoique depuis longtemps illégale, se pratique encore dans les villages à la fin du XVIIIe siècle. La morale religieuse semble aussi avoir évolué dans un sens favorable à la femme. Les manuels de confession proclamaient au XVIIe siècle que « la femme est obligée de faire le commandement de son mari » et que, si elle l'enfreint, « elle pèche » ; le ton évolue sensiblement au XVIIIe : « N'avez-vous point méprisé les avis de votre mari et les remontrances qu'il vous a faites ? » De même l'Eglise cesse de confier à l'époux le soin de surveiller et de corriger l'inconduite de sa femme et ne lui reconnaît plus le devoir de la battre. Une vie de femme certes ne tient pas toute dans ce qu'en épie le voisin ou ce qu'en chuchote le confessionnal. Mais elle est programmée, ou précontrainte, par une tradition, par une morale auxquelles l'homme n'échappe pas non plus.

D'autres changements surviennent au cours du XVIIIe siècle : si la société rurale — 80 % de la population — reste brutale, et close en maisonnées animées de relations plus hiérarchiques qu'affectives, les villes, les milieux de notables, nobles ou bourgeois, offrent un paysage familial nouveau. L'espace domestique se modifie. Naguère entièrement livrée à tous, parents, enfants, serviteurs, visiteurs, la maison se divise, multiplie les pièces, leur attribue des usages précis. A la promiscuité de la salle commune bonne aux repas comme au sommeil, on préfère une répartition favorisant l'intimité. Intimité de la famille par rapport aux étrangers, des parents vis-à-vis des enfants — c'est la chambre conjugale — ou des domestiques — relégués à l'office. Intimité de la femme enfin : l'aménagement d'un cabinet de toilette, d'un boudoir même, en préservant la pudeur, autorise sa coquetterie, accroit la séduction du secret qui l'enferme.

C'est dans cet espace transformé qu'il nous faut concevoir la vie d'une femme de la fin du XVIIIe siècle. Imaginons la fille d'avocat, ou de graveur comme la petite Manon Phlipon qui sera un jour Madame Roland.

VIES DE FEMMES

Les tableaux de Chardin illustreraient assez justement ce qu'est alors l'enfance bourgeoise. Les garçons sont en pension au collège, la petite fille grandit aux côtés de sa mère qui la nourrit, l'habille, lui enseigne la prière et l'alphabet, vers dix ans la conduit au catéchisme et à la promenade. Les filles de l'aristocratie vouvoient leur mère, qu'elles appellent « Madame » et entrevoient brièvement entre une toilette et un bal; celle-ci tutoie sa « maman » et prépare auprès d'elle un avenir habité par la maternité, le ménage et la vertu. Vers l'âge de onze ans, quelques années dans un couvent modeste, rue Saint-Denis, faubourg Saint-Antoine ou rue de Charonne, compléteront par des leçons de dessin, de danse ou de musique, l'apprentissage de l'écriture, du calcul, de la couture et du tricot. Le terme de cette éducation coïncidait avec la communion après laquelle la mère partageait désormais avec sa fille l'existence typiquement bourgeoise qui concilie le savoir-faire à la cuisine et le savoir-être au salon. La famille s'ouvre à un cercle étroit de parents, de voisins, de relations d'affaires, quelques abbés, cercle dans lequel la jeune fille doit prendre place sans

gaucherie. Ses parents la mènent parfois à la Comédie, aux expositions de peinture — mode nouvelle — au Luxembourg, à Meudon enfin dont la jeune Manon conservera toute sa vie une image de paradis :

« C'était ma promenade favorite. Je préférais ses bois sauvages, ses étangs solitaires, ses bois de sapin, ses hautes futaies aux routes fréquentées, aux taillis uniformes du bois de Boulogne. »

Cet univers feutré n'est guère perméable aux idées nouvelles. Pourtant, ce climat pieux et conservateur voit grandir ici et là de jeunes bourgeoises plus épanouies et mieux instruites. Manon Phlipon est initiée au latin par un oncle curé. Lucile Duplessis, fille d'un commis de finance, et que nous retrouverons en 1790 mariée à Camille Desmoulins, reçoit d'un précepteur leçons de grec et de latin : tandis que la première ajoute à son savoir les plaisirs frondeurs de l'ironie par la lecture de *Candide*, Lucile, plus jeune, découvre les délices et les tourments du cœur en dévorant en 1788 *La Nouvelle Heloïse* de Rousseau. A quinze ans d'écart — Manon est née en 1754, Lucile en 1771 —, ces deux têtes, l'une songeuse, l'autre rêveuse, ébauchent un nouveau profil de femme. Quoique sages, et visiblement heureuses dans leurs familles, elles sont habitées d'une insatisfaction qui les pousse à prendre la parole et à écrire : Manon correspond avec ses amies de pension, Lucile tient un journal intime, très récemment découvert. Que disent-elles ?

Manon, en 1776 :

« En vérité, je suis bien ennuyée d'être une femme : il me fallait une autre âme, ou un autre sexe, ou un autre siècle. Je devais naître femme spartiate ou romaine, ou du moins homme français.[...] Mon esprit et mon coeur trouvent de toutes parts les entraves de l'opinion, les fers des préjugés, et toute ma force s'épuise à secouer vainement mes chaînes. O liberté, idole des âmes fortes, aliment des vertus, tu n'es pour moi qu'un nom ! »

Lucile, 24 juin 1788 :

« Que les mois, les jours, me paraissent longs, quel triste sort que celui de la femme, combien a-t-on à souffrir ! L'esclavage, la tyrannie, voilà son partage ; ils veulent seulement qu'on les adore, je crois qu'il suffirait qu'on leur dressât des autels et prosternées devant eux l'encensoir à la main leur demander le pardon des maux qu'ils nous font souffrir. A les entendre nous sommes des êtres célestes ! rien n'est égal à nous ! Ah ! qu'ils nous divinisent moins et qu'ils nous laissent libres ! »

Pendant que ces jeunes filles écrivent, brodent, rêvent ou jouent de leur pianoforte tout neuf, les parents pensent aux choses sérieuses : le

Modestie, propreté, travail, concentration partagée, voici l'intimité bourgeoise, sans éclat et pourtant lumineuse. J.-B. Chardin. Photo Hubert Josse.

mariage. Tout autre chose qu'aujourd'hui. Ce n'est pas l'union légitime de deux êtres qui s'aiment, mais un sacrement de l'Eglise et un contrat entre deux familles. Le mariage est un « établissement », un fiancé n'est pas un amoureux mais un « parti ». A la dot de la jeune fille doivent correspondre chez le futur un bien consistant, un état solide, à tout le moins des « espérances » (la perspective d'un héritage). C'est que toute l'existence se joue sur le patrimoine de la famille à faire.

Tant pis si Lucile Duplessis s'entête à aimer Camille Desmoulins, malgré son père hostile à ce jeune avocat sans cause, bohème et désargenté. Le mariage n'est pas pour demain ! Manon Phlipon, savante mais sans fortune, donc peu courtisée, redoute autant le célibat qu'un époux médiocre. Ce sera Roland, plus âgé qu'elle, apparemment plus philosophe qu'amoureux. Tant pis ! au moins est-il digne d'admiration et de dévouement. La dignité et la considération attachées à l'état d'épouse compensaient ou masquaient l'entrée en dépendance conjugale. Il y avait pire et l'Eglise bénissait sans hésiter l'union d'un impotent de soixante-dix ans et d'une malheureuse de dix-sept, comme la jolie Sophie de Ruffey devenue de la sorte, malgré elle, marquise de Monnier.

La jeune mariée n'a plus semble-t-il qu'à imiter sagement sa mère. A l'apparence près ! Alors que Madame Jourdain raillait les prétentieuses coquetteries de son bourgeois « gentilhomme », la jeune bourgeoise des années 1780 se consacre sans scrupule à sa « parure ». La mode n'est plus l'apanage des dames de la Cour. Si en 1700, les garde-robes masculines et féminines sont de valeur équivalente, en 1789 la femme dépense en moyenne le double de son mari pour son habillement . Sans atteindre les faramineuses dilapidations de l'aristocratie, les femmes des classes moyennes sont devenues des « consommatrices » et semblent déjà, aux yeux de L.-S. Mercier, avoir perdu leurs qualités d'économie et de sagesse.

« Les amusements de l'opulence enrichissent une foule d'ouvrières. Mais ce qu'il y a de fâcheux, c'est que la petite bourgeoise veut imiter la marquise et la duchesse. Le pauvre mari est obligé de suer sang et eau pour satisfaire aux caprices de son épouse.[...] la tête tourne réellement à nos femmes. »

Aux strictes robes de serge sombre, on préfère les popelines de satin, les velours, et à la veille de 1789, toutes les femmes découvrent la souplesse des indiennes, les siamoises rayées, qui font le corps plus libre et le teint plus brillant. Là où Mercier déplorait l'oubli des vertus bourgeoises, voyons un changement radical et définitif du statut féminin : la parure cesse alors d'être le propre d'une classe, l'aristocratie — hommes et femmes —, pour devenir le propre d'un sexe — les femmes, quelle que soit leur origine sociale.

Cette modification des apparences ne signifie pas un bouleversement des rôles et des contraintes. Et d'abord de la maternité. En l'absence de toute contraception, les grossesses répétées sont la loi.

Dette conjugale oblige ! Les fausses couches et la mortalité des nourrissons limitent de fait le nombre des enfants. Trop survivent pourtant, en ce siècle de natalité galopante, pour que les familles modestes en assument la responsabilité ; d'où les trois terribles solutions bien connues : l'avortement, l'infanticide et, dans les villes surtout, l'abandon des enfants.

Cherchant à lutter d'abord contre l'infanticide, les autorités, parisiennes et provinciales, organisent des hospices d'enfants trouvés. L.-S. Mercier note en 1788 leurs effets positifs : « Ce sage établissement a prévenu et empêché mille crimes secrets : l'infanticide est aussi rare qu'il était commun autrefois. » Il note aussi leur contre-effet : « Sept à huit mille enfants légitimes ou illégitimes arrivent tous les ans à l'hôpital de Paris, et leur nombre augmente chaque année. » La plupart d'entre eux, apportés de la campagne, sont le fruit d'amours illégitimes et surtout de la misère, mais tous les milieux ont recours à l'abandon, et, quoi qu'en ait dit Voltaire, Rousseau ne fut sûrement pas le seul parmi les gens « éclairés » à abandonner ses enfants.

Les familles bourgeoises « gèrent » plus aisément, ou plus discrètement, l'excès des naissances. Elles oublient moins leurs enfants sur les marches des églises que les filles mères ou les domestiques, grâce au « système » des nourrices. Prises à la « campagne » — ce qui serait pour nous la banlieue — pour éviter le mauvais air des villes, les nourrissons leur sont envoyés dès la naissance. L'instinct de ces villageoises suppléant mal à leur ignorance ou corrigeant trop peu leur indifférence, les bébés meurent comme des mouches. D'autant que l'inoculation de la variole, autorisée en 1764, est encore mal acceptée et peu efficace. La maladie — un enfant sur dix en meurt — jointe à l'hygiène hasardeuse des nourrices assure donc en fait la « régulation » des naissances. L'allaitement maternel, prôné par Rousseau, est certes devenu à la mode à la fin du siècle. Il protège la vie de l'enfant, espace les grossesses, modifie surtout le sentiment. La mère qui allaite choie et câline davantage son enfant, dont la vie devient essentielle, et oublie l'attitude fataliste devant ce que Dieu donne et reprend à sa guise. Bien des bourgeoises adoptent cette pratique, mais à leur façon : elles nourrissent l'aîné et continuent d'expédier les cadets en nourrice, réamorçant ainsi le cycle : mortalité, nouvelle grossesse. « Toujours coucher, toujours grosse, toujours accoucher », disait Marie Leczinska, féconde et résignée quoique reine de France.

Dix pour cent probablement des mères meurent encore des suites de leurs couches, un peu plus dans la bourgeoisie, un peu moins dans le peuple, et une sur quatre, estime Tenon en 1788, à l'hôpital où très peu de femmes accouchent. Toutes enfantent dans l'angoisse et la douleur, en filles d'Eve, comme le veut l'Eglise.

« Les travaux de l'enfantement sont une punition de laquelle Dieu n'a voulu dispenser aucunes femmes : et qu'elles doivent par conséquent embrasser avec un esprit de componction et d'obéissance en se regardant comme filles de cette première femme qui ayant fait pécher son mari a été l'origine de nos malheurs. »

(Chanoine G. Leroy, *Sur les devoirs des mères*, Paris, 1675.)

Les femmes ne souffraient pas que par piété : le port du corset, le fréquent rachitisme du bassin, les pratiques plus magiques que scientifiques des matrones accoucheuses provoquaient des ravages. Pourtant la fin du siècle connaît des débuts de progrès, dus aux efforts non conjugués de l'Eglise et de l'Etat. La première, soucieuse du salut de l'âme des nouveau-nés en sursis, réclame des accoucheuses plus recommandables et dignes d'administrer le baptême ; le second, nataliste, se préoccupe de limiter la mortalité infantile. On voit Turgot ouvrir à Limoges une école de sages-femmes et la célèbre Madame Du Coudray promener en France sa « machine pour démontrer les accouchements ». Dix à douze mille sage-femmes furent ainsi formées entre 1760 et la Révolution, plus dans les villes que dans les campagnes où l'on préférera longtemps le service rendu par la voisine-matrone au professionnalisme payant de la sage-femme... et la survie des bêtes à celle des femmes : « [...] pour conserver leur femme, il en est tout autrement, une de perdue, une de retrouvée... » (Archives d'Indre-et-Loire.)

De fait, le veuf ne pleure pas longtemps l'épouse disparue. Selon les paroisses, 50 à 90 % des veufs se remarient dans l'année, tandis que les veuves, tenues à un deuil de dix-huit mois, se remarient beaucoup moins et restent plus nombreuses. Cela se comprend. Quoique précaire en l'absence de biens, l'état de veuve ne manque pas d'avantages : il donne la capacité d'administrer la fortune personnelle et autorise en général à exercer le métier du mari défunt — libraire, imprimeur, apothicaire, éventailliste, etc., tonnelier même —, chose interdite aux autres femmes.

LE FAUBOURG

Marchandes de fruits, de quatre-saisons, ouvreuses d'huîtres, crieuses de rues, « c'est à qui chantera sa marchandise sur un mode haut et déchirant. Tous ces cris discordants forment un ensemble dont on n'a point idée lorsqu'on ne l'a point entendu » (L.-S. Mercier.) J.-B. Greuze : La marchande de pommes. *(Bibl. Nat. Paris.)*

Au rez-de-chaussée de l'immeuble dont la famille bourgeoise occupe les premiers étages ventrus, ou dans les galetas sous les combles, travaille, vit ou survit ce qu'on appelle alors le « menu peuple ». Le centre des villes connaît cette verticalité sociale que décrira encore Balzac et qui fait se côtoyer la fille de boutique, la bourgeoise aisée et l'ouvrière du grenier. Le XIXe siècle dissipera cette confusion

sociale en exilant en « banlieue » ses classes laborieuses. Mais au cours du XVIIIe déjà, la ville, à l'étroit dans ses murs, s'invente les « faubourgs » nécessaires à son expansion : 5 320 000 Français sont citadins en 1789 sur 28 millions ; ils étaient 3 752 000 sur 23,500 millions 64 ans plus tôt. Trois fois plus rapide que celle des campagnes, la croissance urbaine, qui ne sera pas étrangère au phénomène révolutionnaire, entraîne ainsi l'apparition d'une moderne ségrégation horizontale.

C'est dans cet espace agrandi que, du vieux centre à la périphérie, faubourg Saint-Marcel ou faubourg Saint-Antoine à Paris, fourmille un peuple de femmes au travail. Voici la cohorte des boutiquières, celles qui, pour épargner un commis au mari, assurent le commerce de l'échoppe ou du petit atelier. Ces femmes d'artisans ou de petits marchands sont, aux yeux de Louis-Sébastien Mercier, les plus heureuses.

« Les femmes sont occupées dans les plus petites parties du commerce, concernant la bijouterie, la librairie et la quincaillerie ; [...] tous les comestibles passent par leurs mains ; ce sont elles qui vous vendent la volaille, le poisson, le beurre, les fromages, et qui vous ouvrent des huîtres avec promptitude et dextérité. Les femmes tiennent encore de petits bureaux de distribution de sel, de tabac, de lettres, de papier timbré, de billets de loterie [...]. Elles travaillent de concert avec les hommes, et s'en trouvent bien ; car elles manient toujours un peu d'argent. C'est une parfaite égalité de fonction ; le ménage en va mieux. »

Sont-elles pourtant « les femmes les plus gaies, les mieux portantes et les moins bégueules » ? Il est sûr que la responsabilité d'un commerce même minuscule et la fierté d'un « état » leur confèrent une autonomie originale en un temps où les femmes comme il faut ne sortent pas seules dans les rues et ne peuvent dépenser que ce que leur mari leur donne. De là sans doute une prédilection des contemporains flâneurs des rues parisiennes pour ces figures féminines parfois hautes en couleur, comme les « dames » de la Halle, ou celles qui humanisent la rue dès cinq heures du matin en vendant aux ouvriers de l'aube leur café au lait.

« Au coin des rues, à la lueur d'une pâle lanterne, des femmes portant sur leur dos des fontaines de fer blanc en servent dans des pots de terre pour deux sous. »

Encore ne faut-il pas trop se fier à ces regards masculins. A en croire Restif de La Bretonne, ces petites marchandes seraient toutes plus appétissantes les unes que les autres, comme la « petite laitière » avec sa « jupe de poulangis gris-blanc, un jupon de molleton à raies rouges et blanches, une capote de baracan brun, une croix d'or, des bas de laine toujours propres et des sabots en hiver ».

En fait, ces femmes bien souvent triment plus encore qu'elles ne travaillent. Le plus grand nombre se débat pour survivre dans des tâches épuisantes et mal payées, soit pour augmenter le salaire insuffisant du mari, soit — phénomène spécifiquement urbain — parce qu'elles sont seules, célibataires, veuves ou délaissées. Or, en ce siècle où l'industrie du luxe et de la mode doit répondre à une demande française et étrangère croissante, et où donc une main d'œuvre féminine y serait nécessaire, l'organisation archaïque et incohérente de la vie professionnelle, soumise aux vieilles corporations et jurandes, donne encore aux hommes des privilèges aberrants, ceux-là même que dénoncent Marceline et Figaro — « ils font broder jusqu'aux soldats » — et L.-S. Mercier :

« Je crois qu'il faudrait leur rendre tous les métiers qui leur appartiennent. N'est-il pas ridicule de voir des coiffeurs de femmes, des hommes qui tirent l'aiguille, manient la navette, qui sont marchands de linge et de modes, et qui usurpent la vie sédentaire des femmes, tandis que celles-ci, dépossédées des arts qu'elles pourraient exercer, faute de pouvoir soutenir leur vie, sont obligées de se livrer à des travaux pénibles ou de s'adonner à la prostitution ? »

Ainsi voit-on la corporation des tailleurs interdire longtemps à celle des couturières de coudre autre chose que des « dessous », les fripiers dénoncer la concurrence des revendeuses à la toilette, les merciers s'opposer aux brodeuses, etc.

Certes les femmes trouvent de l'embauche, mais pour des salaires inférieurs aux hommes ; elles représentent sans doute plus de 50 % de la main-d'œuvre totale des filatures et forment déjà le groupe le plus démuni de ce que le XIXe siècle appellera le prolétariat. Elles subissent les premiers effets de l'exploitation liée à l'essor du capitalisme : scorbut, goîtres, tuberculose, dont les symptômes sont soigneusement décrits par un médecin enquêtant à Troyes en 1786 dans les filatures de coton. Mais la dispersion en d'innombrables petits ateliers concurrents interdit le sentiment de solidarité et les luttes communes d'une « classe ouvrière » encore à venir.

Tout ce que le compagnonnage apporte à l'ouvrier, entraide, protection, logement, l'ouvrière l'ignore. Seules les très grandes villes comme Paris voient triompher les femmes dans l'industrie et le commerce luxueux de l'extrême mode. Dans les rues mêmes où aujourd'hui règne la couture haute, rue Saint-Honoré par exemple, prospèrent d'élégantes maisons. La plus célèbre est le *Grand Mogol* de Mlle Rose Bertin dont la première cliente n'est autre que Marie-Antoinette. Totalement entichée de sa marchande de mode, la Reine impose à la Cour, bientôt imitée par la Ville, la tyrannie d'une ex-ouvrière de génie. Pour le compte de ces marchandes, des milliers de « grisettes » travaillent en atelier ou à domicile. Elles forment l'élite coquette et séduisante des ouvrières du temps. Mais ce succès écono-

Sous le pittoresque, la peine et le poids de la survie quotidienne. Gravure d'après Bouchardon. (Bibl. Nat. Paris.)

26

mique fondé sur le commerce de l'apparence comporte son revers. Il contribue à accréditer, dans la bourgeoisie surtout, l'idée d'une nature féminine futile, dépensière, attirée par la séduction plus que par la vertu ; les hommes de la Révolution s'en méfieront. Et cette silhouette accorte ou coquine sous son bonnet toujours frais, juchée sur de hauts talons qui font se pâmer Restif de la Bretonne, éclipse trop la vérité quotidienne.

Si, dans les milieux populaires urbains, les unions d'inclination — concubinages autant que mariages — atténuent la domination de l'homme, la femme paye ici plus cher qu'ailleurs son tribut à la nature. La jeune ouvrière vivant seule est le gibier de tous les apprentis frustrés par un célibat que la misère impose et elle contribue à accroitre le taux des grossesses illégitimes — passant à Bordeaux de 6,7 % en 1730 à 19 % vers 1786, il atteint 20 % à Paris —, et des abandons d'enfants. L'enfant légitime n'est guère mieux traité : le travail de sa mère interdit de le garder à la maison. Aussi est-ce dans les faubourgs que s'organise la plus meurtrière « déportation nourricière » vers des villages spécialisés dans l'élimination rapide des bébés : un par famille et par an chez les canuts de Lyon. Telle « nourrice » tuberculeuse de la région parisienne tue 31 bébés en 30 mois ; pour la seule année 1789, telle autre, aux environs de Rouen, ne rend vivants que deux enfants sur dix-neuf. Comment les mères auraient-elles pu boycotter des nourrices que la plupart du temps elles n'avaient jamais vues, leur progéniture étant expédiée par fournées emmaillotées que l'on confiait à la charrette ou à la hotte d'un convoyeur ?

Cette « insensibilité » donne le ton d'une existence brutale, même sans misère totale, où les femmes s'adaptent bon gré mal gré à la violence générale de la vie. Car la société populaire de ce temps est violente. Ce n'est pas la Révolution française qui inaugurera la bataille entre la harengère et le client contestataire, les rixes conjugales, les fessées maternelles, les horions échangés entre deux voisines de palier, les touffes de cheveux déposées chez le commissaire. Les rues retentissent de cris et d'insultes que recueillent les curieux, misogynes amateurs de mœurs poissardes, certains de voir en ces femmes « ce que l'espèce humaine dégradée, avilie, dénaturée peut-être, a de plus vil, de plus corrompu ».

« Imaginez des êtres sans morale, sans idées ni de religion, ni d'honnêteté, ni de droiture [...] ; elles naissent, vivent et demeurent dans Paris, au centre des lumières et du goût, sans avoir plus d'idées que les Hottentots. Les spectacles, les fêtes, les ouvrages de l'esprit public, elles ignorent tout cela. Toute leur politique est la Grève. Le guet est pour elles le seul gouvernement et le commissaire le seul magistrat. »

Mais, involontairement sans doute, Restif consigne moins ici la grossièreté des femmes que l'arriération répressive d'une société qui

Le regard galant *que le peintre porte sur le dortoir des « grisettes » suggère un probable libertinage plus que la faiblesse des salaires. (Bibl. Nat. Paris.)*

n'offre en distraction que les exécutions, multiplie les descentes de police dans les garnis, prend la force pour loi. Comment ne seraient-elles pas violentes ces blanchisseuses qui passent des heures trempées dans l'eau glacée de la Seine, ces vendeuses ambulantes qui s'égosillent dans la boue des rues sans trottoirs, ces couturières qui s'usent les yeux depuis l'âge de treize ans pour 10 ou 20 sous par jour ?

Aussi se défoulent-elles avec énergie les dimanches et fêtes chômées. La messe finie, on remplace vêpres par des agapes aux barrières, où le vin est moins cher. Les cabarets de Vaugirard, de la Courtille, des Porcherons s'emplissent d'hommes et de femmes qui dansent et boivent, quitte à « faire le lundi » au lieu d'aller travailler. Si les méridionales n'entrent pas encore au cabaret, les femmes du Nord trinquent sans honte. Dans les « salles de danse » les filles rencontrent les galants, les amours s'ébauchent et parfois se débauchent. Il n'y a pas loin des « parties de promenoir » à l'enfant qu'on abandonnera, et à la dérive vers les marges de la mendicité ou de la prostitution.

Ce risque fréquent mesure la fragilité d'une liberté que la morale dominante refuse et confond vite avec le libertinage. Pourtant, ces citadines au travail sont les seules alors à connaître une relative autonomie : elles ont un métier, savent compter, assez souvent lire, bien plus que leurs cousines campagnardes. Vivant au cœur de la rumeur des rues, familières de leur quartier, attentives à la nouvelle, émotives à l'événement, elles incarnent une sensibilité sociale qui se cristallisera bientôt.

LA FERME

La bourgeoise est bavarde et laisse mille traces de sa vie : journaux, correspondances, portraits, factures et inventaires notariés ; l'ouvrière anime les croquis du temps ; la paysanne est muette. Dix millions d'inconnues. Irrepérable à l'historien, quasi invisible aux contemporains, le monde rural — ses femmes surtout — échappe d'autant plus au regard qu'il devient, au XVIIIe siècle même, objet mythologique. De Boucher pétrissant de grâces ses voluptueuses bergères dont la nudité ne doit rien à la misère, aux architectures verdoyantes de Trianon où Marie-Antoinette joue à la laitière, en passant par la vertueuse et propre « indigence » de *L'Accordée de village* de Greuze, la paysanne, saisie par la mode pastorale, oscille du libertinage à une fantasmatique pureté primitive.

L'hygiène hasardeuse des nourrices, jointe aux épidémies et à la terrible variole, assure — par la mortalité infantile — une sorte de régulation des naissances.
Gravure d'après J.-B. Greuze.

A l'envers du tableau, des écrivains campent de farouches et repoussantes femelles. C'est encore Restif de La Bretonne qui perçoit la paysanne comme « au-dessous de la fille sauvage. Elle a souffert de la faim, elle est courbée de bonne heure sous le fardeau. D'aspect repoussant, elle n'est aimable que si on la compare au garçon. » Arthur Young, célèbre voyageur anglais qui traverse la France en 1787, est peut-être plus proche de la vérité. Comparant les Françaises aux Anglaises, il se choque de voir, aux champs et sur les routes, les femmes sans bas ni chaussures, faisant les travaux d'hommes, déformées par le travail « au point qu'elles ont perdu toute la grâce de leur sexe ».

« Le 12 juillet. Dans la Meuse, Les Islettes (canton de Clermont-en-Argonne). Montant à pied une longue côte, pour reposer ma jument, je fus rejoint par une pauvre femme qui se plaignait du temps et du triste pays ; comme je lui en demandais les raisons, elle dit que son mari n'avait qu'un morceau de terre, une vache et un pauvre cheval, et que cependant ils avaient à payer à un seigneur une rente d'un franchar (42 livres) de blé et trois poulets, et à un autre quatre franchars d'avoine, un poulet et un sou, sans compter de lourdes tailles et d'autres impôts. Elle avait sept enfants et le lait de sa vache servait à faire la soupe.[...] " On dit qu'à présent quelque chose va être fait par de grands personnages pour nous, pauvres gens ", mais elle ne savait pas qui, ni comment ; " mais que Dieu nous envoie quelque chose de meilleur, car les tailles et les droits nous écrasent ". »

Cette femme, vue de près, on lui aurait donné soixante ou soixante-dix ans, tant sa taille était courbée et son visage ridé et durci par le travail. Mais elle me dit qu'elle n'en avait que vingt-huit.

Un Anglais qui n'a jamais voyagé ne peut imaginer l'aspect de la plupart des paysannes en France ; cela révèle, à première vue, qu'elles travaillent plus durement que les hommes ; ce travail, joint avec celui, plus misérable encore, de mettre au monde une nouvelle race d'esclaves, détruit absolument toute symétrie de la personne et toute apparence féminine ; à quoi faut-il attribuer cette différence de mœurs des basses classes entre les deux royaumes ? Au gouvernement. »

Récit éclairant à plus d'un titre : face aux problèmes de survie — archaïsme de l'agriculture, surcharge des droits féodaux — la question féminine paraît bien secondaire, car l'homme est tout autant que sa femme victime d'un arbitraire et d'une misère devant lesquels ils sont d'abord solidaires.

Le tableau n'est pas partout aussi sombre. La France rurale aussi a sa hiérarchie, sociale et géographique. Il y a loin de l'épouse de riche laboureur à celle d'un brassier ou manouvrier. Des siècles séparent la France de la Bourgogne et du Nord-Est, dont les « régents » alphabétisent les enfants, filles comprises, et la Bretagne enfermée dans son bocage et son ignorance. Là, les intérieurs commencent à se meubler de modernes « armoires » où s'empilent draps et chemises — car on se lave peu, mais l'hygiène et le rang imposent de changer de linge. Ici, c'est-à-dire pour la majorité, le décor reste sommaire et misérable.

« Presque partout, les maisons sont très petites, enfoncées d'un pied au-dessous du niveau du sol, souvent sans fenêtre, ne recevant la lumière que par une porte basse et presque toujours fermée. Les meubles sont entassés les uns sur les autres, dans la chambre unique, avec quatre ou cinq lits. Des baquets, où se dépose la nourriture de la volaille et des cochons, et qui ne sont jamais lavés, contribuent encore à corrompre l'atmosphère, et un cloaque creusé devant la porte pour y faire pourrir le fumier achève de rendre ce séjour infect. »

(Dupin, préfet des Deux-Sèvres, an X)

Que l'on soit riche ou pauvre, le modèle familial, lui, ne change pas. Durement traitée par l'homme, l'épouse idéale se reconnaît à sa modestie et à sa résistance physique. A table, elle sert son maître, puis les domestiques — s'il y en a — et mange, toujours la dernière, toujours debout, les restes du repas. Aux veillées même, qui rassemblent les familles autour d'un même feu, tandis que les hommes causent, content et chantent, elles, muettes et à l'écart, travaillent encore, filent, taillent le chanvre ou raccommodent.

Cette vie de soumission et de travail, jointe à l'étroitesse d'un espace social sans solitude ni secret, fait les filles vertueuses ; celles qui « tournent mal » sont beaucoup plus rares qu'en ville. Pourtant elles se marient tard : 25 ans en moyenne, parfois plus. Une nubilité tardive, l'attente d'une dot, d'une maison ou d'une place dans la maisonnée du père concourent à retarder le mariage et, par un effet contraceptif important, à repousser les premières naissances, donc à en réduire le nombre. Chez les paysannes pauvres qui allaitent elles-mêmes, on ne compte en moyenne qu'une grossesse tous les deux ans. En revanche, les épouses des riches fermiers qui patronnent des maisonnées de vingt personnes ou plus, recourent comme en ville aux seins mercenaires, sont plus souvent enceintes... et leurs maris plus souvent veufs. Les grandes familles rurales comptent ainsi des « lits » successifs, des « marâtres » redoutées et des héritages compliqués.

De ces vies, rarement observées, ne nous parviennent, pourtant, que des bribes transmises par des plumes masculines volontiers misogynes. Ecoutons donc la voix, certes fictive et rétrospective, de Nanon, petite orpheline de la Creuse, dont George Sand reconstitue la vie avec quelque vraisemblance.

« Je sais que je suis née en 1775, que je n'avais ni père ni mère dès l'âge de cinq ans, et je ne me rappelle pas les avoir connus. Ils moururent tous deux de la petite vérole dont je faillis mourir avec eux ; l'inoculation n'avait pas pénétré chez nous. Je fus élevée par un vieux grand-oncle qui était veuf et qui avait deux petits-fils orphelins comme moi et un peu plus âgés que moi.

Nous étions parmi les plus pauvres paysans de la paroisse. Nous ne demandions pourtant pas l'aumône : mon grand-oncle travaillait encore comme journalier, et ses deux petits-fils commençaient à gagner leur vie ; mais nous n'avions pas une seule pelletée de terre à nous et on avait bien de la peine à payer le loyer d'une méchante maison couverte en chaume et d'un petit jardin où il ne poussait presque rien sous les châtaigniers du voisin, qui le couvraient de leur ombre. Heureusement, les châtaignes tombaient chez nous et nous les aidions un peu à tomber [...].

L'OFFICE

L'office a lui aussi sa hiérarchie, de la servante d'auberge à la soubrette chic. Mais c'est d'abord un monde à part, coupé de ses racines et fort nombreux — 10 % environ de la population en 1789, dont plus de la moitié de femmes : 80 % à Lyon.

Pourquoi tant de serviteurs dans la France d'Ancien Régime ? C'est que le salariat, forme normale des rapports de production capitalistes est encore presque inexistant. Pour beaucoup de tâches aujourd'hui salariées, la vente de la force de travail s'effectue par la domesticité. Elle est aussi un élément du train de vie, le signe extérieur de la « qualité ». Un grand seigneur doit à son rang d'avoir au moins 30 serviteurs, un simple bourgeois paraîtrait prétentieux s'il en employait plus de deux. Les domestiques — les hommes plus que les femmes — ont une fonction ornementale que la livrée souligne, depuis le laquais d'antichambre jusqu'au négrillon dernier cri. Les servantes ont une condition moins décorative. On ne les appelle pas encore « bonnes à tout faire », mais elles font l'essentiel du labeur domestique : quand le ménage n'a qu'un serviteur, c'est toujours une femme.

Leur origine surtout paysanne, leur ignorance, les confinent aux bas emplois, et leurs gages sont toujours inférieurs à ceux des hommes. Il est vrai que les salaires versés irrégulièrement, parfois avec quelques années de retard, ne suffisent pas à définir la condition domestique ; la nourriture, le logement, les cadeaux, le traitement plus ou moins doux, et le travail lui-même en sont les vrais critères. Les maisons aristocratiques, laissant les tâches rudes à d'imperceptibles femmes de peine, ne nous font voir, sur les tableaux et dans les comédies, que des femmes de chambre jeunes et d'autant mieux mises que leurs maîtresses leur abandonne volontiers une partie de leur garde-robe. Elles sont bien logées et elles dorment seules. Une nourriture raffinée

« Le sujet est pathétique, et l'on se sent gagné d'une émotion douce en le regardant. » (Diderot.) J.-B. Greuze : L'Accordée de village. *Photo Hubert Josse.*

prélevée sur les restes des maîtres, agrémentée d'un peu de chocolat et de sucre chapardés, contribue à une condition convenable, flatteuse même pour la soubrette-confidente. La contrepartie est l'exigence d'une disponibilité totale : pas d'heures, pas de dimanches, bien sûr pas de congés. On suit les patrons partout, à la campagne, en voyage. Leurs biens sont sacrés : le vol domestique est passible de la peine de mort ; leurs caprices sont loi. La Suzanne de Beaumarchais refuse et dénonce les amours ancillaires, mais 40 % des filles mères sont des servantes. La grossesse une fois connue, l'immorale domestique, renvoyée, n'aura de ressource que dans la galanterie qu'on lui reproche.

Cette soumission, les liens coupés avec la famille et le milieu d'origine, un célibat presque obligatoire, une aliénation totale de la liberté individuelle conduiront souvent ces servantes sur les chemins de la contre-révolution, aux côtés de leurs maîtresses. Mais une évolution lente se fait sentir au cours du siècle. Si le grand seigneur s'accommode volontiers de la familiarité domestique et adopte « ses gens » quitte à les rebaptiser du nom qui lui plaît, la mentalité bourgeoise tend à se défaire de cette intimité. Les Dorine de Molière, fidèles et se mêlant de tout, sont écartées du centre familial au fur et à mesure que le salon efface l'ancienne salle commune. Le sentiment de supériorité sociale, d'autant plus affirmé dans la bourgeoisie qu'aucun fossé ne sépare maîtres et servantes également roturiers, transforme peu à peu les domestiques naguère membres de la « famille » en simples salariés. L'adoption de la sonnette concrétise bien cette mise à l'écart. D'abord posée sur un meuble, puis fixée à la cuisine ou à l'office et reliée par des cordons au lit de Madame, au cabinet de Monsieur, elle évite les apparitions intempestives des serviteurs, déshumanise de son cri métallique un asservissement que tempérait la voix et assigne définitivement la domesticité à résidence dans les coulisses obscures du théâtre familial.

L'ENFER DES « FILLES DU MONDE »

« On compte à Paris trente mille *filles publiques,* c'est-à-dire *vulgivagues,* et dix mille environ, moins indécentes, qui sont *entretenues* , et qui d'année en année passent en différentes mains... » Les chiffres donnés par L.-S. Mercier sont peut-être excessifs ; les derniers travaux estiment de dix à quinze mille pour Paris — comment repérer les « intérimaires » ? — celles qu'on n'appelait pas encore prostituées. Soit 13 % des Parisiennes. Chiffre à comparer aux 30 000 religieuses de la France entière. La seconde moitié du XVIIIe siècle semble en cela détenir un record absolu, accru dans l'imaginaire et la mémoire par la chronique scandaleuse qui, des turpitudes du Régent Philippe d'Orléans après 1715, aux débauches du marquis de Sade à la veille de 89, nous éclaire moins sur les mœurs des courtisanes que sur le libertinage des Grands. Qu'on s'étonne après de l'impopularité des privilégiés !

Il faut dire qu'il rutile le sommet de l'iceberg dont les bas-fonds se perdent dans les rapports de police. Jamais la galanterie n'aura été si triomphante, « donnant en spectacle toutes les débauches de la grâce, de l'esprit, du goût, couronnés d'impudeur et de joie, cyniques et superbes. » (Goncourt) C'est le temps glorieux des « filles d'Opéra », des Camargo, des Guimard, des Sophie Arnould, vraies artistes parfois, ou parfaitement nulles comme la Deschamps qui ne dansa jamais que dans les alcôves des riches financiers qu'elle ruinait avec grâce et rapacité. L'Opéra, comme tous les théâtres royaux, est en effet la couverture idéale de la galanterie puisque, une fois recrutée, « une fille est enlevée au pouvoir paternel dès que son pied a touché les planches du théâtre ». La scène royale est donc le recours des filles déshonnêtes, de leurs amants prudents et souvent même des mères, quelque peu proxénètes. Seraient-elles vertueuses que les demoiselles de spectacle ne sauraient, vu la faiblesse des appointements officiels, survivre et paraître dignement sans être « entretenues ».

*Sophie Arnould dans le rôle d'*Iphigénie en Aulide. *(Bibl. Nat. Paris.)*

Des fortunes aussi fulgurantes que brèves nous les montrent trônant dans des hôtels particuliers — certains commandés à Ledoux —, animant les « folies » des financiers et des ducs d'un charme où ne domine pas forcément la beauté mais semble-t-il toujours la répartie. Cantonnées cependant au plaisir et à la provocation, aucune ne parvint à la suprématie d'une Ninon de Lenclos : on cherche en vain chez elles un vrai « salon ». Quoique peu bégueules, les Voltaire et les Diderot portaient ailleurs leurs réflexions.

Au faîte de la carrière trônent les « favorites » dont Louis XV fit, on le sait, grand usage. Si certaines étaient bien nées, la Du Barry reste le modèle, dérisoire, de cet itinéraire fascinant, du ruisseau au lit royal, qu'avait balisé pour elle le comte Jean Du Barry, l'un des plus grands maquereaux de la petite histoire.

Au-dessous, prospère l'industrie des « maisons », communément appelées bordels, en argot « boucans », et « lieux de débauche » en style comme il faut. Tenues par des maquerelles bien vues de la police qu'elles renseignent déjà, ces maisons ne sont pas encore closes. Elles abritent des pensionnaires et des « demoiselles de journée » irrégulières. On vient s'y débaucher, mais aussi recruter des figurantes pour des soirées privées. Les tenancières, la Dhosmont, la Pâris ou la Gourdan, soucieuses de leur réputation, échangent et recrutent leurs filles avec circonspection : les clients recherchent les très jeunes filles,

mais pas question de les embaucher sans le consentement de leurs parents — fréquent semble-t-il. La police veille à la moralité. Lavées, nourries, blanchies, logées, les filles gagnent évidemment bien moins que le client ne paye. Mais la discrétion des maquerelles rend difficile de savoir ce qu'elles percevaient. Le prix de la passe varie suivant les établissements et les services d'une à dix-huit livres (autant de francs et, approximativement, autant de journées de travail ouvrier). Casanova, en visite chez la Pâris, note : « Tous les plaisirs y étaient soumis à un tarif raisonnable. On payait 6 francs pour déjeuner avec une nymphe, 12 pour y dîner et le double pour y passer la nuit. »

La satisfaction d'une clientèle fidèle exige un renouvellement rapide des filles qui « tournent » d'une maison à l'autre. Mais on n'en sort pas sans payer rançon, à moins qu'une grossesse ou « la » maladie redoutée ne provoquent automatiquement le renvoi. Il ne reste plus aux exclues qu'à descendre d'un cran : au corps des « demoiselles chit chit » — ou « st st » — ainsi surnommées par leur façon d'attirer l'attention. « Elle ne manquait pas de se promener de long en large ; les coups de coude, les st, st, st, trottaient ; les tendres œillades, les souris, les signes allaient leur chemin ; chacun était son roi, son petit cœur, son bijou, son " néné ", sa " Mère ". » Les voilà, racoleuses, en jupe courte, poitrine découverte, montées sur des talons-échasses, violemment fardées, sous les arcades de ce Palais-Royal fort mal famé que son propriétaire, le duc d'Orléans, fait reconstruire entre 1781 et 1786 pour en faire un légendaire « complexe », alors sans égal, de tripots, de cafés, de bazars et de jardins.

Un degré de plus et c'est la chute vers le boueux domaine des « raccrocheuses », « barboteuses » et autres « marcheuses » qui pour six sous se vendent au dernier venu. Mais une passe à six sous, c'est déjà presque le salaire journalier d'une ouvrière (8 à 10 sous). Aussi la tentation est grande, quand il faut payer le loyer ou rembourser les dettes, de se livrer d'abord occasionnellement, puis plus régulièrement, à la prostitution. Les statistiques établies à partir des dossiers de femmes arrêtées par la police montrent que le nombre des filles « sans état » est infime : 0,2 %. Chômeuses souvent, elles ont toutes des professions dont l'énumération confirme l'emploi massif des femmes dans les industries du textile et de la mode : brodeuse, rubannière, fleuriste, plumassière, couturière surtout, bouquetière, blanchisseuse, servante. Mais les salaires féminins sont si exactement à la limite de la survie qu'une morte saison — elles sont importantes dans la mode —, une grossesse, un accident, la solitude, suffit à chasser les filles du marché du travail vers celui du plaisir. En dépit de ce qu'en pensaient les contemporains, persuadés d'une vocation au libertinage, ce n'est pas le refus du travail, mais l'impossibilité de vivre en travaillant qui peuple alors la prostitution.

Elle est tolérée, malgré la condamnation de la morale chrétienne. Et si elle est accusée, à la veille de la Révolution, ce n'est pas comme

« On les fait monter dans un long chariot qui n'est pas couvert. Elles sont toutes debout et pressées. L'une pleure, l'autre gémit ; celle-ci se cache le visage ; les plus effrontées soutiennent les regards de la populace qui les apostrophe. » (L.-S. Mercier.) Étienne Jeaurat : la Conduite des filles de joie à la Salpêtrière. *Photo Hubert Josse.*

péché mais comme fléau : elle est devenue trop visible. Presque personne encore ne plaint la déchéance des filles du monde, mais tous déplorent le caractère agressif de leur présence :

« Elles s'attroupent dans les endroits les plus fréquentés où les voisins et les passants sont nécessairement témoins de leurs indécences et entendent leurs propos licencieux. »

La société redoute surtout le vrai mal, la contagion de la syphilis. Sur les filles « vénériennes » s'abat la répression la plus terrible : l'Hôpital. Salpêtrière, Bicêtre, voici l'Enfer. Tondues, entassées « comme une cargaison de nègres sur un navire africain », dit Mirabeau, couchant à 12 ou 13 par lit, parfois à tour de rôle, fessées, confessées, elles sont bonnes pour les « grands remèdes » : bains, diètes, saignées, purges, friction d'une pommade au mercure. C'est alors qu'on « passe à la casserole » pour mesurer une salivation monstrueusement stimulée par le traitement aux sels de mercure — trois à quatre litres par jour —, et aux effets dévastateurs — dents perdues, gencives collées... Le régime dure en théorie deux mois, mais le séjour est plus souvent de sept à huit mois, rythmé d'inutiles révoltes, de scènes d'hystérie collective, de refus paniques du mercure. Avec L.-S. Mercier, écoutons « la plainte de l'hôpital » :

« Savez-vous en quoi consiste cette révolte ? A pousser toutes, en même temps et au même signal, des cris et des hurlements épouvantables[...]. Quand on entend cette clameur pour la première fois, on est véritablement saisi : ces cris se propagent à près d'une lieue. »

Parce qu'elle est audible, cette horreur est peut-être un progrès. Qui entendit jamais les cris des filles que la Régence déporta à la Louisiane, et qui, traînées sur des charrettes comme Manon Lescaut, embarquaient vers les îles et la mort, tandis que Watteau peignait *L'Embarquement pour Cythère ?*

FARDS ET FASTES

« Dans les Etats despotiques, les femmes n'introduisent pas le luxe, mais elles sont elles-mêmes un objet de luxe ; elles doivent être entièrement esclaves. [...] Dans les Républiques, les femmes sont libres par les lois, esclaves par les mœurs. »

Montesquieu ici analyse fort justement le rôle des femmes de la haute noblesse : seules à être émancipées et puissantes, mais en proportion de leur docilité à subir le règne absolu de l'apparence, le despotisme de la frivolité.

Ces femmes, en qui les Goncourt fascinés ont vu « l'idéal humain incarné dans un sexe de l'humanité », sont d'abord le produit d'une fabrication rigoureuse, mais invisible tant la contrainte y est mêlée de négligence.

« Mes plus jeunes années, raconte la marquise de La Tour du Pin, ont été témoin de tout ce qui aurait dû me gâter l'esprit, me pervertir le cœur, me dépraver et détruire en moi toute idée de morale et de religion [...] tout concourait sans cesse à me corrompre l'esprit et le cœur. »

Evoquant la mort de sa mère elle ajoute :

« Personne ne parla de sacrements, ni de lui faire voir un prêtre. A peine avais-je appris mon catéchisme. Il n'y avait pas de chapelain dans cette maison d'un archevêque. »

Si la petite fille reste ignorante, elle apprend très tôt à se « tenir ». On n'est pas une enfant mais une petite personne qui doit savoir saluer, marcher, danser, sourire, regarder même selon des codes stricts. Elle n'a pas deux ans qu'on l'enferme, pour la vie, dans un « corps » baleiné d'acier qui lui donnera de la taille et fera d'elle une miniature de femme. Après être allée, bien poudrée et déjà fardée, démontrer son savoir dans quelques bals d'enfants, après avoir grandi dans un couvent mondain comme le Panthémont, rue de Grenelle, elle a seize ans, l'âge décisif du mariage qui n'est certes pas l'union populaire, ni même l'établissement bourgeois, mais bien la « position » stratégique qui, à travers la fortune et les alliances, déterminera le rang à la Cour, c'est-à-dire l'influence donnée par la proximité du pouvoir.

Les effets du mariage ainsi conçu sont parfois pitoyables. « Mlle la Princesse de Bouillon avait été mariée très jeune au dernier duc de Bouillon qui était imbécile et cul-de-jatte. » Dans l'autre sens, voici Rosalie de Rochefort, mariée à douze ans, « devenue complètement bossue à quatorze ans en se formant ». Mais les jeunes filles, apparemment, intériorisaient fort bien leur devoir. La marquise de La Tour du Pin raconte avoir dédaigné deux nobles prétendants : pour le premier, « sa réputation était mauvaise : il n'avait ni esprit, ni distinction ; il était de la branche cadette d'une maison sans grand renom. Je le refusai. » Quant au second : « Je ne le trouvais pas d'un nom qui me semblât assez illustre. » Elle agrée finalement son futur mari sans l'avoir jamais vu.

L'Armide ou la Grande Prétention. *(Bibl. Nat. Paris.)*

Les noces, fastueuses, inaugurent l'autonomie mondaine de la jeune femme. Car la conjugalité se vit sur le mode de la séparation. Se témoigner de l'affection, se montrer ensemble est du dernier vulgaire, bourgeois, pire : ridicule. Ces époux peu assidus et ces femmes tenues de plaire y perdent les occasions de procréer. Outre l'héritier obligatoire, la progéniture ne dépasse pas un ou deux enfants. Les adultères — de règle — pourraient accroître les naissances mais le monde des ducs connaît déjà et pratique, presque seul encore, « les funestes secrets » de la contraception. Le *coïtus interruptus* ne devait cependant pas empêcher tous les petits bâtards de naître et les scandales familiaux d'éclater. L'indifférence libertine du comte Almaviva ne l'empêche nullement d'être jaloux par vanité.

L' « honneur » laisse alors le choix entre deux conduites. L'élégance est de ne rien dire, voire d'approuver une infidélité d'autant moins coupable qu'elle est publique :

> « Les femmes de la haute société se distinguaient par l'audace avec laquelle elles affichaient leurs amours. Ces intrigues étaient connues presqu'aussitôt que formées et, quand elles étaient durables, elles acquéraient une sorte de considération. »

A défaut de tact, restent l'autorité et le couvent. Sans protester ni s'étonner, Madame de La Tour du Pin apprend, à la veille de son mariage, que sa belle-mère « avait eu la plus mauvaise conduite » :

> « Elle était enfermée dans un couvent d'où elle ne sortait presque jamais depuis vingt ans. Son mari lui payait une modique pension, mais ne la voyait pas. Ils n'étaient pas séparés juridiquement. On avait voulu éviter le scandale. »

Même sort pour la toute jeune Sophie de Monnier, enceinte de son amant Mirabeau, envoyée par lettre de cachet à la demande de son vieillard de mari dans une « pension » pour femmes libertines. Sa fille y mourra toute petite, elle-même n'en sortira que pour se suicider, en 1789.

Très peu « mères » — qui leur aurait appris à l'être ? — les plus modernes d'entre elles, qui ont lu Rousseau, jouent un peu à la maman, comme Madame d'Epinay, une heure par jour. Comment faire plus ? Leur emploi du temps est féroce ! C'est la double toilette, la vraie d'abord, ensuite la « fausse », mais la plus importante, où sont admis les intimes du moment, les confidents, les porteurs de messages. Puis le supplice du coiffeur qui échafaude par dessus l'entrelacs des boucles poudrées une babel de paysages allégoriques — « à la voûte du ciel », « à l'inoculation », « à la mappemonde », « à la zodiacale » — qui empêchent de monter en carrosse, de s'y asseoir même, et de passer sous les portes. Après la tête, c'est la contrainte du « corps », qui serre à ne plus respirer et des paniers dont c'est la fureur. « En tonneaux, en ballons, en gondoles, en coupoles, en guéridons », ils dessinent autour des hanches de monstrueuses excroissances de trois ou quatre mètres de tour. Bien ficelée, ballotée, la belle doit encore faire « petit pied ». O Cendrillon ! Le mythe excitant de

« Un peignoir qui se dérange, une jambe demi-nue qu'on laisse entrevoir, une mule légère qui échappe du pied mignon qu'elle renferme à peine, un déshabillé voluptueux où la taille paraît plus riche et plus élégante, donnent mille instants flatteurs à la vanité des femmes. » (L.-S. Mercier.) François Boucher : Dame attachant sa jarretière et sa servante, *1742. Photo Hubert Josse.*

l'érotique pied aristocratique cache un pied comprimé dans un soulier trop pointu (on ignore les chaussures asymétriques), atrophié par un talon trop haut. Une fois debout, le superbe édifice branlant où l'on prétend voir le *nec plus ultra* de la nature féminine, ne peut se déplacer sans canne. Et dansez maintenant !

« Le costume des femmes devait naturellement transformer la danse en une espèce de supplice. Des talons étroits, hauts de trois pouces [7 cm.], qui mettaient le pied dans la position où l'on est quand on se lève sur la pointe pour atteindre un livre à la plus haute planche d'une bibliothèque ; un panier de baleine lourd et raide, s'étendant à droite et à gauche ; une coiffure d'un pied [33 cm.] de haut surmontée d'un bonnet nommé *pouf,* sur lequel les plumes, les fleurs, les diamants étaient les uns sur les autres, une livre de poudre et de pommade que le moindre mouvement faisait tomber sur les épaules : un tel échafaudage rendait impossible de danser avec plaisir. »

(Madame de La Tour du Pin)

Ces dessous-carcans faisaient certes l'air altier, la pose gracieuse, le geste mesuré. Ils formaient la noblesse et ne furent peut-être pas étrangers au stoïcisme qu'on admira plus tard chez les aristocratiques victimes de la Terreur. Mais ils entraînent sûrement ce mal de boudoirs : pâmoisons, convulsions, « vapeurs » intéressantes — mais dangereuses. Sous l'influence conjuguée de *La Nouvelle Héloïse* et du très en vogue docteur Tronchin, une réaction naturiste se fait sentir vers 1770. Il devient de bon ton de « tronchiner » en souliers plats et robe courte, c'est-à-dire marcher, prendre l'air, bouger un corps délivré de son harnachement. Mais ce mouvement n'est qu'une mode parmi d'autres, tout aussi superficielle. Marie-Antoinette décide-t-elle, dans un élan de simplicité, de se dépoudrer les cheveux, aussitôt se répand la vogue des coiffures « aux cheveux de la reine », avec robes assorties. La plupart des esprits se méfient d'ailleurs d'une « gymnastique » virilisante ; l'idéal féminin doit rester mignon, « mignard », environné d'accessoires valorisants, comme ces petits singes, ces petits chiens, et ces petits nègres qui font le teint si blanc.

A tant de facticité s'ajoutaient les rigueurs de l'étiquette de Cour, le respect des rites et des mises en scène, la science du rôle et de la dissimulation de soi. Ainsi s'acquiert l'art de paraître et de briller. Certaines ajoutent au brillant le brio d'un esprit curieux. Ignorantes de la culture scolaire classique, elles montrent une ouverture intellectuelle, une goût parfois provocateur des lectures nouvelles, un intérêt pour les Lumières qui contribuera à leur diffusion. Epousant le mouvement des idées, elles manifestent d'abord, vers 1760, autour de Madame Du Deffand, un scepticisme railleur et voltairien ; la sensibilité rousseauiste triomphe ensuite, talonnée, à la veille de la Révolution, par la passion des sciences. On court du Lycée au Jardin des Plantes, des démonstrations de Montgolfier aux premières expériences sur l'électricité ; on se penche, au microscope, sur les animalcules de la génération. Tout en badinant avec les sciences, elles s'engouent pour le théâtre amateur, et l'on vit ces stars de la comédie sociale et du déguisement découvrir sur les planches les délices de la sincérité.

Ces salons, où une conversation sérieuse et snob commente les idées nouvelles, ne sont pas les lieux « naisseurs » de la pensée. Parlant des dames qu'elle fréquente — Madame d'Hénin, la duchesse de Biron, la princesse de Bouillon —, « considérables par leurs existences et leur rang dans le monde », Madame de La Tour du Pin précise : « Voltaire, Rousseau, d'Alembert, Condorcet, Suard, etc., ne faisaient pas partie de cette société, mais leurs principes et leurs idées étaient acceptés avec empressement », et répète que le « cénacle des gens de lettres » était « à cette époque complètement séparé de la haute classe des gens de Cour ». Les véritables « salons » philosophiques, nous les retrouverons du côté de la haute finance ou sur les marges bâtardes de la noblesse.

Il reste que la pensée nouvelle et contestatrice pénètre, en grande partie grâce aux femmes, dans les rangs privilégiés, et que certaines d'entre elles protègent efficacement écrivains et artistes — ainsi Madame de Luxembourg s'attachant à Rousseau. Comment faire ici la part de la conviction, de la simple curiosité, du snobisme, de l'inconscience ? Les conversations volent et la monarchie croule ; la lucidité de ces femmes intelligentes qui découvriront sous peu que leur liberté de penser repose toute sur leurs privilèges, ressemble fort à de l'aveuglement.

Le lever de la Reine ou le triomphe de l'Aurore. *(Bibl. Nat. Paris.)*

VOIX DE FEMMES : UN SIECLE FEMINISTE

Amour et allaitement maternels, voici la femme selon Rousseau.

45

FEMMES PHARES

Si la société, à l'évidence, n'est guère féministe, le discours, littéraire ou mondain, tend à l'être. La valorisation de la femme se mesure d'abord à son omniprésence — c'est une nouveauté — dans la littérature et la pensée. Les héroïnes du théâtre de Marivaux et de Beaumarchais, la Julie de Rousseau, l' article « Femme » du *Dictionnaire philosophique* de Voltaire ou de l'*Encyclopédie,* les plaidoyers de Diderot témoignent d'un intérêt nouveau et profond pour les femmes. Ce vedettariat est d'ailleurs ambigu : les uns considérant plutôt la « nature » des femmes, d'autres leur condition, on aboutit à des conclusions que notre époque serait tentée de juger misogynes ou féministes, sans assez tenir compte du fait que toutes sont motivées par une « idée neuve en Europe », la recherche du bonheur terrestre.

L'essentiel de ce discours est masculin. Il y eut, dans l'essor tout neuf de la presse, deux journaux féminins : *Le nouveau magasin français,* puis *Le Journal des dames* à partir de 1759, mais les signatures féminines y dissimulent assez vite des collaborateurs plus amateurs des dames que leurs défenseurs. Pourtant le siècle compte un nombre considérable de femmes auteurs : romancières, moralistes, pédagogues — comme Madame de Genlis —, critiques — comme Madame Dacier. Certaines se battent avec énergie contre l'insuccès — comme Olympe de Gouges au théâtre ; la plus célèbre ne fait qu'entrer en littérature en 1788, c'est Madame de Staël. Leurs livres se vendaient et étaient lus ; mais l'histoire, plus sexiste que l'époque, n'a guère retenu leurs noms, peut-être parce que leurs ouvrages vulgarisaient les idées nouvelles plus qu'ils ne les inventaient. Celles qui ne prennent pas la parole l'inspirent et l'encouragent. Car les « patronnes » des prestigieux salons — Mesdames de Lambert, de Tencin, Du Deffand, Geoffrin, Mademoiselle de Lespinasse, la duchesse d'Aiguillon, Madame Necker — se contentent, suprême élégance, de la conversation et laissent les hommes publier. Elles écrivent pourtant, beaucoup et bien, mais leur plume préfère à l'édition l'intimité de la correspondance.

Madame de Genlis (1764-1830), « gouverneur » du futur roi Louis-Philippe, femme de lettres, elle publia de nombreux ouvrages pédagogiques avant 1789 et ses Mémoires *en 1825. (Bibl. Nat. Paris.)*

Qu'était-ce donc qu'un « salon » ? Inventé par les « précieuses » du siècle précédent, c'est la réunion mondaine et intellectuelle de personnalités autour d'une femme capable d'attirer les esprits forts de son temps. L'originalité des salons du XVIIIe siècle tient à deux choses : leur nombre et la nature des débats qui s'y tiennent. Les « précieuses » n'étaient qu'une poignée, les salons prolifèrent : géographiquement — ils apparaissent en province, et socialement — toute bourgeoise cultivée fréquente ou dirige, à son échelle, une partie de ce qu'on appelle alors « la République des Lettres ». L'impulsion part des cénacles de la capitale, mais tous, célèbres ou anonymes, participent à l'invention de la communication, à côté des « cafés », de la presse naissante et des clubs masculins. Les conversations, rediffusées ensuite par la correspondance, agissent comme de véritables « médias » d'autant plus efficaces que le pouvoir censure l'écrit. Tout ce qui se pense en France se dit dans les salons ou sous leur aile, hors des institutions officielles.

De quoi y parle-t-on ? Chacun ayant peu ou prou sa spécialité, leur point commun se trouve dans la liberté du ton et des sujets abordés. C'est là que l'on peut transgresser les interdits dont se moque Figaro :

« [...] pourvu que je ne parle en mes écrits ni de l'autorité, ni du culte, ni de la politique, ni de la morale, ni des gens en place, ni des corps en crédit, ni de l'Opéra, ni des autres spectacles, ni de personne qui tienne à quelque chose, je puis tout imprimer librement... sous l'inspection de deux ou trois censeurs. »

Cette liberté d'allure ne signifie pas que ces maîtresses de maison soient toutes de violentes contestataires. Madame Du Deffand, grande dame, ne prise guère l'esprit de système des philosophes, mais elle en héberge les porte-parole, par affection pour d'Alembert qu'elle protège. Madame Geoffrin, riche bourgeoise sans passion ni brio, patronne avec énergie le mouvement des encyclopédistes comme Diderot. Chez Mademoiselle de Lespinasse, fille naturelle et « déclassée », règne au contraire un climat vivant d'enthousiasme et de sensibilité.

Toutes ces femmes, en offrant intelligence et audience aux philosophes, aux physiocrates, aux savants, aux artistes, affirment avec éclat que leur sexe est apte à dépasser l'alternative traditionnelle : mondanité ou maternité. Elles l'affirment par leur présence même, mais aussi plus directement, en prenant part à la bataille contre les préjugés dont un des fronts est justement la question des femmes.

FÉMINISMES

Egalité et liberté pour les femmes : nul drapeau ne porte encore ces mots ; mais déjà l'égalité se démontre, la liberté se revendique. Pour Montesquieu, Helvétius, Diderot, Condorcet — Voltaire est plus nuancé —, il ne fait pas de doute que l'infériorité de la nature féminine est un mythe, que cerveaux masculin et féminin ont des aptitudes égales. Le siècle a produit assez d'intelligences féminines pour s'en convaincre. D'où vient donc la prétendue « faiblesse » du sexe, dont les femmes sont souvent les premières convaincues et qui justifie leur assujettissement ? L'origine du mal est claire : une mauvaise éducation ; l'ignorance des femmes fonde leur esclavage ; il suffit de les initier, comme les garçons, aux disciplines intellectuelles, au lieu de les cantonner à la formation d'une ménagère chrétienne. On le voit, philosophes et pédagogues se soucient peu d'alphabétiser les filles du

peuple — ce n'est pas au peuple qu'ils pensent — mais visent l'élite, noble ou bourgeoise, habituellement éduquée par les couvents. L'Eglise, cible favorite des Lumières, est l'école des sottes, génératrice de femmes dépendantes, pressées de compenser leur soumission dans la frivolité mondaine. C'est du savoir que leur viendra, sinon le pouvoir, du moins l'émancipation.

D'abord dans le domaine matrimonial. Si la femme n'est pas inférieure à l'homme, l'autorité de l'époux n'est ni naturelle, ni juste ; il faut repenser le mariage comme un contrat fondé sur l'égalité des droits et des devoirs de chacun, en particulier sur le chapitre de la fidélité.

« Que mon mari, dit une héroïne de Voltaire, donne mon collier à une de mes rivales et mes boucles d'oreilles à une autre, je n'ai point demandé aux juges qu'on le fît enfermer chez les moines et qu'on me donne son bien. Et moi, pour avoir fait une fois ce qu'il fait tous les jours impunément, il faut qu'on me coupe les cheveux, qu'on m'enferme chez les religieuses, qu'on me prive de ma dot et qu'on donne mon bien à mon fat de mari pour l'aider à séduire d'autres femmes et à commettre de nouveaux adultères ? »

Cette critique du mariage va plus loin qu'il n'y paraît. Car voilà une institution sociale qui repose sur une législation non pas civile, mais religieuse : contester l'autorité maritale, c'est accuser l'Eglise catholique d'arbitraire puisqu'elle ordonne la soumission de la femme, d'hypocrisie puisqu'elle laisse la société ne punir que l'adultère féminin, et surtout de violence à la nature en liant pour la vie des êtres changeants. Diderot se montre le plus audacieux en affirmant « insensés » et « contraires à la nature » des principes qui « supposent qu'un être pensant, sentant et libre, peut être la propriété d'un être semblable à lui », et en proclamant le droit au désir et au plaisir de la femme « qui ne saurait devenir un effet de commerce, sans qu'on oublie son caractère et qu'on fasse violence à la nature ». Très logiquement, cette réforme du mariage aboutit à la possibilité du divorce : la nature, qui ignore la fidélité, ne saurait ordonner de rester unis à des individus qui se détestent. L'Eglise, qui autorise la séparation de corps, se montre inhumaine en condamnant les anciens époux à la solitude ou au péché. Libres de se séparer, les époux vivront enfin le mariage comme un attachement sincère, et les femmes mal mariées ou tyrannisées pourront briser leur joug insupportable sans cesser d'être vertueuses.

Aucun de ces réformateurs ne pousse cependant sa réhabilitation des femmes au-delà des structures familiales. Ni Montesquieu, ni Voltaire, ni Diderot ne sont suffisamment au fait des réalités populaires pour envisager la question féminine sous l'angle économique. L.-S. Mercier est à peu près le seul, avec Beaumarchais, à souhaiter des lois qui protègent le travail des femmes, et par là les femmes elles-

Sous le buste de Voltaire, les acteurs Lekain et Mlle Clairon donnent une première lecture de l'Orphelin de la Chine *de Voltaire. Autour de Mme Geoffrin sont assis Fontenelle, Buffon, Réaumur, Helvétius, Rameau, Choiseul, Rousseau et d'Alembert. Gabriel Lemonnier :* Salon de madame Geoffrin en 1755. *Photo Hubert Josse.*

mêmes de la misère et de la prostitution. Instruction professionnelle donc, et surtout renversement du privilège pour les métiers « féminins » :

« Restituez aux femmes tous les métiers qui leur appartiennent ; frappez de mépris les hommes qui se dégradent en maniant l'aiguille, en se consacrant au service des femmes ; ces lâches usurpateurs de la propriété du sexe privent les femmes de leur industrie, et sont leurs plus grands ennemis. »

Notre époque jugera sexiste une argumentation qui revendique, au nom d'une nature féminine, le monopole des travaux d'aiguille. Le mouvement inverse caractérise le féminisme moderne : libre accès des femmes aux emplois réputés masculins. Mais au XVIIIe siècle, ceux-là même qui affirmaient hautement la faiblesse des femmes ne se choquaient nullement de voir faire le travail des portefaix à « de malheureuses femmes qui, la hotte pesante sur le dos, le visage rouge, l'œil presque sanglant, devancent l'aurore dans les rues fangeuses » tandis que tant de coiffeurs « artistes » s'affairent autour de jolies têtes. Partant d'une surexploitation pure et simple des femmes, le progrès passait d'abord par la revendication d'une « nature féminine » et des tâches adaptées à elle, avant de devoir combattre ce premier moyen.

La contradiction guette ici la question féminine — et ce n'est qu'un début — selon qu'elle est posée en termes moraux — le mariage — ou économiques — le travail. Aux femmes de l'élite, la notion même de travail était bien étrangère. Quelques unes pourtant, la journaliste Madame Robert, Madame de Coicy, publient autour de 1784 de véritables manifestes prouvant, dans la voie ouverte depuis un siècle par le *Traité de l'égalité des deux sexes* de Poulain de La Barre, que les femmes sont aptes aux emplois et métiers libéraux : le barreau, la médecine, l'enseignement et toute la bureaucratie judiciaire. En somme elles ont à l'égard des femmes de la bourgeoisie le même type d'attitude que Mercier envers les femmes du peuple.

Quant aux droits politiques, silence ! Le temps est loin des « suffragettes » : quels droits réclamer pour les femmes dans une monarchie où les hommes aussi sont « sujets » et qui, en fait de droit, ne connaît que des privilèges ? Aussi faut-il souligner l'originalité de Condorcet qui, seul, ose envisager une participation féminine à la cité dans un essai sur les assemblées provinciales : « Décrétons que les femmes, comme les hommes, pourront jouir du droit de cité et l'exerceront dans des conditions à peu près semblables. » On s'indignerait aujourd'hui de cet « à peu près » : Condorcet trouvait plus raisonnable de ne donner aux femmes que des droits politiques indirects, et aux seules femmes propriétaires. Encore ce projet n'est-il qu'une ébauche théorique, à une époque où personne n'a encore jamais envisagé le suffrage universel, où l'expression « vie politique » n'a pas encore de sens : nous sommes en 1788.

« De malheureuses femmes qui, la hotte pesante sur le dos, le visage rouge, l'œil presque sanglant, devancent l'aurore dans les rues fangeuses. » (L.-S. Mercier.) (Bibl. Nat. Paris.)

PERFIDE ROUSSEAU?

Il faut toujours une exception. La tradition donne à Rousseau ce rôle particulièrement perfide puisque ses leçons auraient inspiré aux hommes de la Révolution leur antiféminisme résolu. A première lecture en effet, Jean-Jacques est désolant. Qu'il décrive l'influence corruptrice des femmes dans la société de son temps ou qu'il imagine la femme idéale d'une société idéale, sa position surprend, dans la critique comme dans l'utopie. L'infériorité naturelle, physique et intellectuelle de la femme lui interdit d'emblée toute identité autre que familiale : fille, épouse, mère et rien d'autre. « Les hommes à l'extérieur, les femmes à l'intérieur, telle est la loi de la nature. »

Mieux, en confinant la femme à l'espace privé, Rousseau ne lui retire pas pour autant sa défiance. « La famille est l'image de la première société politique ; le chef est l'image du père » dit le *Contrat social.* Ainsi celui-là même qui le premier en France tire l'homme « des fers », pense la citoyenneté, la souveraineté du peuple, l'égalité civile, est aussi celui qui, dans l'*Emile,* fomente pour l'homme nouveau des temps futurs une compagne — Sophie — dressée à une scandaleuse docilité : « La femme est faite pour céder à l'homme et pour supporter même son injustice. » Jusque sur le chapitre de l'adultère. Le mari volage est « un homme injuste et barbare ; mais la femme infidèle fait plus, elle dissout la famille et brise tous les liens de la nature ; en donnant à l'homme des enfants qui ne sont pas de lui, elle trahit les uns et les autres, elle joint la perfidie à l'infidélité. »

Pourtant, si la femme selon Rousseau n'était que cet être inférieur, on comprendrait mal comment ce misogyne a pu provoquer chez ses contemporaines un tel enthousiasme. Car il ne suscite aucune hostilité mais l'engouement et la ferveur. Si le best-seller avait existé, assurément *La Nouvelle Héloïse* eût été le premier du genre, et l'*Emile* le second, tant fut grand leur succès, que le masochisme ou la stupidité des lectrices ne suffit pas à expliquer.

C'est que la parole de Rousseau est, non féministe certes, mais profondément « féminine ». Toutes les femmes du siècle connaissent le mariage arrangé, l'indifférence conjugale, la maternité subie, l'enfant éloigné. De cela, indirectement, Rousseau ne cesse de parler. Ce qu'il propose et promet, dans le « repli » familial de la femme, c'est le mariage d'amour, le bonheur conjugal, l'exaltation de la maternité. Fi ! diront les femmes d'aujourd'hui, idéal « popote » et, qui plus est, illusoire ! Erreur, du moins pour le temps de Rousseau. La liberté de

Mme de Staël (1766-1817). Fille de Necker et des Lumières, elle applaudit à la Révolution commençante. Son salon, en 1791-1792, est le lieu de ralliement des révolutionnaires modérés. François Gérard : Portrait de madame de Staël. *Photo Hubert Josse.*

donner son cœur est la seule accordée à Sophie, mais elle est capitale, car elle bouleverse la nature même du mariage : l'affaire de famille devient affaire d'amour, le « ménage » s'efface devant le « couple ». Rousseau le définit comme une « personne morale dont la femme est l'œil et l'homme le bras » ; mais il ajoute : « avec une telle dépendance l'un de l'autre que c'est de l'homme que la femme apprend ce qu'il faut voir et de la femme que l'homme apprend ce qu'il faut faire. »

En ce siècle où la femme n'a aucun droit, Rousseau lui reconnaît ceux du cœur. Et du corps. La morale interdisait l'amour à la jeune fille, l'ignorait dans le mariage et le condamnait dans l'adultère ; Rousseau remet à l'endroit « l'ordre des sentiments naturels ». La nature, dit-il, ordonne aux jeunes gens de s'aimer, à la jeune fille de plaire, de troubler et d'être troublée jusqu'à ce qu'un libre mariage autorise enfin la coïncidence de la jouissance et de la vertu, aussi bien dissociées dans la morale chrétienne que dans le libertinage. Cela va de soi, dira-t-on ; mais cette vérité d'évidence aujourd'hui était presque inconcevable alors. Il suffit, pour s'en convaincre, de voir Madame de Chastenay bouleversée par la rencontre d'un couple heureux, vers 1790 :

« Tout me parut nouveau dans le spectacle que ce couple m'offrit ; c'était l'amour aussi tendre qu'heureux. Madame de Clermont, au piano, chantait les romances gracieuses que son mari lui avait adressées. Debout ou assis derrière elle, il lui soufflait des vers qu'elle semblait oublier : c'était presque toujours ceux dont l'application pouvait être la plus flatteuse.

Je n'avais jamais quitté mes parents ; leur ménage m'avait jusqu'à ce moment offert l'image de la plus douce union, mais jamais je n'avais pensé qu'on était amants dans le mariage. On m'avait inculqué, comme à toutes les jeunes filles élevées dans le monde, qu'un mari c'est un maître auquel on obéit, quand on n'élude pas ses ordres ; on désenchantait le mieux possible le grand but du destin des femmes. J'ai entendu des demoiselles bien nées me dire que leur chimère était l'état de veuve ; cette idée m'a toujours déplu, mais, d'après le système d'une fausse éducation, elle résultait seulement de la nécessité de changer de nom et de s'appeler Madame, pour avoir de l'indépendance et sortir de l'état d'enfant.

Quelle fut donc la surprise qui pénétra mon cœur, quand j'appris que M. de Clermont, que cet orateur, cet homme déjà célèbre, aidait à garnir de guirlandes les habits de bal de sa Delphine, qu'il présidait à sa coiffure, qu'il avait envers elle de ces galanteries délicates que je ne savais même pas que l'on eût. Mon système d'idées se bouleversa. Je me souviens de l'espèce de combat qui se passa alors en moi ; l'amour me parut le bonheur et le charme unique de l'existence. Mes parents rêvaient pour moi des établissements brillants ; un désert et un mari bien épris me semblaient le comble de la félicité. »

A ce rêve Rousseau aurait ajouté des enfants. Sophie est élevée pour être mère. Loin de la vision archaïque et méprisante de la femelle destinée à mettre bas, voyons là l'image d'une femme découvrant dans la maternité une autre volupté, égale sinon préférable, et que les tableaux contemporains de Greuze peignent avec éloquence. L'enfant, allaité par sa mère, débarrassé du maillot qui l'entravait, devient l'objet d'un amour à la fois sensuel et intelligent. C'est la mère qui, pour Rousseau, est entièrement responsable, dans ses premières années, de la santé et de l'éducation d'un être dont il faut, dès la naissance, construire le bonheur. Si bien que le rôle de la femme déborde largement le cadre de la famille, où pourtant Rousseau l'enferme. Que « les mères daignent nourrir leurs enfants, et les mœurs vont se réformer d'eux-mêmes, le sentiment de la nature se réveillera dans tous les sexes [...], les hommes redeviendront pères et maris. L'Etat va se repeupler ». Dans ces accents les lectrices n'entendirent pas, comme nous, le bruit de la porte refermée sur le gynécée, mais la libération d'une nature opprimée, la vocation au bonheur, la voix du cœur, la valeur du féminin.

FEMME FATALE : MARIE-ANTOINETTE

« La reine Marie-Antoinette était venue en France à peine âgée de dix-sept ans. Jeune Dauphine, pleine de grâces et de charmes, dans un temps où le vieux Louis XV était livré à Madame Du Barry, les coeurs, les espérances avaient volé vers elle.[...] Elle inspira de l'adoration : j'ai entendu conter à mes parents qu'étant venue à l'Opéra pour une représentation d'*Iphigénie,* au moment où Achille prononce 'Chantez, célébrez votre reine', et où le chœur reprend :'Chantons', le public tout entier, les loges et le parterre, se tournant à la fois vers elle, fit retentir la salle d'applaudissements ; elle salua, tout attendrie : ce fut certainement un beau jour.

Hélas ! ce ne fut pas long. »

Madame de Chastenay n'avait pas tort : avant même d'être mère, en 1778, la si charmante princesse est devenue la mauvaise reine. Mythe sans doute ici comme là, car c'est le propre de Marie-Antoinette que d'avoir à ce point inspiré l'imaginaire de ses contemporains d'abord... et de la postérité. Nulle reine ne fut comme elle peinte, célébrée, biographiée, romancée, caricaturée, détestée de son vivant, vénérée après sa mort. Elle fut « l'Etrangère » et « l'Autrichienne » dès avant 1789, puis la « Louve » lubrique, la terrible « Madame Veto », métamorphosée en « malheureuse princesse » mère et martyre. Surnoms qui sont l'indice de l'importance — fantasmatique plus qu'objective — de ce personnage dont la vie fit verser tant d'encre et la mort tant de larmes.

Plusieurs facteurs concourent à la formation du « mythe ». La France avait oublié ses reines, simples génitrices sans pouvoir, expulsées de la scène royale par le règne des favorites. Qu'était Marie Leczinska auprès de Madame de Pompadour qui alliait les grâces de l'amour à l'efficacité d'un premier ministre ? La célébrité — et le malheur — de Marie-Antoinette viennent peut-être de ce qu'elle sut cumuler deux personnages que Louis XIV et Louis XV avaient dissociés : l'épouse et la femme, la reine et la favorite.

Fascinée par une princesse originale, gaie, naturelle, la Cour — ses dames surtout — « misa » d'emblée sur la Dauphine, d'autant plus que le futur Louis XVI, avec sa vue basse et son air benêt, ne prenait pas le chemin d'être un grand roi. D'où un empressement à « servir » Marie-Antoinette, lui plaire, l'imiter en tout pour attirer ses faveurs. Sans influence politique encore, la princesse s'impose par la mode. Elle lance, avec la coiffure « à la Dauphine », la terrible ascension des chevelures, bientôt coiffées, en 1776, au « lever de la Reine », puis au « pouf à la Reine ». Au premier fils, toutes les femmes « branchées » se veulent vêtues de la couleur « caca Dauphin ». Au second, toutes copient la garniture luxueusement simple de la robe royale aussitôt baptisée « au Nouveau Désiré ». Sans trop se soucier de son époux, chasseur et couche-tôt, Marie-Antoinette court de l'Opéra aux bals les plus voyants — et fort mal vus de sa mère, l'auguste Marie-Thérèse, impératrice d'Autriche, qui ne lui a pas fait épouser un roi pour s'amuser mais pour servir en France les intérêts maternels.

Toute à sa frivolité, Marie-Antoinette mesure sans doute mal que sa liberté d'allure n'est pas du goût de toute la Cour. Elle est rebelle à l'« étiquette » qui lui impose par exemple de ne recevoir sa chemise que des mains d'une princesse du sang, laquelle la reçoit de la dame d'honneur après la dame d'atour, etc., cérémonial empesé qui laisse la reine à sa toilette frissonnante et exaspérée. Aussi n'épargne-t-elle pas les railleries aux dépositaires de ces traditions. Surtout, la Reine préfère à la compagnie protocolaire — sœurs et tantes du Roi, bigotes « Mesdames » —, une bande d'amis vite fatale à sa réputation. Quelles qu'aient pu être les faveurs accordées aux Coigny et autres Fersen, elles autorisaient en tout cas les frères du Roi, dépités dans leur espoir du trône par la naissance tardive du Dauphin, à chuchoter très fort que Louis XVI n'était père que de nom. Ce sera bien pis une fois Marie-Antoinette entichée de véritables favorites : l'hystérique, bête et fidèle princesse de Lamballe, la ravissante princesse Jules de Polignac, « la plus grande garce de ce siècle qui n'en manqua pas ». La rumeur enfle,

Marie-Antoinette et la princesse de Polignac. *(Gravure. Bibl. Nat. Paris.)*

de la Cour à la Ville — de Versailles à Paris —, répandant sur les mœurs de ces dames des accusations qui, vraies ou fausses, contribuent à donner de la Reine et de la haute société une image monstrueuse. L'homosexualité — appelée « tribadisme » pour les femmes — est alors très scandaleuse : on envoie encore au bûcher pour sodomie au XVIIIe siècle. Or gravures et chansons, à peine clandestines, abondent, dès 1782 :

Au comble de la gloire
Jules dictant ses lois
Dit : « Je sais cette histoire
Sur le bout de mes doigts.
La Reine aime à jouir,
C'est de l'âge où nous sommes ;
Mais pour contenter ses désirs
Et pour varier les plaisirs,
Je lui permets les hommes.

Avec une grande noblesse
Une femme arriva ;
Elle fendit la presse
Et chacun se rangea ;
Cette dame, Messieurs,
En valait bien la peine :
C'était la princesse d'Hénin.
Comme elle est tribade et putain,
On la prit pour la Reine.

Et puis toute cette coterie s'affiche aux côtés d'individus sulfureux. Madame de Lamballe confie son hystérie au « baquet » du magnétiseur Mesmer ; Madame de Polignac trouve un gourou en la personne du mystérieux Cagliostro, génial charlatan, promoteur, entre autres, d'une franc-maçonnerie féminine plus snob qu'émancipatrice ! Cette faune avait le mérite de fournir par avance du personnel aux romans d'Alexandre Dumas ; les contemporains, eux, en mesurent le prix plus que le pittoresque.

Après la légèreté des mœurs, le poids de la dépense ! Là, le pays tout entier, et plus seulement l'élite des mauvaises langues, accuse Marie-Antoinette. La ruine de l'Etat, ce pourquoi justement vont être réunis les Etats Généraux, c'est Elle ! Les robes, les fêtes, le jeu, les places coûtent cher et de façon voyante. Alors que les dernières années de l'Ancien Régime voient ressurgir la famine — mauvaises récoltes de 1788, hiver rigoureux de 1788-1789, mauvaises vendanges, crise du textile, flambée des prix, chômage —, Marie-Antoinette, elle, a rétabli pour la princesse de Lamballe la charge de surintendante de la Maison de la reine et ses faveurs ne suffisent pas à combler l'insatiable Polignac et toute sa tribu de Polignacs affamés et grouillants.

Marie-Antoinette et ses enfants en 1787, *par Mme Vigée-Lebrun. Cette vision de mère comblée n'efface pourtant guère l'image défavorable de « l'Autrichienne », bientôt muée en « harpie ». Photo Lauros-Giraudon.*

« L'Affaire du collier » vint à point, en 1785, pour nouer ensemble autour de la reine le double crime d'immoralité et de malversation. Probablement innocente d'un « coup » monté par d'habiles et mondaines fripouilles, la Reine en a suffisamment fait pour que le soupçon seul achève de perdre dans l'opinion une femme que ses amitiés et ses mépris ont totalement isolée.

« Elle sut bien qu'on ne l'aimait pas, et elle-même aliéna son cœur. Le mécontentement fut affiché dans la haute classe. Les prudes blâmaient hautement les légèretés de la Reine ; on prenait des airs de dévôt pour se donner le droit d'accuser ses torts. Enfin tout ce qui ne voyait pas satisfaire son ambition devenait l'ennemi de la Reine, car c'était elle qui nommait à tout, ou du moins on le faisait croire. »

De fait, son influence sur la politique royale fut moins importante que les contemporains ne le croyaient. Elle semble n'avoir été longtemps que l'instrument, voyant et maladroit, d'intrigues menées par le clan Polignac et le parti « autrichien » ; mais elle gagne, à cette ingérence plus ou moins volontaire, une impopularité supplémentaire et sonore.

« Depuis que je vais à des comités chez le Roi, confie-t-elle à Madame Campan, sa lectrice, qui le rapporte, j'ai entendu pendant que je traversais l'Œil de Bœuf un des musiciens de la chapelle dire assez haut pour que je n'aie pas perdu une seule de ses paroles :

— Une reine qui fait son devoir reste dans ses appartements à faire du filet. »

Ce n'est qu'en 1787 que l'action de Marie-Antoinette devient déterminante, et se colore d'une cohérence que l'on pourra d'ici peu qualifier de contre-révolutionnaire. Alors que le Roi affronte à la fois une débâcle financière, masquée quelque temps mais aggravée par les emprunts de Calonne, et la résistance des privilégiés devant l'impôt, la Reine fait venir au pouvoir un des meneurs de l'opposition, l'archevêque Loménie de Brienne. Sommé par Louis XVI d'appliquer la politique qu'il était venu combattre, le ministre-archevêque rencontre, en 1787-88, une véritable révolte : en province, tous les Parlements — cours de justice dont les membres (non pas élus mais propriétaires de charges achetées) s'érigent abusivement en représentants de la Nation — s'insurgent contre une monarchie qui n'a dès ce moment plus rien d'absolu et refusent tout impôt nouveau tant que les Etats Généraux n'auront pas été réunis. Par une confusion paradoxale, l'opinion populaire soutient ces privilégiés qui, pour conserver leurs prérogatives, agitent les mots de « nation » et de « liberté ».

A Paris, le peuple insulte la Reine qui n'est plus que « l'Autrichienne » et « Madame Déficit ». Le Roi capitule et, en août 1788, convoque les Etats Généraux pour le 1er mai 1789. Il sauve ainsi son image, encore sacrée, de bon monarque soucieux du bonheur de ses sujets. Marie-Antoinette, elle, a définitivement compromis la sienne.

La Révolution ajoutera d'autres accusations, la Reine est déjà inculpée. Quoique son amie, Madame Vigée-Lebrun, la représente alors dans une majesté toute maternelle, elle incarne désormais toutes les fatalités : mauvaise épouse, mauvaise reine, mauvaise femme. Elle est la luxure devant une société dont les forces nouvelles aspirent à la vertu ; elle est l'Etranger, quand s'ébauche l'idée de Nation ; elle est le passé refermé sur ses privilèges, alors que les Cahiers de doléances s'ouvrent sur un avenir de réformes. Devenue symbole de l'intrigante futile et dangereuse, Marie-Antoinette voit se concentrer sur elle une haine générale, qui sera fatale à l'image de la couronne, fatale à sa personne bien sûr, mais peut-être aussi fatale, au-delà d'elle, à toutes les femmes.

Marie-Antoinette en harpie.
Photo Lauros-Giraudon.

Citoyennes de Paris offrant leurs bijoux. Gouache de Lesueur. Musée Carnavalet. Photo Hubert Josse.

FAIRE LA REVOLUTION 1789-1791

DOLÉANCES OFFICIELLES

De mars à mai 1789, la parole est aux Français : de la plus large consultation que la France ait jamais connue sortiront 60 000 « cahiers de doléances » et 1 165 députés aux Etats Généraux.

Les femmes sont évidemment exclues du corps électoral ouvert aux seuls hommes de plus de 25 ans et payant des impôts. Toutefois la complexité juridique de l'ancienne France permit à certaines femmes de voter. La féodalité liant le droit de vote non à la personne mais à la propriété, les titulaires de fiefs (terres nobles) et les religieuses participèrent à l'élection : « Les chapitres et communautés de filles [...] pourront être représentés par un seul député ou procureur-fondé pris dans l'ordre ecclésiastique séculier ou régulier. » (Art. 11.) « Les femmes possédant divisement, les filles et les veuves ainsi que les mineurs jouissant de la noblesse, pourvu que lesdites femmes, filles, veuves et mineurs possèdent des fiefs, pourront se faire représenter par des procureurs près de l'ordre de la noblesse. » (Art. 20.) Du Tiers Etat, qui regroupait ses membres par corporations dans les villes et par paroisses à la campagne, n'émergent que des voix masculines, hors quelques rares Cahiers de « métiers » féminins (bouquetières, fleuristes, chapelières en fleurs) dont certains déplorent d'être privés de représentants. Cependant les femmes durent bien se faire entendre, ici ou là, comme en témoigne l'exemple de Chevanceaux en Angoumois où les femmes, carrément, votèrent à l'assemblée primaire du Tiers.

Les Cahiers en tout cas, rédigés par les diverses assemblées électorales, n'oublient pas les femmes, même absentes. Certes, ce qui monte d'abord de ces pages parfois naïves et parfois « rewritées » par les notables locaux, est un formidable cri contre l'inégalité et la misère, sans distinction de sexe. Il s'agit de révéler à un roi « sauveur », « libérateur », « père du peuple et régénérateur de la France », de quelles injustices sont victimes ses sujets pétris de reconnaissance. C'est le poids de la dîme versée au clergé, des droits féodaux, des impôts royaux : taille, gabelle, etc. que payent toujours les pauvres et jamais les privilégiés. C'est l'arbitraire des Intendants, la vénalité des charges, le scandale des privilèges. Mais au fil des protestations et des revendications, apparaissent des préoccupations féminines, sinon féministes.

Nul — hormis quelques pionnières — ne songe alors à réclamer de droits politiques pour les femmes, mais on accuserait à tort de sexisme un Tiers Etat qui en est à obtenir le doublement de ses membres et doit subir, à la différence des deux autres ordres, un suffrage indirect. On peut regretter que les idées d'émancipation féminine n'aient pas encore pénétré la France, mais peut-on s'en étonner ? De même, l'attachement général des Cahiers à la loi salique traduit une méfiance envers les femmes, dangereuse pour leur avenir politique, mais héritée principalement d'un siècle de favorites et de la fâcheuse réputation de Marie-Antoinette. La France est pourtant unanime, dans les trois ordres et toutes les provinces — exceptée la Bretagne, à se préoccuper du peuple des femmes dont sont dénoncées l'ignorance, la misère physique, la déchéance morale.

Partout est proclamée la nécessité d'un enseignement féminin spécifique, gratuit, laïque ou religieux selon les Cahiers, procuré par un personnel contrôlé. Revendication modeste, dira-t-on, qui ne dépasse pas le cadre d'un enseignement primaire. Mais la Troisième République elle-même ne rendra obligatoire, pour les garçons comme pour les filles, que l'école primaire, et les premiers lycées de filles s'ouvrent après 1880.

Du côté de la maternité, les appels sont plus précis et plus pressants. « Qu'il leur soit accordé une école pour enseigner les cours de couches, afin de soulager les malheureuses qui périssent très souvent en couches dans les campagnes, particulièrement par la faute ou le peu d'instruction de celles qui veulent leur donner des secours et n'ont aucune expérience », dit, entre beaucoup d'autres, le cahier de Beauvais-sur-Niort. Formation de sages-femmes, mais aussi ouverture de salles spéciales dans les hôpitaux pour accueillir les mères sans asile et leur garantir hygiène, soins et repos après l'accouchement. On voit paraître ici la volonté, humanitaire autant que nataliste, d'assister les filles mères rejetées par leurs familles et leurs communautés, et d'éviter les infanticides, effectifs ou indirects.

« Les filles ou femmes veuves qui se laissent séduire et dont les enfants ne vivent presque jamais jusqu'à six ans (on en ignore les causes) devraient être gardées jusqu'au temps de leur délivrance, et on devrait veiller à la conservation de leurs fruits qu'elles sont soupçonnées de laisser périr par leurs fautes, les regardant comme l'étendard de leur ignominie. » (Cahier de Brest, sénéchaussée de Niort.)

Dans la même perspective, certains cahiers demandent dans chaque diocèse cette ingénieuse invention du milieu du XVIIIe, le « tour ». Ce cylindre de bois pivotant sur lui-même, ouvert d'un côté, fermé de l'autre, était placé à la porte de certains hospices, paroi fermée face à la rue ; un coup de sonnette avertissait la gardienne à l'intérieur, qui par un mouvement du cylindre faisait apparaître la niche ouverte à la personne désireuse de se débarrasser discrètement de son enfant ; le bébé une fois placé dans la niche, disparaissait par une nouvelle manœuvre et était ainsi abandonné sans que la mère et la gardienne puissent se voir. Il était censé gagner à ce confessionnal de l'abandon la promesse de sa survie. Généralisé en 1811, le *tour* disparaîtra progressivement à partir de 1826, le dernier sera fermé en 1860.

Le souci de lutter contre le préjugé d'infamie attaché aux filles mères se marque aussi dans la demande d'abolition du vieil édit obligeant les femmes célibataires à déclarer leur grossesse — publicité qui interdisait, de fait, le mariage à beaucoup d'entre elles. Sensibles à la marginalisation des femmes seules, et aux souffrances de la maternité, les Cahiers, en revanche, n'envisagent qu'exceptionnellement les injustices subies dans le mariage ou les héritages : sans doute les rédacteurs voyaient-ils là des questions privées où le roi n'avait que faire. Ni l'égalité civile des deux sexes ni le divorce ne sont demandés.

La tolérance manifestée à l'égard des filles séduites s'arrête au seuil de la prostitution. Si la misère explique la galanterie, elle ne la justifie pas, surtout aux yeux du Tiers Etat. La prostitution était trop liée au libertinage des privilégiés pour que la vertu bourgeoise n'y vît pas une tare de l'ancien monde. D'où les projets pour l'isoler, faute de pouvoir la supprimer, et la cantonner dans des quartiers spéciaux contrôlés par l'Etat, voire des sortes d' « Eros Center » imités des

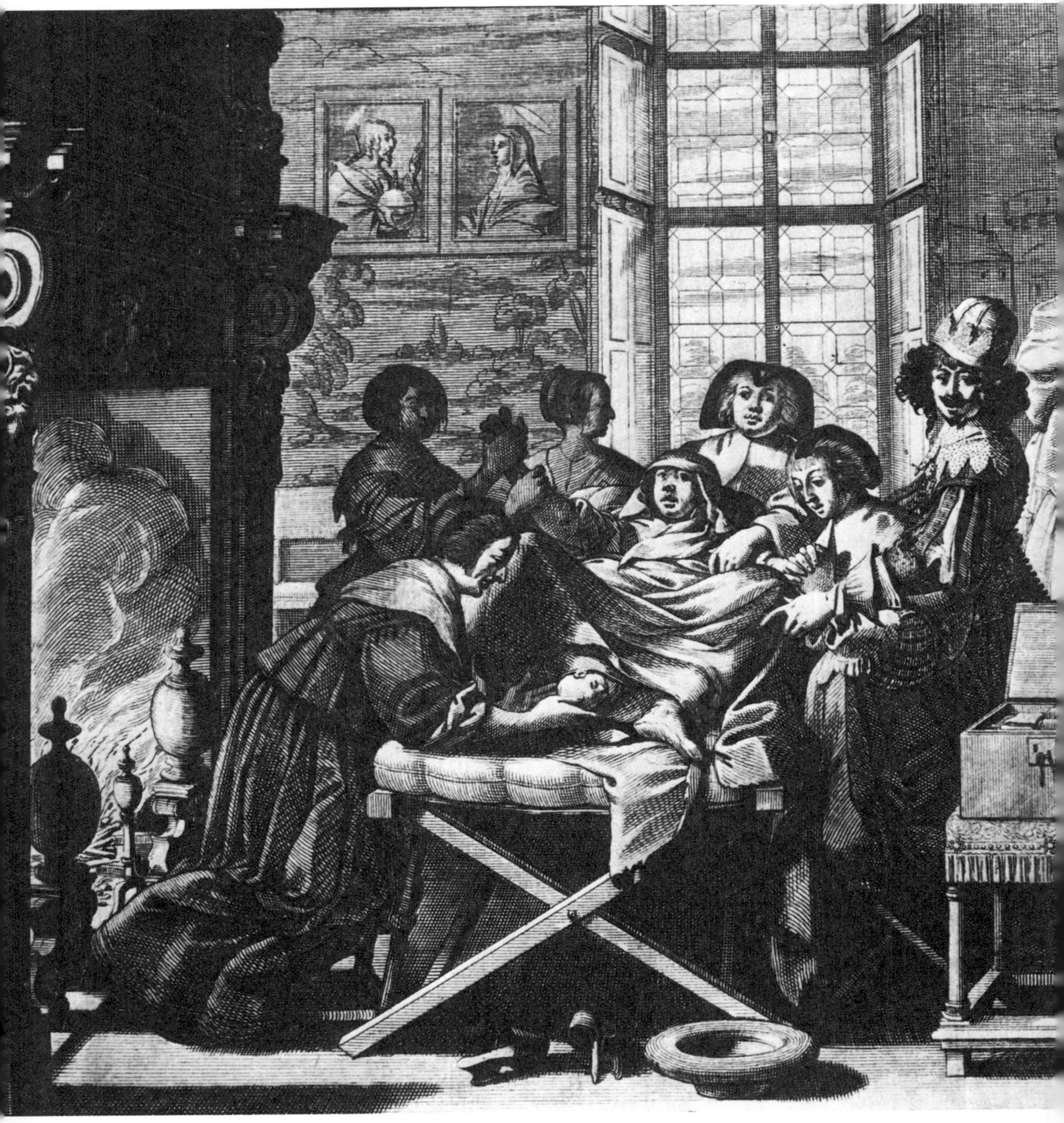

« Parthénions » rêvés par Restif de La Bretonne dès 1769. Limiter la « contagion du mauvais exemple » et réglementer la débauche : ces deux principes, à défaut de résoudre le problème social, formulent clairement ce qu'une morale et un pouvoir hypocrites toléraient en le proscrivant.

Dans le domaine économique les Cahiers sortent rarement de mesures bénignes : ateliers et bureaux de charité visent plus à atténuer la mendicité féminine qu'à donner aux femmes le moyen de gagner leur vie. La crainte de la concurrence n'a du reste guère décliné dans les corps de métiers comme le montre le Cahier des traiteurs de Troyes, indigné de voir des « femmes appelées cuisinières pâtissières » oser préparer des repas de noces. Mais, signe d'une avance surprenante de la capitale, le Cahier du Tiers Etat de Paris prévoit une large organisation du travail par l'ouverture d'ateliers nationaux — pour les ouvriers des deux sexes — chargés de distribuer la fabrication à domicile des produits dont ils assureraient aussi la commercialisation. Les quelques Cahiers issus de corporations féminines, liées à la mode, sont trop préoccupés d'assurer des privilèges fragiles pour sortir de doléances strictement professionnelles.

Au total, pas d'indifférence mais une grande timidité. Elle reflète l'état de l'opinion majoritaire ; elle est loin d'être unanimement partagée.

CAHIERS OFFICIEUX

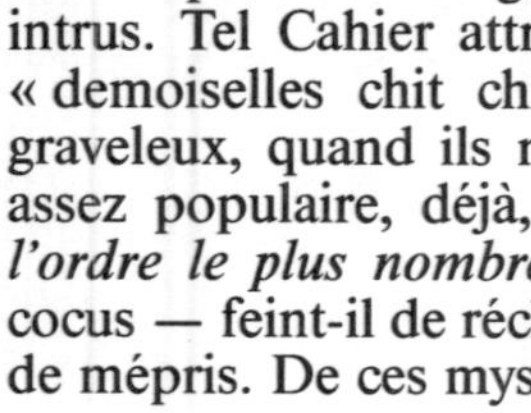

Un accouchement au XVIIe siècle. La femme accouche chez elle, assistée de voisines et de la « matrone » dont les méthodes, plus inspirées par la superstition que par la science, sont souvent dangereuses et dénoncées par les chirurgiens à la fin du XVIIIe siècle. Mieux accoucher est une des préoccupations des cahiers de doléances. Abraham Bosse : L'accouchement. *Photo Édimédia.*

Une liberté quasi absolue de la presse, en ce début de 1789, compense le manque d'audace des Cahiers de doléances. Brochures, libelles, pamphlets, requêtes, adresses, remontrances, réponses à..., pétitions innombrables diffusent des revendications autrement âpres et énergiques. Attention ! cette profusion compte des intrus. Tel Cahier attribué aux « dames de la Halle », tel autre aux « demoiselles chit chit » sont prétexte à propos grotesques, voire graveleux, quand ils ne discréditent pas un féminisme somme toute assez populaire, déjà, pour être pastiché. Ainsi le *Procès verbal de l'ordre le plus nombreux du Royaume* — lisez l'égalitaire parti des cocus — feint-il de réclamer le divorce pour mieux accabler les femmes de mépris. De ces mystifications plus ou moins facétieuses et réactionnaires, se distinguent quelques écrits authentiquement féministes, et féminins. Fait nouveau, leurs auteurs sont pour la plupart des bourgeoises inconnues. Des femmes-phares la plume passe à l'obscurité de la force tranquille pour construire, d'une brochure à l'autre, le programme cohérent d'une vie nouvelle.

Dans le cadre du mariage d'abord. Une *Motion sur le divorce* revendique hardiment que « toute femme majeure jouisse de son bien comme bon lui semble sans avoir de compte à rendre à son mari ». A la suite des Lumières, le divorce apparaît comme nécessaire, aux femmes surtout qui en attendent d'échapper soit à l'infidélité du mari soit à la prison religieuse où les relègue alors toute séparation légale. Mais l'aspiration au travail, à peu près ignorée des philosophes, indique nettement que le Tiers Etat des femmes prend ses affaires en main.

« Nous demandons à être éclairées, à posséder des emplois, non pour usurper l'autorité des hommes, mais pour être plus estimées, pour que nous ayons des moyens de vivre à l'abri de l'infortune ; que l'indigence ne force pas les plus faibles d'entre nous, que le luxe éblouit et que l'exemple entraîne, à se réunir à la foule des malheureuses qui surchargent les rues et dont la crapuleuse audace fait l'opprobre de notre sexe et des hommes qui les fréquentent. »

Il ne s'agit pas encore d'exiger pour les bourgeoises l'accès aux professions libérales que seule demande la *Requête des dames à l'Assemblée nationale,* mais de garantir par des lois aux femmes du peuple l'exercice de métiers qu'elles pratiquent déjà, mais sans droit, sans profit et sans dignité. Cette dépréciation était, nous l'avons vu, particulièrement forte pour les « carrières » artistiques, considérées comme une des branches de la galanterie. Olympe de Gouges s'empare de cette question jusque là négligée.

Cette pittoresque fille de Montauban, un temps femme galante, s'était enflammée pour l'écriture dramatique, et luttait depuis des années contre les caprices des Comédiens-Français pour faire représenter un de ses drames, plaidoyer romanesque contre l'esclavage des Noirs. Victime de préjugés qui visaient autant son passé que sa prétention au titre d'auteur, réputé incompatible avec son sexe, Olympe projette dans *Le Bonheur primitif de l'homme* la fondation d'un Théâtre-Français réservé aux auteurs féminins et joué par des femmes. Chimérique mais lucide, ce plan soumet les comédiennes à une stricte discipline et prévoit des salaires et retraites assez élevés pour autoriser l'honnêteté des pensionnaires.

Le vent n'est décidément plus à la contestation ironique ; il est à la recherche d'une liberté que les femmes entendent conquérir jusque sur le terrain politique. « Vous avez brisé le despotisme [...] et tous les jours vous souffrez que treize millions d'esclaves portent les fers de treize millions de despotes » s'écrie la *Requête des dames à l'Assemblée nationale.* Supprimer les privilèges sociaux ne suffit pas, il faut abolir ceux du sexe masculin et instaurer l'égalité politique :

« Que toute personne du sexe féminin soit indistinctement admise aux assemblées du district et du département, élevée aux charges municipales et même députée à l'Assemblée nationale lorsqu'elle aurait les qualités requises par les lois des élections. »

Modérée toutefois, la *Requête* n'envisage pour son élue qu'une voix consultative et délibérative. Mais avec une logique imparable le *Cahier de doléances et réclamations des femmes* de Madame B. B..., digne Cauchoise, prévoit que les femmes, tel un quatrième ordre, « ne pourraient donc être représentées que par des femmes ».

DE L'OFFRANDE AU SACRIFICE

Si les femmes n'avaient manifesté, en ce printemps 1789, que des exigences « féministes », on les considérerait à bon droit comme exclues et victimes du mouvement de l'Histoire. Jugement hâtif. Qui prétendrait que les femmes ne luttaient dans la Résistance que pour devenir citoyennes à part entière ? Car le plus impressionnant dans l'engagement des femmes de 1789 n'est pas qu'elles aient réclamé des droits — ce qu'elles firent fort peu, mais qu'elles se soient installées d'emblée, avec force et enthousiasme dans la pratique simple, résolue et incontestée d'une citoyenneté de fait. Entre la parole autonome et la solidarité silencieuse avec les hommes contre un despotisme qui ne faisait pas le détail, elles découvrent, sans en faire la théorie, les devoirs du civisme.

Le premier d'entre eux s'impose très vite : le dévouement à la nation. C'est en patriotes que les Françaises vont mériter, conquérir, imposer leur qualité de citoyennes. On néglige en effet trop souvent que le climat dans lequel se déroule la consultation électorale et la rédaction des Cahiers n'a rien d'idyllique. Dès juin 1788, à l'annonce de la réunion des Etats Généraux, la réaction amorce une résistance violente. Un peu partout, nobles et « parlementaires » provoquent des troubles qui vont jusqu'à l'émeute ; Dijon, Toulouse, Pau, la Bretagne sont agités, durant tout l'été, de provocations auxquelles riposte, violemment parfois, la population bourgeoise. En janvier 1789, après la décision de Necker d'augmenter le nombre des représentants du Tiers, la noblesse se fait menaçante. A Rennes, elle lance systématiquement ses hommes de main contre les étudiants de l'Université. Quel-

ques cadavres font alors venir de tout l'Ouest une foule de jeunes bourgeois accourus défendre le Tiers Etat. Battus et furieux, les aristocrates bretons, contraints de déguerpir, jurent de ne point siéger à l'Assemblée. Serment tenu : la secession bretonne commence avant même la Révolution.

Or, devant l' « émotion populaire » qui s'étend, avec ses cris mais aussi, ici et là, des pillages et des incendies — à Paris la mise à sac de la manufacture Réveillon —, voici ce qu'écrivent les femmes d'Angers, le 6 février 1789 :

« Arrêté des mères, sœurs, épouses et amantes des jeunes citoyens de la ville d'Angers, assemblées extraordinairement.

Lecture faite des arrêtés de tous messieurs de la jeunesse, déclarons que si les troubles recommençaient, — et en cas de départ, tous les ordres de citoyens se réunissant pour la cause commune, — nous nous joindrons à la nation, dont les intérêts sont les nôtres ; nous réservant, la force n'étant pas notre partage, de prendre pour nos fonctions et notre genre d'utilité, le soin des bagages, provisions de bouche, préparatifs de départ, et tous les soins, consolations et services qui dépendront de nous. Protestons que notre intention à toutes n'est point de nous écarter du respect et de l'obéissance que nous devons au roi, mais que nous péririons plutôt que d'abandonner nos fils, nos époux, nos frères et nos amants ; préférant la gloire de partager leurs dangers à la sécurité d'une honteuse inaction. »

Sans doute ces femmes — mères, sœurs, amantes — ne se définissent-elles que par leur lien aux acteurs virils de l'histoire, mais elles le leur rendent : les valeureux seront d'abord leurs fils, leurs frères et leurs amants. Voici Rousseau à l'œuvre. Il l'est aussi, avec moins de tendresse, dans cette autre proclamation féminine :

« La voix d'un sexe puissant doit rallier tous les cœurs sous les drapeaux du patriotisme ; les femmes mariées, les mères, doivent inspirer l'amour de la patrie, unir les volontés pour la conquête de la liberté, prêcher le désintéressement et la concorde, refuser leurs caresses aux prévaricateurs. »

Il ne s'agit pas, on le voit, d'oublier le propre de la femme, la sensibilité, mais au contraire d'en faire l'instrument d'une propagande fraternelle, le moteur d'un amour sublimé qui confond dans le même sacrifice la patrie et l'amant. Dans un domaine plus prosaïque, la même compassion inspire à Olympe de Gouges, dans son projet de « Caisse patriotique », l'idée que citoyens *et* citoyennes contribuent par l'offrande volontaire de leurs économies à éponger le fameux « déficit ».

Un mouvement irréversible est lancé : les femmes s'engagent dans la Révolution comme dans une histoire d'amour. « Souffle immense, en 89, et tout cœur palpite », dira Michelet.

Pages précédentes : Au matin du 14 juillet, les Parisiens se saisissent des canons des Invalides avant de se rendre à la Bastille. On remarque, au bas du tableau à droite, une femme armée d'un fusil.
Prise de la Bastille, *Musée Carnavalet. Photo Hubert Josse.*

FEMMES EN FOULE

De mai à juillet 1789, la France, attentive et pleine d'espoir, a les yeux fixés sur l'Assemblée et le Roi. Les femmes sont présentes, gravures et souvenirs en témoignent. Pour l'impressionnant cortège inaugural qui traverse Versailles le 5 mai, elles sont dans la rue mêlées à la foule, aux fenêtres comme Madame de Staël, dans la salle même du Palais comme les nobles suivantes de la Reine. Des tribunes, elles observent la partie de bras de fer qui s'engage entre le Tiers et les privilégiés soutenus par le Roi jusqu'à la victoire donnée par le « serment du Jeu de paume » et la capitulation de la monarchie absolue obligée de reconnaître l'existence d'une Assemblée Nationale Constituante, le 9 juillet.

Tandis qu'à Versailles s'opère, légalement, une révolution politique, les rues de Paris s'animent d'une « émotion » insurrectionnelle : artisans et bourgeois redoutent la contre-offensive d'un « complot aristocratique ». Que signifient ces mouvements de troupes autour de Paris ? pourquoi le prix du blé augmente-t-il tant ? Les femmes s'attroupent devant les boulangeries : veut-on affamer le peuple ? Dans le jardin du Palais-Royal devenu forum, hommes et femmes viennent aux nouvelles, s'inquiètent, écoutent des orateurs, inconnus hier et déjà populaires. Lui, là, c'est Camille Desmoulins ! Une rafale de provocations royales met le feu aux poudres. Le 11 juillet Louis XVI renvoie Necker, adulé de l'opinion ; le 12, les dragons du Royal-Allemand chargent un cortège de manifestants au jardin des Tuileries ; le 13, une masse d'hommes et de femmes pille les réserves de farine de la maison Saint-Lazare, et court aux armes ; le 14, elle se saisit de 32 000 fusils et de canons aux Invalides, elle prend la Bastille ; le prix du blé avait atteint ce jour-là son cours maximum.

Nous ne saurons jamais combien de femmes ont « pris » la Bastille. On n'en signale aucune parmi la centaine de morts dénombrés. Mais dans la liste des « vainqueurs » auxquels la Constituante devait attribuer honneurs et pensions, il en figure une : Marie Charpentier, qui « avait été estropiée à cette occasion ».

Le 17 juillet, Louis XVI vaincu venait à Paris reconnaître la Révolution triomphante et recevoir la cocarde tricolore du maire que les Parisiens s'étaient donné tous seuls. Un peuple de 250 000 personnes, armé de fusils, de piques, de lances, de fourches, de faux, le regarde passer dans le plus grand silence.

« Tous étaient là, dit Michelet, tous avaient voulu venir ; personne ne manquait à cette revue solennelle. On voyait même des dames armées près de leurs maris, des filles, près de leurs pères. »

Laissant le Roi faire son « amende honorable », bon nombre de grandes familles, les Polignac en tête, suivis du comte d'Artois, frère du Roi, émigrent le jour même, emportant avec eux leur impopularité, désormais accrue de la trahison.

Si la Bastille avait délivré, si la venue du Roi avait apaisé, les ventres n'étaient point nourris. La hantise de la faim, la haine des spéculateurs, le spectre du « pacte de famine » exaspèrent la violence de la foule parisienne. Le 22 juillet, le financier Foulon et son gendre, Bertier de Sauvigny, sont pendus, leurs têtes promenées au bout d'une pique. Michelet croit déceler ici une impulsion féminine et ne se gène pas pour généraliser :

« Elles ne se résignaient pas, *elles avaient des enfants.* Elles erraient, comme des lionnes. En toute émeute, elles étaient les plus âpres, les plus furieuses ; elles poussaient des cris frénétiques, faisaient honte aux hommes de leurs lenteurs ; les jugements sommaires de la Grève étaient toujours trop longs pour elles. Elles pendaient tout d'abord. »

Les événements confirmeront que la part des femmes fut toujours plus grande dans les émeutes de « subsistances » — suscitées par le prix ou la rareté des approvisionnements — que dans les journées politiques. Mais qui pourrait affirmer que la violence est due ici à l'initiative féminine, autrement que sous l'influence de l'image mythique, née au XIXe siècle, de la farouche virago ? De quel témoignage sort donc la cannibale de Caen qui aurait mangé le cœur de l'officier Belzunce, tué par la foule en juillet 89 ? Indéniable en revanche est l'allègre participation des femmes à cette farandole de Marseillais qui, en 1790, après avoir étripé littéralement le commandant de la citadelle, promenaient gaiement au bout d'un bâton les entrailles de leur victime au cri de « Qui veut de la fraîchaille ?... ».

On peut être choqué aujourd'hui de ces mutilations, de ces « aristos à la lanterne », de ces massacres si joyeux. Un témoin des journées, inconnu encore, décrit à sa femme cette violence punitive en disant :

« Les supplices de tous les genres, l'écartèlement, la roue, les bûchers, les gibets, les bourreaux multipliés partout nous ont fait de si mauvaises mœurs ! Les maîtres, au lieu de nous policer, nous ont rendus barbares parce qu'ils le sont eux-mêmes. Ils récoltent et récolteront ce qu'ils ont semé, car tout cela, ma pauvre petite femme, aura des suites terribles : nous ne sommes qu'au début. »

(Babeuf)

J.-B. Lallemand, le fils : Pillage des Invalides le 14 juillet 1789. *Photo Hubert Josse.*

De fait, cette Révolution que l'on voudrait parfois croire unanime, fraternelle et achevée à la Déclaration des Droits de l'Homme et du Citoyen — le 26 août 1789 — ne progresse que brutalement. Les campagnes prenant le relais des villes, c'est sous la pression de la Grande Peur paysanne et des jacqueries de juillet que l'Assemblée, réticente jusques et surtout dans ses rangs bourgeois, décide, la fameuse nuit du 4 août, l'égalité de tous, l'abolition des privilèges, dont la plupart du reste devront être rachetés. Les travées parlementaires comptent alors d'historiques embrassades suivies d'une allégresse populaire réelle, mais provisoire. Chaque conquête découvrant un nouveau combat, tout enthousiasme déferlant est suivi par une vague de défiance. En cette fin d'été 89 le même rythme caractérise aussi les actions féminines.

Quoique dépourvues de privilèges à sacrifier sur l' « autel de la patrie », plusieurs Parisiennes veulent s'associer à l'élan généreux du 4 août en lançant un mouvement spécifiquement féminin. Autour de la femme d'un sculpteur connu, Madame Moitte, plusieurs épouses d'artistes : Madame David, Madame Vernet, décident de « former une caisse uniquement destinée à recevoir les dons en bijoux et en espèces pour former un fonds qui serait invariablement employé à l'acquittement de la dette publique ». C'était, on s'en souvient, l'idée d'Olympe de Gouges, dès l'année précédente. Ayant réuni bijoux et argent, elles vont, le 7 septembre, vêtues de blanc et la coiffure ornée de la cocarde patriotique, porter leur offrande à l'Assemblée qui les reçoit avec effusion. Ce geste où l'opinion lut une « générosité de Romaines », bientôt imité par d'autres groupes de femmes « artistes », réaffirme de façon spectaculaire la volonté patriotique féminine — et non féministe — qu'on vient de voir manifestée par les femmes d'Angers. A ce premier engagement autonome et solennel des femmes, l'événement devait imposer une suite, surgie cette fois de l'indignation.

Le Roi, fort du veto que les modérés lui avaient accordé, refusait de signer les décrets du 4 août et la Déclaration des Droits, concentrait à nouveau des régiments inquiétants. A Paris, manifestaient nombre d'artisans, perruquiers, tailleurs mis au chômage par l'émigration ; on se battait aux portes des boulangeries vides ; Versailles, disait-on, mangeait tout. La presse, toute neuve et libre, faisait bouillonner cette effervescence. Dernier-né des journaux parisiens, *L'Ami du peuple,* d'un nommé Marat, agitait la menace des traîtres liberticides et des monopoleurs. Aveugle, provocante ou suicidaire, la Cour fit le reste. Le 1er octobre, un banquet d'officiers réuni à Versailles tournait à la manifestation contre-révolutionnaire. En présence de la Reine et du Roi, des gardes piétinaient la cocarde tricolore, d'autres la retournaient pour qu'elle fût blanche, comme le lys royal ; certains arboraient carrément la cocarde noire, la couleur de l'Autrichienne. Le 3, la nouvelle était à Paris. Le 4 on s'attroupait. Ce festin de cocardes quand le pain manquait, c'était trop. Le 5 au matin, les femmes s'en mêlaient.

Venues de la Halle, du faubourg Saint-Antoine, les voilà parties.

« Le premier rassemblement (de femmes uniquement) — raconte l'une d'entre elles, Marie-Louise Denoel — eut lieu à huit heures et demie du matin devant l'Hôtel-de-Ville pour savoir pourquoi on avait tant de peine à avoir du pain et si cher ; d'autres voulurent, mais absolument, que le Roi et la Reine vinssent à Paris. D'autres enfin exigeaient que ceux qui avaient des cocardes noires les quittassent sur-le-champ. »

Forçant l'entrée de l'Hôtel-de-Ville, elles s'emparent, avec l'aide des « vainqueurs de la Bastille » appelés à la rescousse, de fusils, de canons et de tambours. Beaucoup sont en robe blanche.

« Elles attachent des cordes au train des canons, précise Loustalot dans son journal, *Les Révolutions de Paris* [...]. Elles arrêtent des voitures, les chargent de leurs canons qu'elles assujettissent avec des câbles ; elles portent de la poudre et des boulets ; les unes conduisent les chevaux, les autres assises sur les canons tiennent à la main la redoutable mèche et d'autres instruments de mort. Elles partent des Champs-Elysées au nombre de 4000, escortées par quatre ou cinq cents hommes armés de tout ce qui était tombé sous leurs mains. »

La route est longue de Paris à Versailles. Arrivées épuisées et affamées vers 5 heures après midi, les femmes trouvèrent une Assemblée hésitante et peu aimable. Quant au Roi, il était à la chasse. La soirée s'engagea dans la confusion. Les gardes royaux s'affolaient, les femmes répandues dans Versailles cherchaient à manger. Vers minuit, tandis que Louis XVI pressé par Necker acceptait enfin de signer les décrets, 20 000 hommes de la Garde nationale parisienne arrivaient à leur tour, trempés et fourbus, poussant devant eux leur chef La Fayette, qui aurait préféré être ailleurs. L'aube fut terrible : foule rôdant dès 6 heures autour du château, grilles forcées, gardes du corps tués, palais envahi. Devant le massacre qui s'annonçait, le Roi consentit à se montrer au balcon avec sa famille ; un cri l'accueillit : « Le Roi à Paris ! »

Et l'on rentra, la foule devant, le Roi derrière. En tête les femmes agitaient de hautes branches de peupliers. Certaines étaient, dit Loustalot, « couvertes de cocardes nationales de la tête aux pieds ». D'autres brandissaient au bout de leurs piques de grosses miches de pain. Sur quelques-unes, on voyait des têtes. Et l'on criait : « Nous amenons le boulanger, la boulangère et le petit mitron ! » A l'arrière, un convoi de farine, et une centaine de députés en avant-garde de l'Assemblée qui, elle aussi, rejoignait Paris. Michelet conclut le récit de l'événement :

« Les hommes ont pris la Bastille, les femmes ont pris le Roi.
Le 1er octobre, tout fut gâté par les dames de Versailles.
Le 6, tout fut réparé par les femmes de Paris. »

L'image des héroïnes révolutionnaires naît ce jour-là, comme pour illustrer le dernier pamphlet d'Olympe de Gouges : *La France sauvée par les femmes.*

Cependant tous les témoins n'ont pas « vu » la même chose. Quoique barricadées par la peur, de nobles dames de Versailles jureraient — et écrivent — que toutes ces femmes étaient ivres, robes blanches tachées de sang. Et la presse de droite fabrique le personnage qui manquait au tableau : la « meneuse », entraînant ces « femelles qui demandent "les boyaux" de la Reine ». On a cru la voir, on l'a vue, on l'identifie : c'est Théroigne de Méricourt. Peut-être n'était-elle pas là ? Tant pis, on tient avec elle une coupable et l'une des plus tenaces légendes qui, de Lamartine à Baudelaire, court le XIXe siècle pour trouver chez les Goncourt, toujours prêts à faire un *scoop* d'un ragot, sa silhouette définitive. « Octobre sonne ; à cheval ! et panache rouge, redingote de soie rouge, cravache en main, pistolets à la ceinture », voici Théroigne, rouge déesse de la mort, surgie, nouvelle Vénus, de l'écume des foules.

Les poètes n'y verront que le feu d'un regard et d'un rôle, les contemporains, eux, s'inquiètent de la force inconnue, incontrôlée, de guerrières qu'on veut bien croire héroïques mais qu'on imagine, déjà, vaguement monstrueuses.

L'ÉCOLE DES FEMMES

D'octobre 89 à la fuite ratée du Roi stoppée à Varennes en juin 91, on ne compte plus de grande journée insurrectionnelle. Les contemporains qui ont cru alors que la nation s'acheminait, d'un train de député, vers une monarchie modérée à l'anglaise étaient sans doute trop optimistes ou trop pressés.

Certes, les députés « constituent » une France définitivement nouvelle, et inventent, des départements au système métrique sans oublier les impôts, un Etat fondé sur l'unité, plus que sur l'égalité. Mais dans le temps même où se fixe la Constitution, le paysage politique change radicalement. Versailles, c'est fini. Paris et son peuple protègent — ou surveillent — le Roi et l'Assemblée dont les tribunes s'ouvrent à un public plus large et dont le débat gagne la rue. La France entière, en profondeur, se politise. En tout lieu l'on s'honore du nom de « citoyen »... et de « citoyenne » ! Bien sûr, la loi de décembre 1789 a, une fois encore, refusé le droit de vote aux femmes, mais cela les place somme toute à égalité avec la moitié des hommes,

Départ des héroïnes de Paris pour Versailles, le 5 octobre 1789. *Gravure anonyme. Photo Hubert Josse.*

exclus eux aussi du corps électoral parce qu'ils ne sont pas propriétaires et rangés dans la catégorie des « citoyens passifs ». En substituant aux divisions antérieures — privilégiés/roturiers, puis hommes /femmes — la différence entre hommes riches et gens pauvres, la bourgeoisie assure le contrôle de ses biens. Camille Desmoulins et son ami Loustalot ont beau ricaner d'une loi qui aurait interdit à J.-J. Rousseau de siéger à l'Assemblée législative, il faut bien s'accommoder, provisoirement, d'une « égalité » à deux vitesses.

L'élection est fermée, la discussion est ouverte. Le temps des clubs commence, et avec lui l'organisation parallèle d'une force populaire nouvelle d'où sortiront les sans-culottes. D'abord simple coulisse de l'Assemblée où les députés prolongent leurs débats, les clubs se structurent et se colorent progressivement. Celui des Jacobins, de cotisation d'abord élevée, démocratise son influence et essaime rapidement en province tout un réseau de filiales : mille environ en septembre 1791, près de 3000 en août 1792. Robespierre en est. La scission des modérés en 1791, les Feuillants, ne l'affecte guère. Sur sa gauche, plus populaire, le club des Cordeliers, animé par Marat, Desmoulins, Danton surtout, devient lui aussi le centre de toute une nébuleuse de sociétés patriotiques.

C'est dans cet espace politique dynamique et mouvant que les femmes font leur apprentissage de citoyennes et cherchent, encore confusément, les voies d'un patriotisme féminin militant. Pour les libérales du faubourg Saint-Germain, héritières des salons éclairés, la place est toute trouvée : le balcon de l'Assemblée accueille leur assiduité. La princesse d'Henin, Madame de Coigny, Madame de Beaumont — qui n'a pas encore rencontré Chateaubriand — ont pour leurs tribuns favoris les yeux des précieuses de la Fronde. L'austère Robespierre lui-même a sa groupie, l'idolâtre et jolie Madame de Chalabre.

Laissant ces muses mondaines admirer l'étoile — suspecte et déclinante — de Mirabeau ou celle — montante — de La Fayette, d'autres femmes osent des initiatives plus originales. Revoici Théroigne de Méricourt, bacchante dévergondée pour les royalistes qui se souviennent de son passé galant, fière Lacédémonienne pour les patriotes. Comprenant, parmi les premières, l'intérêt des clubs pour propager l'idéal révolutionnaire et « élever le peuple à la dignité de ses droits », elle fonde en janvier 90, avec quelques intellectuels dont le mathématicien Romme, le club des « Amis de la Loi ». L'intelligence du projet ne suffit pas à imposer cette société qui s'éteint, fin mars, après une vingtaine de séances, en dépit — ou à cause — du succès spectaculaire et ambigu que Théroigne remporte fin février 90 lors d'une mémorable visite aux Cordeliers. Camille Desmoulins la raconte :

« ...C'était la célèbre demoiselle Théroigne, qui venait demander la parole et faire une motion. Il n'y eut qu'une voix pour l'admettre à la barre. A sa vue l'enthousiasme saisit un honorable membre [lisez :

Camille lui-même]. Il s'écrie : "C'est la Reine de Saba qui vient voir le Salomon des districts." »

Théroigne proposait d'élever sur les ruines de la Bastille un palais de l'Assemblée Nationale, rival du Louvre. L'idée était belle ; on l'applaudit,... sans donner suite. Mais la citoyenne venait aussi demander son admission « avec voix consultative » dans cette très masculine institution. Le froid succédant alors aux acclamations, l'assemblée déclara, raconte toujours Desmoulins,

« qu'un canon du concile de Mâcon ayant formellement reconnu que les femmes ont une âme et la raison comme les hommes, on ne pouvait leur interdire d'en faire un si bon usage que la préopinante ; qu'il sera toujours libre à Mademoiselle Théroigne et à toutes celles de son sexe de proposer ce qu'elles croiraient avantageux à la patrie ; mais que, sur la question d'état, si la demoiselle Théroigne sera admise au district avec voix consultative seulement, l'assemblée est incompétente pour prendre un parti, et qu'il y a lieu de délibérer. »

Et voilà pourquoi nos femmes sont muettes ! C'était non !

Ce refus venu d'un club populaire éclaire les contradictions de la misogynie révolutionnaire. Ces patriotes sont prêts à entendre les femmes mais ne peuvent leur prêter une « voix ». Le préjugé pourtant l'emporte ici sur le mépris. Après tout, bien des militants d'aujourd'hui hésiteraient à accueillir aussi chaleureusement une célébrité marginale, qualifiée par les potins royalistes d' « héroïne de boudoir ». Il faut avoir lu les injures ignominieuses cyniquement lancées par la presse « aristocrate » jusqu'en 1792 contre Théroigne et, généralement, contre toutes les femmes favorables à la Révolution, pour mesurer exactement l'antiféminisme des Cordeliers. Ils sont partagés entre l'admiration et un conformisme qui leur interdit de faire coïncider une image symbolique et un rôle politique concret. Reine de Saba ou chienne lubrique, Théroigne est décidément victime de la légende. Légende coûteuse : enlevée, en Belgique, transférée et incarcérée en Autriche, elle devra se défendre d'avoir voulu assassiner Marie-Antoinette le 5 octobre 1789 et ne réapparaîtra à Paris qu'en 1792.

Coincées entre le romanesque et l'infamie, les femmes n'ont-elles donc pas de place pour agir ? C'est à peu près ce que pense Madame Roland. Oui, Manon Phlipon, la jeune fille moderne qui étouffait dans sa cage bourgeoise n'est pas devenue féministe. Au contraire. Les entreprises d'une Théroigne la laissent sceptique. Elle l'écrit, en avril 1791 :

« Je ne crois pas que nos mœurs permettent encore aux femmes de se montrer. Elles doivent inspirer le bien et nourrir, enflammer tous les sentiments utiles à la patrie, mais non paraître concourir à l'œuvre politique. »

Préférant le demi-jour des causeries influentes à l'éclat de l'action, Madame Roland, par fidélité à Rousseau, par orgueil aussi peut-être, voit son rôle ailleurs : dans la coulisse des conseils et des confidences efficaces.

Ce qu'une pionnière n'avait pu faire et ce qu'une « politique » se refusait d'entreprendre, la spontanéité populaire devait le permettre. Dès février 1790, un maître de pension, Claude Dansard, réunissait dans une salle du couvent des Jacobins les artisans et les ouvriers du quartier pour leur lire et leur expliquer les décrets de la Constituante. Ces citoyens passifs vinrent avec femmes et enfants. La société, première du genre, prit le nom de « Société fraternelle des patriotes des deux sexes ». On y alphabétisait, on s'y tutoyait, on y faisait l'apprentissage de la démocratie directe. Encouragées par Marat, ces sociétés se multiplient et se fédéreront en mai 91 dans le « Comité central des sociétés fraternelles » sous le contrôle des Cordeliers. Elles paraîtront alors en première ligne pour défendre la Révolution dans la crise déclenchée par la fuite du Roi. Les femmes y sont chez elles, à part entière, sans être à part.

Au Palais-Royal, on est plus véritablement féministe, moins populaire aussi. Dans les profondeurs du « cirque » souterrain qui y est aménagé, l'abbé Fauchet ouvre à l'automne 1790 un « Cercle social » où se prêche, devant un public à dominante féminine, une doctrine obscure hésitant entre la franc-maçonnerie et un « socialisme » chrétien. C'est à la tribune — ou à l'autel — de ce sanctuaire qu'apparaît, le 26 novembre 1790, la fameuse Etta Palm d'Aelders, fausse baronne mais bonne oratrice. Elle s'écrie ce jour-là :

« Vous avez été jusqu'à présent les compagnes d'hommes énervés de sentiments d'esclaves corrompus. Puisque les Français sont devenus des Romains, imitons les vertus et le patriotisme des dames romaines ! »

Et la belle Hollandaise — elle avait, disait-on, « de la taille » — fonde au printemps 91 la « Société patriotique et de bienfaisance des amis de la Vérité », assez peu active mais qui fait parler d'elle en donnant à sa présidente l'occasion de prendre la parole dans une Société masculine parallèle et d'y être applaudie :

« Oui, Messieurs, la nature nous a créées pour être les compagnes de vos travaux et de votre gloire. Si elle vous donna un bras plus nerveux, elle nous fit vos égales en force morale et vos supérieures peut-être par la vivacité de l'imagination, par la délicatesse des sentiments, par la résignation dans les revers, par la fermeté dans les douleurs, la patience dans les souffrances, enfin en générosité d'âme et zèle patriotique. »

L'entreprise n'est pas isolée. Dans ses premiers numéros, le journal de l'abbé Fauchet, *La Bouche de fer*, écartait les femmes de la politique : Cornélie, la romaine, « n'était ni sénateur, ni consul, ni général des armées de Rome. Elle était la mère des Gracques »; il évolue au point de parrainer en février 91 la création d'un « Club fédératif des citoyennes patriotes ». C'est que le mouvement d'engagement politique des femmes se précise et s'étend en ces années 1790-91. Elles se sentent responsables, elles se veulent vigilantes — et sans complexe. Voyez Louise de Kéralio, épouse fort cultivée du cordelier Robert. Elle rédige et publie le *Journal de l'Etat et du citoyen,* nettement républicain, et contribue à fonder l'un de ces nouveaux clubs patriotiques mixtes. Elle représente assez bien l'apprentissage de la citoyenneté que les Parisiennes font, pour l'essentiel, dans la mixité des sociétés populaires et patriotiques.

Les provinciales, sans être en reste, agissent différemment. Loin de l'Assemblée, loin des maisons-mères des clubs, leur mobilisation offre un visage plus autonome. Elles se réunissent en clubs strictement féminins, dès 1789 pour les Dijonnaises mais surtout à partir de 1790. Mouvements de jeunes filles, comme ces « Sœurs de la Constitution » de Breteuil et comme la « Société patriotique » de Civray en Poitou, ou de bourgeoises bien élevées — leurs époux sont médecin, avocat, maire —, ces groupes affichent une identité patriotique, plutôt qu'une tendance politique. Témoin cette « Légion d'amazones nationales » formée par les femmes d'Aunay, en Charente-Maritime. Mais sous les exemples multipliés de la vertu civique se lit le rêve d'une femme nouvelle dans une société régénérée.

La Bouche de fer félicite le geste des jeunes Nantaises venues à la Société des amis de la Constitution — les Jacobins — jurer de ne jamais épouser d'aristocrates. A Tours, été 91, selon la *Gazette universelle,* 600 femmes projettent un défilé au Champ-de-Mars :

« Il a été arrêté [...] que la troupe féminine [...]marcherait sur deux lignes, dont la droite serait occupée par les mères ; que la coiffure uniforme serait un pouf de gaze blanche, auquel serait attachée une cocarde de rubans aux couleurs nationales, les cheveux arrangés à la cavalière et chignon retroussé ; que l'uniforme serait d'un caraco blanc, jupe de même, fendue tout au long sur le côté et lissée par un ruban vert pistache qui laisserait voir un transparent rose. Enfin il a été arrêté qu'au lieu de ceinture, le ruban aux trois couleurs serait placé en écharpe. »

Le même été, voici 3 000 à 4 000 « amies de la Constitution de Bordeaux » portant des fleurs des champs à l'évêque constitutionnel pour sa fête :

« Cette marche triomphale, escortée des troupes nationales et des soldats d'Agénois, était un spectacle nouveau, d'un caractère auguste, inspirant tout à la fois le respect et l'attendrissement, rappelant à

l'imagination ces fêtes grecques dont nos religions modernes n'ont pas su tirer parti. »

Avant de sourire de ces futilités festives, observons leur décorum. Le geste du serment, le cortège, les offrandes, retour aux sources antiques du civisme, le costume dont la féminité virginale se combine à l'uniforme d'une « troupe », toute cette symbolique spectaculaire manifeste que les femmes sont une force politique. C'est le moment où la réaction aristocratique s'affirme, où la fuite de la famille royale le 20 juin 1791 ouvre une crise grave — maintenir une royauté fêlée ? ou sauter le pas vers une République inconnue, peut-être autoritaire ? —, où la « Constitution civile du clergé » avec l'obligation faite aux prêtres de prêter serment de fidélité à la nation divise l'Eglise, dès la fin du printemps 91, en prêtres « constitutionnels » ou « jureurs » et « réfractaires » souvent soutenus par des femmes. Dans ce climat, les Bordelaises qui fêtent avec pompe leur évêque respectueux des lois prennent résolument le parti de la démocratie menacée.

Que font alors les paysannes ? Nous n'en savons presque rien. Entièrement mobilisée, depuis le 4 août, contre les droits féodaux dont elle refuse le rachat, la société rurale poursuit son mouvement propre, dans la défiance des gros propriétaires — bourgeois autant que nobles —, peu attentive à l'actualité dont les échos ne parviennent qu'affaiblis et avec retard, enfermée qu'elle est dans ses mauvais chemins et, surtout peut-être, dans ses patois. A défaut de documents, le roman de *Nanon* permet, ici encore, d'imaginer sinon de connaître cette *femina incognita.*

Dès l'été 89, guidée par un petit moine sans vocation que la suppression des vœux religieux rendra bientôt à la vie civile, Nanon apprend à lire et fait partager ce savoir à ses petites camarades. Autour d'elle, dans le village creusois, « malgré qu'on se fût organisé en garde nationale, on était retombé dans l'indifférence et l'habitude. L'hiver se passa bien tranquillement. » Mais, pendant l'été 90, elle devient, grâce à la solidarité des villageois, la « première acquéreuse » de biens nationaux. Sans être suivie du reste : qui pouvait payer, en trois mois, des lots trop vastes pour la bourse des paysans pauvres ? En attendant d'être imitée, Nanon assume sa « libération ».

« N'ayant plus de loyer à payer aux moines, et gagnant quelque chose, car je commençais à aller en journée et je travaillais à la lingerie du couvent, je n'étais plus dans la misère. Mes élèves me rapportaient, car ce fut la mode chez nous d'apprendre à lire jusqu'à ce que la vente des biens nationaux fût faite ; après on n'y songea plus. »

Notons au passage que si la dévotion campagnarde devait bientôt s'inquiéter de la validité du clergé assermenté, elle ne s'émeut guère alors d'un achat « sacrilège » des terres d'Eglise.

Au soir du 5 octobre, les femmes parisiennes sont reçues à l'Assemblée nationale, à Versailles. Musée Carnavalet.

Au printemps 91, c'est enfin la grande nouvelle : huit mois de délai pour payer l'achat de bien nationaux.

« Alors ce fut comme une volée d'alouettes qui s'abat sur un champ, et en trois jours, tout le monde acheta. Ces lots étaient si petits et si bon marché que toutes les menues terres du val y passèrent. »

C'est ainsi que Nanon s'avance vers sa « citoyenneté » : en devenant propriétaire d'une masure, et d'un savoir qu'elle redistribue. Elle se sent, lui fait dire George Sand, « moins paysanne et plus française ». Symboliquement, l'étape suivante de son apprentissage sera la lecture des cartes géographiques et l'élargissement de l'horizon, des bornes de l'étroit « pays » aux frontières d'une patrie.

FEMMES EN FÊTE

Apprenant à lire et à écrire la Révolution, les apprenties citoyennes s'inscrivent pleinement dans une dynamique qui doit, sous peine de se bloquer, être lisible par tous. De ce point de vue, les fêtes révolutionnaires jusqu'en 1791-92 représentent sans doute les temps les plus forts, au point d'en être devenues mythiques, de cette transparence heureuse. Comment dire objectivement ces scènes d'autoreprésentation prodigieuse, où s'écrit et se déchiffre l'identité d'un peuple-citoyen, où les mêmes hommes et femmes préparent et célèbrent, conçoivent et vivent un « spectacle » dont ils sont à la fois acteurs et spectateurs ? « Dans cette heure rapide, dit Michelet, un peuple semblait jouer la comédie divine, d'union et de concorde, que nous n'avons jamais qu'en rêve. »

Héritier des pompeuses processions de l'Ancien Régime, le grand défilé des Etats Généraux, en mai 1789, séparait encore les héros-députés des assistants anonymes, respectueux et muets devant une cérémonie « ordonnée » à tous les sens du terme. Progressivement un nouveau langage festif s'invente, surgi d'un élan où les femmes sont présentes et de plus en plus actives. Le visage de cette fête nouvelle apparaît lorsque se fondent les deux images du « peuple » : culture issue d'un terroir et de traditions ancestrales et conscience patriotique. C'est, au village, la plantation des arbres, ou « mais », de la liberté : vrais arbres coiffés d'un bonnet rouge ou mâts décorés d'emblèmes. Le Périgord inaugure les premiers en janvier 1790, et la pratique s'en répand peu à peu dans toute la France. Ils refleuriront en 1848. Il s'agit bien là d'une fête civique, par ses symboles et ses circonstances : honorer la nouvelle municipalité, applaudir le retour d'un député, en même temps que paysanne par ses formes : hommes et femmes, enfants et vieillards chantent et dansent en ronde autour de l'arbre, terminant parfois la journée par un « festin ».

Plus célèbres, parce qu'elles ont laissé dans la mémoire des contemporains les traces d'émotions puissantes dont témoignent d'innombrables images, les fêtes de la fédération puisent leur force dans une conjonction de nature différente : c'est la glorification de l'individu-citoyen, et le sacre même de la nation. Spontané et provincial, le mouvement des fédérations surgit à Etoile, près de Valence, en novembre 1789. L'hiver 90, on se « fédère » de Dole à Pontivy ; au printemps, c'est Strasbourg, Lille, Lyon le 30 mai où, déjà, une organisation monumentale se mêle à l'improvisation. Sur le « camp fédératif » on a construit une colline artificielle qu'ornent un temple de la Concorde et une statue de la Liberté. Devant une foule imposante défilent les fédérés, mais aussi des femmes, sous l'œil enthousiaste de Madame Roland qui en publie le récit, sans pourtant le signer :

« On voit dans différents détachements des femmes ayant le sabre à la main, une démarche ferme et guerrière, présenter sous les vêtements de leur sexe, et avec la simplicité villageoise, un spectacle d'amazones, et le courage de Jeanne d'Arc. »

A Mâcon, à Cusset dans l'Allier, les femmes prêtent, en tant que telles, le serment civique sur l'autel de la patrie. A Orléans, dont les fêtes de la fédération se célèbrent comme à Paris le 14 juillet, une estrade a été réservée aux « Citoyennes patriotes »:

« [...] toutes vêtues de blanc, cocarde et ceinture aux couleurs de la Nation et bouquet à la main. Elles étaient précédées d'une flamme qui a été portée par Madame Dulac, épouse du colonel de la Garde nationale orléanaise. Sur cette flamme, de couleur blanche, on lisait ces mots : “ Plus de courage que de force ”. »

Cette ardeur s'exprime aussitôt après dans une adresse au maire :

« Que le moment nous semble beau ! Tout nous rappelle ici que nous avons des droits à la félicité publique. Oui, Messieurs, nous sommes françaises, nous sommes épouses et mères ; et ces droits sacrés de la nature ne laissent-ils pas en nos mains le bonheur des générations futures ? »

A Romans, en Dauphiné, raconte Michelet, « une belle fille marchait, tenant à la main une palme, et cette inscription : Au meilleur citoyen !... Beaucoup revinrent bien rêveurs ».

L'apothéose du mouvement fédératif est bien sûr la fête du 14 juillet 1790 à Paris, où doivent se joindre les délégations de toute la France. Mais la cérémonie grandiose de la fraternité n'est que le

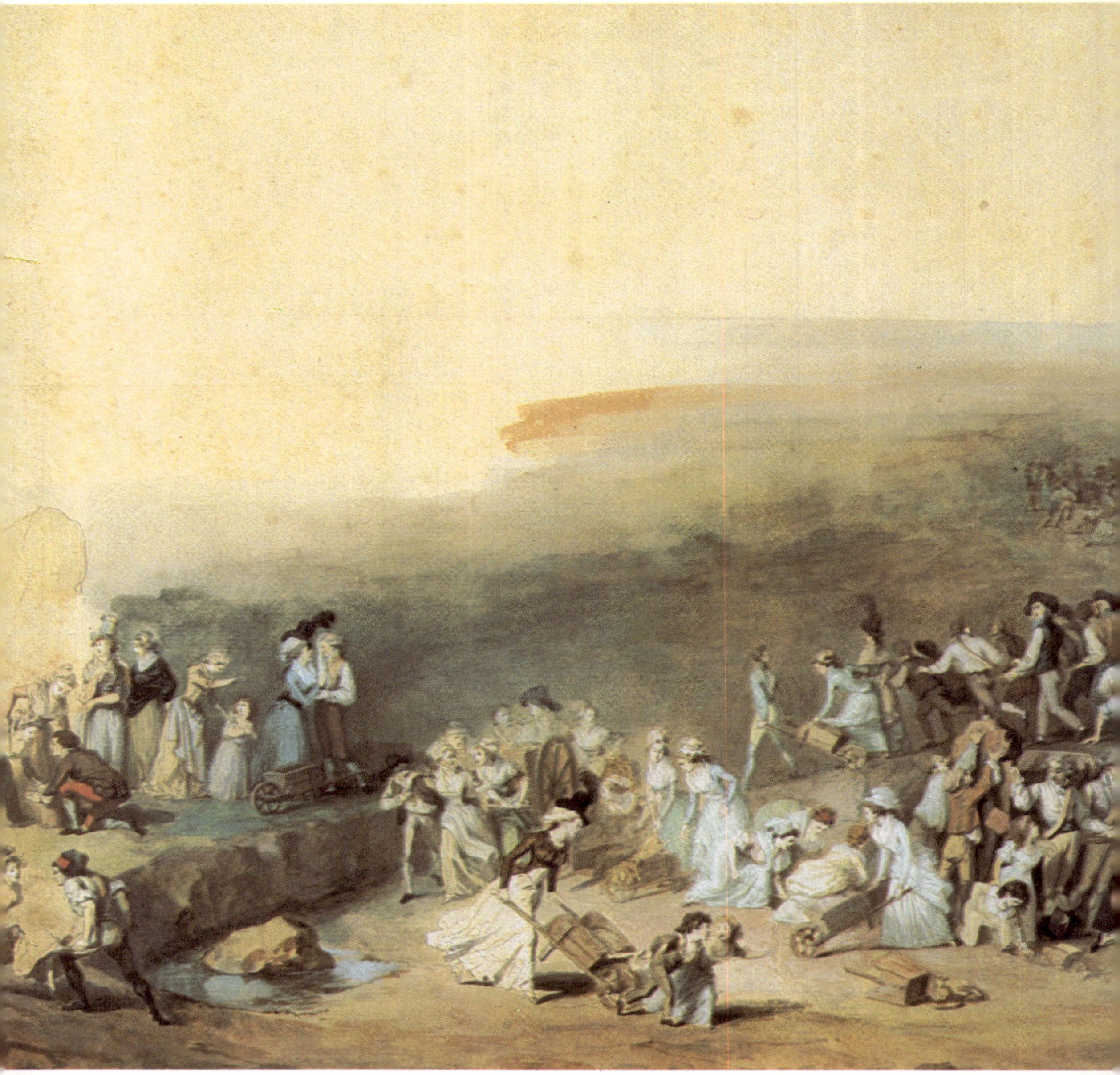

dernier acte d'une autre fête, désordonnée, imprévue celle-là, vécue pendant les huit jours que durent les travaux du Champ-de-Mars, véritable fête de l'Egalité. On avait entrepris de transformer la plaine gazonnée en un immense amphithéâtre naturel, d'élever deux collines de 30 rangs de gradins destinés à 160 000 places assises, surmontées sous les frondaisons des arbres d'une terrasse pour accueillir debout 100 000 spectateurs. Les 15 000 ouvriers requis ne suffisant pas à remuer toute cette terre et finir à temps les travaux, la presse diffusa l'appel d'un patriote à une mobilisation générale des citoyens. Ce fut la ruée dès le lendemain d'une foule immense — certains parlent de 100 000 personnes —, enthousiaste et bien décidée à braver les « larmes d'aristocrates » qu'un ciel hostile déversait sur le chantier boueux. Les témoignages contemporains nous ont laissé des récits épiques de cet élan quasi légendaire. Ici « on voit des chevaliers de Saint-Louis, des abbés, des moines, pousser des brouettes, traîner des haquets avec une vélocité étonnante au haut des collines factices qu'on élève ». Là, « des femmes en chapeau, avec des plumes et du rouge, ne craignent pas de manier la bêche de leurs mains délicates et de soulever des hottes remplies de terre ».

« Les théâtres eux-mêmes, raconte une actrice, se signalèrent : chaque cavalier choisissait une dame à laquelle il offrait une bêche bien légère, ornée de rubans ; et, musique en tête, on allait au rendez-vous universel. Il fallut inventer un costume qui résistât à la poussière : une blouse de mousseline grise, des bas de soie et des brodequins de même couleur, une écharpe tricolore, un large chapeau de paille, telle fut la tenue d'artiste. »

Comédiennes coquettes mêlées aux dames de la Halle, aux filles publiques, aux sœurs de charité, roulent ensemble la brouette, encouragées par les orchestres ambulants et chantant en chœur le premier *Ça Ira* :

Le peuple en ce jour sans cesse répète :
Ah ! ça ira ! ça ira ! ça ira !
Suivant les maximes de l'Evangile
Ah ! ça ira ! ça ira ! ça ira !
Du législateur tout s'accomplira ;
Celui qui s'élève on l'abaissera ;
Celui qui s'abaisse, on l'élèvera.

Toutefois, sous le chant « niveleur », se fredonne déjà une conception plus vengeresse de l'égalité :

Aristocrate te voilà donc foutu,
Le Champ-de-Mars te fout la pelle au cul.
Nous baiserons vos femmes
Et vous serez pendus.

Pages précédentes : Champs-de-Mars. Sur l'immense chantier, hommes et femmes de toutes les classes sociales préparent la fête de la Fédération du 14 juillet 1790.
Musée Carnavalet. Photo Hubert Josse.

La marquise de La Tour du Pin ne dut pas l'entendre : « Dans ce rassemblement de toutes les classes de la société, pas le moindre désordre, pas la plus petite dispute. Chacun était mû par une seule et même pensée de confraternité. »

Notons que si le regard moderne repère le naturel du compagnonnage des hommes et des femmes, les contemporains, eux, semblent avoir été bien davantage frappés par le mélange des classes sociales ; ce n'est pas le côtoiement des sexes que l'on remarque, mais celui de la blanchisseuse et de la belle dame, de la religieuse et de la fille : les rubans aux trois couleurs ne masquaient pas la qualité sociale, visible à la coiffure, au maquillage, à la « tenue d'artiste ». Ce rapprochement dans l'affirmation des différences indique que l'identité citoyenne est ici revendiquée par les femmes bien plus qu'une identité féminine. Les fêtes provinciales au contraire, qui recrutent leurs bataillons féminins dans une bourgeoisie plus homogène, semblent exprimer davantage, par la séparation des sexes et les recherches d'uniformisation vestimentaire, la place spécifique accordée aux femmes.

Et c'est le grand jour. Avant l'aube, des milliers de Parisiens sont déjà là, réveillant les milliers de gardes nationaux qui ont choisi de dormir au Champ-de-Mars pour être certains de bien voir. En attendant l'immense cortège des départements qui est en train de traverser Paris, la foule regarde le jour se lever sur le décor grandiose. Au fond, devant l'Ecole militaire, des galeries attendent la famille royale et l'Assemblée ; au bord de la Seine un triple arc de triomphe canalise les régiments qui débouchent l'un après l'autre du pont de bateaux jeté sur le fleuve. Au centre, sur un tertre gazonné, l'autel de la Patrie. Les musiques éclatent, les fédérés s'entremêlent en de spectaculaires farandoles, avant que la cérémonie ne commence. A 3 heures enfin, les députés, le Roi, la Reine — qui n'a pas l'air contente — sont en place. La Fayette, dont c'est le jour de gloire, arrive sur son cheval blanc. Il pleut toujours ; 1 200 musiciens s'égosillent sans être entendus.

Soudain, il faut imaginer l'attention fascinée des 300 000 spectateurs, et de tous ceux qui, au loin, depuis les collines de Chaillot et de Passy regardent aussi, quand Talleyrand, boiteux évêque d'Autun, entouré de 200 prêtres portant ceinture tricolore, monte à l'autel et célèbre cette messe unique dans l'Histoire, au son des musiques militaires. Le canon tonne. Tout se tait ; formidable et religieux silence pour entendre La Fayette prêter serment civique de fidélité à la nation, à la loi et au roi. Aussitôt, dans l'effusion, les embrassades, les larmes, les cris, roule d'un bord à l'autre du cirque le grondement de trois cent mille voix qui jurent à leur tour. Ce geste fonde une nouvelle foi, inaugure un nouveau culte : le serment collectif du peuple concentre l'ancienne communion chrétienne et le sacre qui faisait les rois. Le peuple désormais est constitué, souverain et sacré.

Et la fête continue. Après la « liturgie civique », l'allégresse populaire ouvre un bal qui ne s'achèvera que le 20 juillet. Sur les contours de l'ancienne Bastille s'élève une forteresse de verdure : 83 arbres ornés de lampions, portant les noms des 83 départements. Au centre, sur un reste des ruines, on peut lire ces mots : « Ici l'on danse ».

Simple et presque misérable, la fête de la Fédération au village de Nanon est imprégnée d'une égale force symbolique. C'est la première fête de la « commune » — « on ne disait déjà plus la paroisse [...] depuis qu'on n'était plus aux moines et qu'on avait nommé des municipaux. » Après la messe, dite « pour demander à Dieu de bénir l'union de la France », après le banquet « où l'on mangea du pain au dessert comme chez les riches on mange du gâteau » et où l'on but un peu de vin — clairs symboles de communion —, « on démasqua la surprise » préparée par les « bons gars de l'endroit ». Une fois les feuillages enlevés,

« [...] on vit une manière d'autel en gazon, avec une croix au faîte, mais formée d'épis de blé bien agencés en tresse. Au-dessous, il y avait des fleurs et des fruits les plus beaux qu'on ait pu trouver [...] et puis des produits plus communs, des gerbes de sarrasin, des branches de châtaigniers avec leurs fruits tout jeunes [...]. Et enfin, au bas de l'autel de gazon, ils avaient placé une charrue, une bêche, une pioche, une faucille, une faux... une cognée... et finalement une paire de poulets, un agneau de l'année, un couple de pigeons, et plusieurs nids de grives, fauvettes et moineaux avec les œufs ou les petits dedans.

C'était là, me dira-t-on, un trophée bien rustique ; mais il était si bien arrangé [...] que cela nous fit un grand effet et il me sembla, pour ma part, la chose la plus magnifique que j'eusse vue de ma vie. A présent que je suis vieille, je n'en ris point. »

Car la mise en scène ici et l'émotion de la beauté renvoient l'image transparente et sacrée du travail de tous et d'une terre commune ; elle exalte aussi le désir du savoir dans l'acte final de la cérémonie, où Nanon joue le premier rôle : lire devant tous l'inscription placée au bas de la croix de blé :

« “ Ceci est l'autel de la pauvreté reconnaissante dont le travail, béni au ciel, sera récompensé sur la terre. ”

Aussitôt un seul *Ah !...* parti de toutes les bouches fut comme la respiration d'une grande fatigue après tant d'années d'esclavage. »

Cette figure éclaire aussi un autre aspect de la présence féminine dans les premières fêtes : son enrôlement spontané dans l'allégorie révolutionnaire. Le temps n'est pas encore venu des grandes compositions symboliques qui feront des femmes, en 93, les « déesses » et les « Raisons » des tableaux vivants d'un culte officiel. Mais déjà la mise en évidence de la femme dans les défilés, sa beauté qui très tôt valorise les trois couleurs par la blancheur des tuniques, l'alliance d'une sensibilité virginale ou maternelle avec une énergie d' « amazone » diffusent efficacement, sous l'aspect de femmes débarrassées des falbalas, l'image émouvante et dynamique de la régénération. Et très vite les valeurs nouvelles — Liberté, Justice, Nation, Patrie, aux noms tous féminins — vont être incarnées par des femmes, rendant ainsi plus claire la coupure avec la symbolique traditionnelle : l'Etat, le pouvoir et le trône monarchiques, toujours réunis dans la figure masculine du roi.

On ne dansait plus le 14 juillet 1791. Certes, le 11 encore, les cendres de Voltaire avaient eu droit à une superbe panthéonisation ! Fête funéraire et non plus fraternelle. En un an, tandis que s'épanouissait la conscience populaire, la contre-révolution s'était cimentée. Dès août 1790, 20 000 hommes réunis à Jalès dans l'Ardèche et patronnés par le comte d'Artois jurent infidélité à l'œuvre de la Constituante. Le 31 août, sur ordre royal, le général Bouillé massacre la garnison patriote de Nancy révoltée contre des officiers iniques. Surtout, une partie de l'Eglise entraîne ses fidèles dans la sécession ouverte par la Constitution civile du clergé et par l'obligation faite aux fonctionnaires — dont les prêtres — de prêter serment à la nation. La division en « jureurs » et « réfractaires » creuse vite un clivage parfois violent. Ainsi voit-on les dames de la Halle donner aux religieuses qui suivent les offices réfractaires quelques fessées patriotiques. Bientôt la cassure sera géographique et politique : en juin 91 les responsables du Morbihan écrivent : « Les confessionnaux sont des écoles où la rébellion est enseignée et commandée. »

Le double jeu du Roi et de sa famille transforme en crise ouverte la tension générale : c'est l'épisode lamentable de la fuite sottement organisée par le beau Fersen, arrêtée dans la nuit du 20 au 21 juin 1791, à Varennes, on le sait. Et le retour fut long. Durant les trois interminables jours de route, un roi prisonnier subit les huées et le mépris de ceux qui l'avaient acclamé un an plus tôt. Sur les boulevards parisiens, une foule immense regarde et se tait, conformément à l'ordre donné : « Quiconque applaudira le Roi sera bâtonné, quiconque l'insultera sera pendu. » Ce dédain populaire s'exprimait déjà la veille, dans une « visite » des femmes de Paris aux Tuileries que Michelet raconte :

Elles ôtèrent le portrait du Roi de la place d'honneur, et le suspendirent à la porte. Elles visitèrent le cabinet du Dauphin et le respectèrent ; beaucoup moins celui de la Reine : une femme y vendit des cerises. Elles regardèrent fort ses livres, supposant que c'étaient tous livres de libertinage. Une fille qu'on coiffait d'un bonnet de Marie-Antoinette le jeta bien loin, disant qu'il la salirait, qu'elle était honnête fille. »

Au lieu de proclamer immédiatement la déchéance de Louis XVI dont le règne n'a plus de sens, l'Assemblée terrifiée se borne à suspendre le Roi. A quelques mois du terme de la législature, la rupture est désormais nette entre un peuple gagné aux idées démocratiques et républicaines par la trahison du Roi et la majorité bourgeoise de l'Assemblée. Elle veut à tout prix « terminer la Révolution », refuse de faire le procès du Roi et va jusqu'à le déclarer inviolable : tout plutôt que la République.

A cette nouvelle stupéfiante, les Cordeliers lancent le 15 juillet une pétition réclamant la République, qui recueille 6 000 signatures. Dès le 14, des « adresses » semblables émanaient des Sociétés fraternelles des deux sexes. Le 17, la pétition est portée au Champ de Mars, sur l'autel de la Patrie, pour que tous les Parisiens et Parisiennes puissent la signer. Apprenant le rassemblement, l'Assemblée convoque la Garde nationale pour réprimer l' « émeute » et décrète la loi martiale. En fait de soulèvement, dit un des soldats, « nous n'y trouvâmes que la population pacifique des promeneurs du dimanche, rassemblés par groupes, au milieu desquels circulaient des marchands de coco, de pain d'épice... ».

La fusillade que personne n'attendait, commandée par La Fayette, fit cinquante morts. L'Assemblée voulut aussi les « meneurs » : dès le mois d'août, Danton était recherché, la presse démocrate muselée, le journal de Marat saisi, ses presses brisées, les clubs ligotés. Le 27 septembre, trois jours avant de se séparer, l'Assemblée mettait le point final au redressement : l'esclavage était maintenu aux colonies.

Madame Roland avait vu juste en décrivant, dès le 15 juillet, le désenchantement et l'inquiétude de l'esprit public :

« La Fédération m'a paru morne, quoiqu'il y eût un peuple immense : il n'y a pas eu le moindre signe d'allégresse, point de mouvements, point d'élans qui montrassent de l'énergie ou décelassent des sensations vives, pas un seul cri pour la liberté qu'on eût dû chanter avec transport pour annoncer l'enthousiasme avec lequel on doit la défendre. »

La fin de la lettre ajoutait : « Nous ne sommes plus en 1789 ; on nous a préparé des chaînes. »

La fête était finie.

FEMME PROPHÈTE : OLYMPE DE GOUGES

Olympe de Gouges. « Elle voulut être homme d'État, et il semble que la loi ait puni cette conspiratrice d'avoir oublié les vertus qui conviennent à son sexe. » (Moniteur, *19 novembre 1793). Photo Hubert Josse.*

C'est dans ce climat de réaction répressive, de monarchie maintenue dans la défiance, de cassure politique et sociale, aggravé par les menaces d'invasion étrangère, qu'Olympe de Gouges publie, en un ultime effort pour influencer les dernières mesures prises par la Constituante, sa fameuse *Déclaration des Droits de la Femme et de*

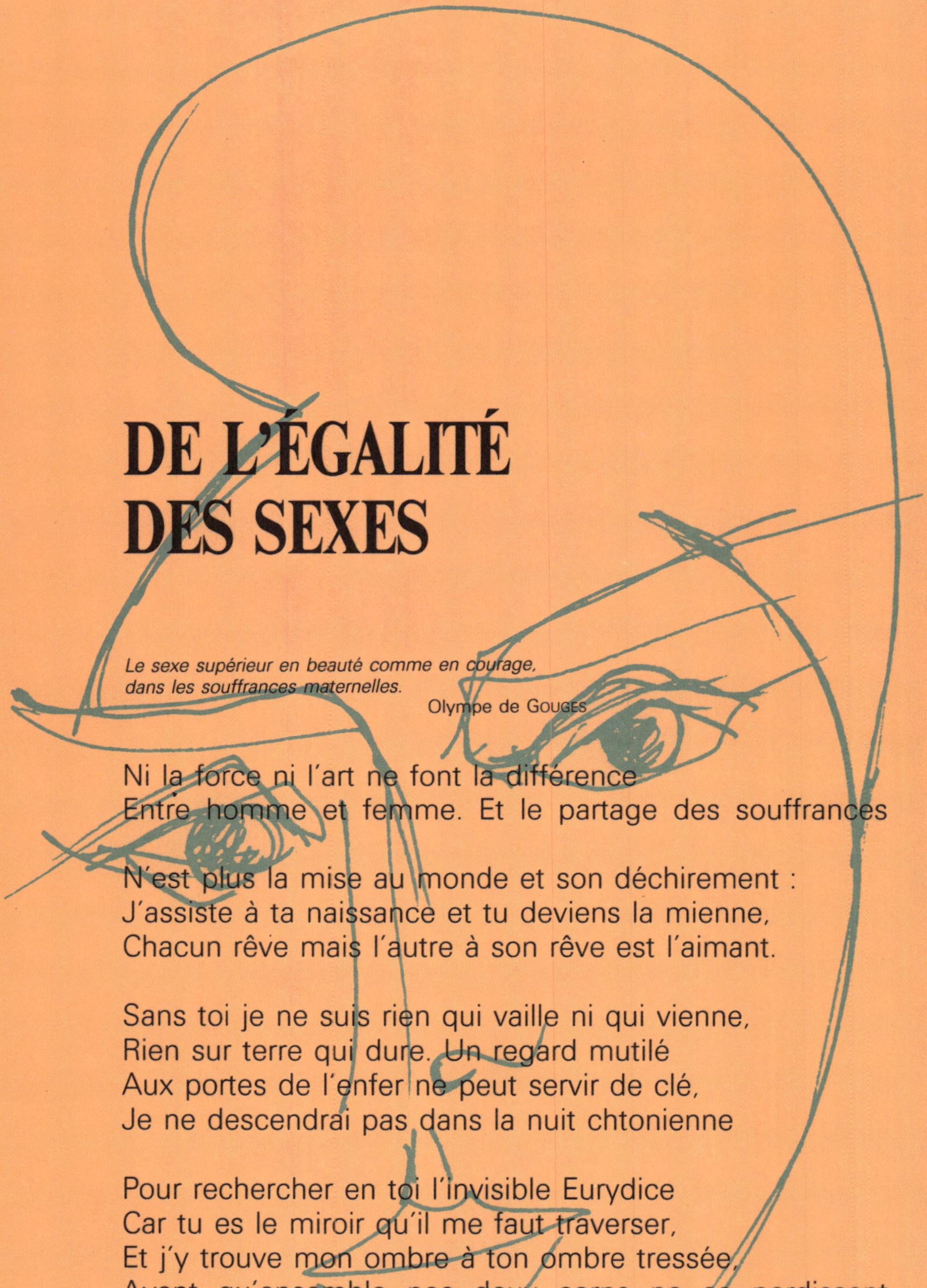

DE L'ÉGALITÉ DES SEXES

Le sexe supérieur en beauté comme en courage,
dans les souffrances maternelles.

Olympe de GOUGES

Ni la force ni l'art ne font la différence
Entre homme et femme. Et le partage des souffrances

N'est plus la mise au monde et son déchirement :
J'assiste à ta naissance et tu deviens la mienne,
Chacun rêve mais l'autre à son rêve est l'aimant.

Sans toi je ne suis rien qui vaille ni qui vienne,
Rien sur terre qui dure. Un regard mutilé
Aux portes de l'enfer ne peut servir de clé,
Je ne descendrai pas dans la nuit chtonienne

Pour rechercher en toi l'invisible Eurydice
Car tu es le miroir qu'il me faut traverser,
Et j'y trouve mon ombre à ton ombre tressée,
Avant qu'ensemble nos deux corps ne se perdissent
Dans la lumière orphique en nos yeux déversée.

Charles DOBZYNSKI

la Citoyenne. Fameuse, plus aujourd'hui sans doute qu'en ce mois de septembre 1791 où elle ne rencontre guère d'écho. Spécialiste du contre-temps, Olympe semble avoir toujours ramé à contre-courant sur la galère du féminisme, alors mono-place : Théroigne de Méricourt est emprisonnée en Autriche ; Etta Palm d'Aelders, menacée d'arrestation, s'est éclipsée pendant l'été ; les Sociétés fraternelles mixtes sont étroitement surveillées.

Cumulant une féminité excentrique et un féminisme absolu, un patriotisme généreux et un royalisme qui devait lui être fatal, elle ne sut que déconcerter les contemporains et susciter dans la postérité une légende tenace qui présente cette modérée comme l'inspiratrice sanguinaire d'un fantasmatique club de « Tricoteuses ». Alors, elle ne passait encore que pour une mangeuse d'hommes reconvertie aux prétentions littéraires, ce qui, en périphrases de l'époque, se traduisait par : « Après avoir occupé une place passagère dans les fastes de Cythère, elle désire en obtenir une plus durable dans les fastes du Parnasse. » Ainsi se caricature un personnage de furie, au mieux de folle pittoresque, d'où la pensée féministe disparaît entièrement. Après Michelet, le *Grand Dictionnaire du XIXe siècle* lui-même, celui de Larousse, oublie de mentionner, parmi les œuvres d'Olympe, sa *Déclaration des Droits de la Femme*.

Plus encore peut-être que la « belle Théroigne » ou la « baronne d'Aelders », Olympe de Gouges est une marginale. Comme ces deux sœurs, le nom qu'elle porte n'est pas le sien : née Marie Gouge à Montauban en 1748, elle ne reste ni dans sa province ni auprès de son obscur Aubry de mari et, plaquant tout, vient à Paris changer de vie, de nom, et de père en se revendiquant bâtarde d'un homme de lettres assez connu, M. Le Franc de Pompignan pense-t-on. « Veuve » sans fortune, elle doit à sa beauté piquante de figurer très vite comme une « amoureuse » remarquée des mondains. Sans qu'elle appartienne à la galanterie, ses toilettes, les bals, l'Opéra, tout le clinquant du demi-monde, la rendent assez célèbre pour acquérir, grâce entre autres à ce misogyne de Restif, une réputation légère qui ne la lâchera pas. A trente ans, jolie encore, notre fougueuse Olympe quitte la coquetterie pour la littérature qu'elle attaque par la face la plus inaccessible aux femmes : le théâtre. En fait de gloire, six de ses pièces sur une vingtaine accèdent à l'impression ; une seule atteint la scène de la Comédie-Française, en 1789, après des années de lutte. C'est *Zamor et Mirza ou l'heureux naufrage,* mauvais drame mais déjà inspiré par la défense des déshérités : ici les esclaves noirs. Désormais la Révolution l'entraîne au service du « bonheur public ».

Seule, n'appartenant à aucune coterie — en cela bien différente de nos modernes féministes —, payant de son argent l'impression de ses écrits, elle multiplie pamphlets et brochures — plus de cinquante — où le patriotisme le plus ardent défend la cause du Roi, admire Necker, s'indigne des « brigands » du 5 octobre 89, soutient le *veto* royal absolu, tout en proposant caisse patriotique, « ateliers publics » pour les pauvres, un théâtre pour les femmes, la libération des religieuses. La fuite du Roi « traître » aura beau ébranler un temps ses convictions, c'est en monarchiste résolue qu'elle finira sa carrière révolutionnaire, sur l'échafaud, en 93.

Fort modérée en politique, Olympe a néanmoins une façon de proclamer ses opinions — passionnée, individualiste — qui scandalise : de quoi se mêle-t-elle, cette galante vieillie ? ne prétend-elle pas de surcroît, du haut de sa légèreté, parler au nom de son sexe opprimé ! Cette audace à revendiquer et à s'adjuger, comme femme, le droit à la parole constitue déjà, par soi-même, une position féministe, neuve et choquante. Elle trouve sa formulation théorique dans la *Déclaration des Droits de la Femme et de la Citoyenne.* Celle-ci, comme son modèle masculin, s'ouvre par un *Préambule* :

« Considérant que l'ignorance, l'oubli ou le mépris des droits de la femme sont les seules causes des malheurs publics et de la corruption des gouvernements, ont résolu d'exposer dans une déclaration solennelle les droits naturels, inaliénables et sacrés de la femme, afin que cette déclaration, constamment présente à tous les membres du corps social, leur rappelle sans cesse leurs droits et leurs devoirs ; afin que les actes du pouvoir des femmes et ceux du pouvoir des hommes, pouvant être à chaque instant comparés avec le but de toute institution politique, en soient plus respectés ; afin que les réclamations des citoyennes, fondées désormais sur des principes simples et incontestables, tournent toujours au maintien de la constitution, des bonnes mœurs, et au bonheur de tous. En conséquence, le sexe supérieur en beauté comme en courage, dans les souffrances maternelles, reconnaît et déclare, en présence et sous les auspices de l'Etre suprême, les Droits suivants de la Femme et de la Citoyenne. »

Des 17 articles qui suivent, on ne retient le plus souvent que l'article X : « Nul ne doit être inquiété pour ses opinions même fondamentales ; la femme a le droit de monter sur l'échafaud, elle doit avoir également celui de monter à la Tribune, pourvu que ses manifestations ne troublent pas l'ordre public. » Mais la *Déclaration* couvre tout le champ de la vie civique. Au nom des droits naturels, elle demande d'abord la participation des femmes au suffrage universel :

« Article VI. - La loi doit être l'expression de la volonté générale ; toutes les citoyennes et citoyens, étant égaux à ses yeux, doivent concourir personnellement ou par leurs représentants à sa formation. Elle doit être la même pour tous ; toutes les citoyennes et tous les citoyens doivent être également admissibles à toutes les dignités, places et emplois publics, selon leurs capacités et sans autre distinction que celles de leurs vertus et de leurs talents. »

Conséquence de ce principe : les citoyennes contrôleront la répartition, le recouvrement et l'emploi de l'impôt auquel elles participent (art. XIV) ; Olympe anticipe un siècle et demi d'histoire.

Aux droits politiques et à la liberté d'opinion est associée la liberté d'être femme : il faut que les filles mères — célibataires ou veuves — n'aient plus à dissimuler leur « faute » et puissent légalement effectuer une recherche en paternité :

« La libre communication des pensées et des opinions est un des droits les plus précieux de la femme puisque cette liberté assure la légitimité des pères envers les enfants. Toute Citoyenne peut donc dire librement : je suis mère d'un enfant qui vous appartient, sans qu'un préjugé barbare la force à dissimuler la vérité ; sauf à répondre de l'abus de cette liberté dans les cas déterminés par la loi. » (Article XI.)

Liberté n'est point licence. La prostitution est l'objet d'une grande sévérité. Dans *Le Bonheur primitif,* écrit en 1789, elle en prônait carrément, comme d'autres alors, la « concentration » : « balayer les rues de Paris des filles publiques [...] et les tenir dans les quartiers où la police sera faite à l'insu des femmes honnêtes [...] qui sont tous les jours spectatrices du débordement de ces viles créatures et de leur affreuse situation ». En 1791, la sévérité se teinte de solidarité : « Ce ne sont pas les femmes publiques qui contribuent le plus à la dépravation des mœurs, ce sont les femmes de la société. » Le *Postambule* de la *Déclaration* éclaire cette « immoralité » des femmes de bien :

« [...] les femmes ont fait plus de mal que de bien. La contrainte et la dissimulation ont été leur partage. Ce que la force leur avait ravi, la ruse le leur a rendu [...]. Le gouvernement français, surtout, a dépendu pendant des siècles de l'administration nocturne des femmes [...] ce sexe autrefois méprisable et respecté, et depuis la Révolution respectable et méprisé. »

Enfin, d'un trait de féminisme intégral, Olympe dénonce le mariage « tombeau de la confiance et de l'amour ». Elle propose de le remplacer par un nouveau « contrat social de l'homme et de la femme », prévoyant la séparation et effaçant l'adultère et la bâtardise : audacieuse anticipation des lois actuelles, mais pas encore de nos mœurs.

« Nous, N... et N..., mus par notre propre volonté, nous unissons pour le terme de notre vie, et pour la durée de nos penchants mutuels, aux conditions suivantes : Nous entendons et voulons mettre nos fortunes en communauté, nous réservant cependant le droit de les séparer en faveur de nos enfants, et de ceux que nous pourrions avoir d'une inclination particulière, reconnaissant mutuellement que notre bien appartient directement à nos enfants de quelque lit qu'ils sortent, et que tous indistinctement ont le droit de porter le nom des pères et mères qui les ont avoués. »

Tempérons la singulière modernité de ce texte. Il donne valeur à la liberté sexuelle plus qu'il ne prévoit les conséquences du droit au divorce parce qu'il répond d'abord au pouvoir absolu qu'avait un mari de punir l'adultère de son épouse par l'enfermement au couvent, la dépossession de ses biens et le rejet du bâtard. C'était déjà beaucoup trop. Se doutant des réactions, Olympe ajoute elle-même : « A la lecture de ce bizarre écrit, je vois s'élever contre moi les tartufes, les bégueules, le clergé et toute la séquelle infernale. »

Ce manifeste, hélas, pour scandaleux qu'il fût, ne scandalisa guère, car bien peu le lurent.

Cette indifférence ne signifie pas condamnation. Olympe jouit encore d'une complète liberté de parole et d'une estime réelle pour son civisme. Pourtant son attitude politique déconcerte quand on compare l'audace des mesures qu'elle projette au conservatisme de ses objectifs. Ainsi propose-t-elle à l'Assemblée, ce même été 1791, la formation d'une « Garde Nationale de femmes » auprès de la reine. A quelle fin ? Cette surveillance garantirait la moralité de la Cour et autoriserait le maintien du Roi dans ses fonctions ! L'année 92 la voit adopter, de plus en plus nettement, les positions girondines et attaquer furieusement les « brigands Jacobins », au détriment de sa propre popularité.

La « Fête de la Loi » allait marquer Olympe à droite et altérer l'image de son combat féministe. Au mois de mars, le maire d'Etampes, Simoneau, avait été abattu par une foule qui, soulevée contre la cherté des grains et la rareté des subsistances, réclamait une taxation des prix contraire à la loi. La majorité girondine de l'Assemblée vota les honneurs funèbres à ce martyr de la liberté économique et décréta une « Fête de La Loi ». Robespierre et ses amis, sensibles eux à la crise sociale, n'y virent qu'une indigne « fête des accapareurs ». Le 20 mai, Olympe de Gouges se présentait à l'Assemblée pour cette proposition :

« Que toutes les femmes, couvertes du crêpe de la douleur, précèdent le sarcophage, et qu'une bannière, où sera représentée l'action héroïque de ce grand homme avec cette inscription : *A Simoneau les femmes reconnaissantes*, soit déposée par elles au Panthéon français, si le Champ-de-Mars nous est fermé. »

*Dès juillet 1789, le jardin du Palais-Royal devient le lieu privilégié de l'expression politique. Gouache de Lesueur du XVIIIe siècle. Musée Carnavalet. Photo Hubert Josse. Frontispice de l'*Almanach national *de Debucourt,*

Applaudie par la majorité, saluée par la presse, elle adressa au *Courrier des quatre-vingt-trois départements* une mise en scène fastueuse, mariant le voile noir aux ceintures tricolores, disposant ici cent jeunes filles « avec des corbeilles pleines de fleurs et des vases remplis de parfums », là les veuves, ailleurs encore des porteuses de myrte et de laurier... Le 3 juin, le cortège ne comptait qu'une dizaine de femmes, dont la tenue n'était guère brillante. Ravis du fiasco, les Jacobins des *Révolutions de Paris* en profitèrent, non pour contester le sens

politique de la cérémonie, mais pour attaquer franchement — et c'est la première fois — l'engagement politique des femmes :

« L'honneur politique des femmes consiste à cultiver en silence les vertus de leur sexe, sous le voile de la modestie et dans l'ombre de la retraite. »

Olympe continue le combat avec ce mélange incroyable d'inconscience et de lucidité. Républicaine au 10 août, journée qu'elle qualifie de « sainte », elle ne s'en offre pas moins à la Convention, le 15 décembre 1792, pour défendre Louis XVI à son procès.

« Laissons à part mon sexe ; l'héroïsme et la générosité sont aussi le partage des femmes, et la Révolution en offre plus d'un exemple. Mais je suis franche et loyale républicaine, sans tache et sans reproche ; personne n'en doute, pas même ceux qui feignent de méconnaître mes vertus civiques. Je puis donc me charger de cette cause.

Je crois Louis fautif *comme roi* ; mais dépouillé de ce titre proscrit, il cesse d'être coupable aux yeux de la République. »

Dissociant ainsi l'homme de la fonction, elle argumente en faveur de l'exil du Roi. Sa mort serait une double erreur : elle ne tue pas les frères émigrés, éventuels successeurs — ils règneront en effet de 1815 à 1830 —, mais elle fait un martyr.

Incomprise, blaguée dans la presse, cette initiative acheva de ranger Olympe parmi les réactionnaires. D'autant qu'elle multiplie, de 92 à 93, les attaques personnelles violentes contre Marat — « un avorton de l'humanité qui n'a ni le physique, ni le moral de l'homme » — et contre Robespierre. Est-ce la haine ou la rage qui pousse Olympe à dépenser les derniers débris de sa fortune en affiches contre l'Incorruptible placardées sur les murs de Paris ? Elles étaient rouges et suicidaires :

« Sais-tu la distance qu'il y a de toi à Caton ? Celle de Marat à Mirabeau, celle du maringouin [=moustique] à l'aigle et de l'aigle au soleil. Je suis persuadée que tu te repais encore de l'espoir frivole de monter au degré des usurpateurs [...]. Je te propose de prendre avec moi un bain dans la Seine ; mais pour te laver entièrement des taches dont tu t'es couvert depuis le 10 [août], nous attacherons des boulets de seize ou de vingt-quatre à nos pieds et nous nous précipiterons ensemble dans les flots. Ta mort calmera les esprits et le sacrifice d'une vie pure désarmera le ciel. »

Au printemps 93, c'est l'épreuve de force entre Girondins et Montagnards. Olympe ne désarme pas, appelle à une utopique réconciliation, pour finalement s'offrir en victime quasi rédemptrice d'une Révolution « perdue ».

« S'il faut des victimes aux tigres altérés de sang, qu'ils viennent, je m'offre la première. J'ai préparé la Révolution par mes écrits ; je ne parle pas du sacrifice de mon repos. Je m'offre pour victime aux monstres avides du sang humain, si ma mort peut apaiser leur rage et rendre la Convention nationale à sa splendeur. »

Aux Montagnards encore peu pressés de la faire taire, Olympe lance, hélas, une dernière provocation. Dans un Paris bouleversé par l'assassinat de Marat, elle entreprend de faire afficher une brochure : *Les Trois Urnes ou le salut de la Patrie, par un voyageur aérien* qui propose un référendum offrant au peuple le choix entre trois gouvernements : républicain, fédératif, monarchique. C'était revenir inutilement sur l'échec du fédéralisme girondin ; c'était surtout encourir l'application de la loi du 29 mars punissant de mort « quiconque sera convaincu d'avoir [...] imprimé des ouvrages ou écrits qui provoquent la dissolution de la représentation nationale, le rétablissement de la royauté [...] ». L'irréalisme politique se doublait pourtant de lucidité. Condamnant le meurtre de Charlotte Corday — elle avait toujours préféré le tranchant de la plume à celui du poignard ou de la guillotine —, Olympe voyait dans ce geste la conséquence et la cause de l'exclusion des femmes : manœuvrée par des hommes (des Girondins de Caen), la jeune fille prouvait que la femme à qui l'on ferme « la porte des honneurs, des emplois, de la fortune » est vouée à pousser « celle du crime ». Surtout, Olympe de Gouges le sentait bien, cet assassinat allait déchaîner les plus violentes attaques contre les revendications féministes. Comprenant tout cela elle avait quand même lancé son brûlot. Pourquoi ?

On l'arrêta le 20 juillet 1793. Fidèle à sa fougue impertinente, elle se défendit avec énergie, se plaignit de « persécution inouïe », se débrouilla même pour dicter encore, de sa prison, une affiche dénonçant « l'ambition folle et sanguinaire » de Robespierre, mentit sur son âge, préférant être jugée à trente-huit ans plutôt qu'à quarante-cinq. Condamnée à mort le 2 novembre, elle usa de la dernière arme et se dit enceinte. Pourquoi pas ? Les prisons de la Terreur n'étaient pas des couvents et l'enfant, c'était le sursis. Cas incertain, dirent les médecins. Négatif, conclut Fouquier-Tinville.

Olympe de Gouges fut guillotinée le lendemain, 3 novembre 1793.

Elle avait été poursuivie et condamnée comme contre-révolutionnaire ; son nom et sa mémoire le seront comme ceux d'une femme contre-nature. *La Feuille du Salut public* lui fit cette oraison funèbre : « Elle voulut être homme d'Etat, et il semble que la loi ait puni cette conspiratrice d'avoir oublié les vertus qui conviennent à son sexe. » Deux jours plus tard, Chaumette, Montagnard de la tendance la plus démocrate — les Hébertistes — exécutait une seconde fois cette « virago », « cette femme-homme », « qui abandonna les soins de son ménage, voulut politiquer et commit des crimes ». Et le mot de la fin, signé Goncourt : « Fou héroïque ».

Fille naturelle, feministe, femme, Olympe de Gouges était vouée à n'être point « reconnue ».

Gouache de Lesueur. Photo H. Josse.

VIVRE SOUS LA REVOLUTION

FRANCHISE DE L'ÉPHÉMÈRE

Entre les contraintes de l'apparence sous l'Ancien Régime et le défoulement de la licence qui signalera les Merveilleuses du Directoire, la silhouette patriotique impose son originalité. Désormais, le costume a des opinions politiques. Dès 89, les trois couleurs ont affirmé le civisme des dames. En rubans, en cocarde dont le port spontané devient obligatoire en septembre 1793, bientôt en collier, aux franges des châles, le tricolore se répand en bouquets ou en rayures sur les robes d'indiennes légères. Les têtes se couvrent de larges bonnets « à la Constitution », « à la Fédération », les cous portent en médaillons les miniatures de Marat ou de Robespierre ; l'alliance même affiche ses convictions : la bague s'ouvre et laisse voir une gravure émaillée bleu, blanc et rouge avec la devise « La Nation, la Loi, le Roi ». Moins coûteux et populaires, des fichus où sont imprimés les Droits de l'homme et du citoyen, font militer les épaules féminines jusque dans les villages reculés d'Alsace. En face, répondent des foulards portant des versets de l'Apocalypse, et cette inscription sur la bordure : « Que si les acheteurs n'étaient pas contents, on leur rendrait leur argent, quand la nation rembourserait ses assignats ».

Par-delà ce pittoresque emblématique, tout le costume féminin fait sa révolution : outre la sincérité politique, il exprime la vérité d'un corps enfin libéré. Adieu talons, paniers, poufs, coussins, perruques. Non que la coquetterie ou la séduction soient bannies, au contraire ! tout le charme réside dans la beauté simple du corps qui s'avoue, au lieu de se « représenter » par sa dissimulation savante. Seule concession peut-être à l'artifice, ce rebondi dont un conseiller des grâces analyse le secret :

« Une femme, pourvu qu'elle ne soit pas bossue ou tordue, en se tenant droite et en abandonnant son corps au jeu des muscles a toujours de la grâce ; la rondeur même de sa taille et son ampleur, quand elle n'est pas excessive, n'y nuit point ; seulement il faut que tous les plis de la jupe soient portés sur le derrière afin que la cambrure de la taille ne soit point trop effacée et que la croupe, étant saillante, soit parfaitement développée. »

Le bras, naguère enfoui dans la dentelle des manchettes, se montre lui aussi, sous la manche ajustée. Certains regrettent la cambrure des reins disparue avec les hauts talons ; la robe raccourcie offre en consolation un mollet encore inconnu, gainé de blanc. Au lieu de gêner un corps figé, tout le vêtement favorise et suggère son mouvement : cotonnades, crépon, linon, toile de Jouy, souplesse des lignes et des plis, fichus surtout, bouillonnants et fragiles, serrés sous la gorge qu'ils voilent en la soulignant. Voici, vivante, la femme rêvée par Rousseau, entrevue par Tronchin, peinte par David, aussi désirable que sage. « Votre œil, écrit un contemporain, peut deviner les contours d'une taille qui n'a plus entre elle et vos désirs qu'un rempart de lin »... et de probité candide.

« Laissons donc, dit Hanrion en 1799, les femmes se déshabiller comme les *Grâces* ; si elles restent fidèlles épouses, tendres mères, amies sincères, elles seront toujours décentes. »

Cet épanouissement des droits naturels du corps se justifie de préoccupations hygiénistes autant que politiques. Les lourds parfums aristocratiques se sont évaporés laissant place à l'eau de Cologne, à l'eau tout court : on commence à se laver, quoique l'eau coûte cher à monter aux étages et que la « sueur » soit à l'honneur chez les sans-culottes. Surtout, perruques, pommades et poudre disparaissent progressivement. Robespierre y est fidèle, mais les femmes retrouvent avec volupté leurs cheveux naturels. Raccourcis, ils tombent en boucles légères sur la nuque ; couronnés d'un ruban, c'est la coiffure « à l'enfant ». Les fards s'effacent des joues honnêtes. Idéal révolutionnaire et vertu bourgeoise s'accordent à rejeter le costume imposé par l'aristocratie.

« Nos habits sont de fer, dit le Docteur B.C. Faust en 1792, ils sont l'invention des siècles barbares et gothiques. Il faut que vous brisiez aussi ces fers si vous voulez devenir libres et heureux. »

A ce souci de liberté une brochure de la « Société populaire et républicaine des arts » ajoute celui d'égalité :

« L'habillement cesse d'être un pur objet d'utilité, il devient un objet de représentation ; la fantaisie le dirige, l'orgueil s'en empare ; il sert à distinguer la fortune et les rangs. Ce sont là des abus à réformer : il entre dans l'esprit de la régénération française de ramener le costume à son but originel et aux mœurs de l'égalité. »

Dernier objectif, préserver la maternité des effets lamentables du corset :

« Celui des femmes est aussi contraire à leur santé qu'à leurs grâces ; il est particulièrement funeste aux mères de famille [...] Sous un habillement mieux entendu que le nôtre, les hommes deviendraient plus sains, plus forts, plus agiles, plus propres à défendre leur liberté ; les femmes donneraient à l'Etat des enfants mieux constitués. »

Certains vont jusqu'à rêver d'un uniforme national, mais l'individualisme est alors trop jeune et trop vigoureux pour que cette utopie prémaoïste se concrétise. Surtout, les femmes doivent rester femmes : malheur à celles qui, comme les « Républicaines révolutionnaires », oseront en 93 revendiquer le bonnet rouge, insigne masculin quoique toutes les Libertés en soient coiffées. Oui au civisme, non à la subversion des sexes. En fait, nous le verrons, sous la dénonciation de la masculinisation, c'est tout le féminisme qui alors sera réprimé.

Il reste que la simplicité se généralise et tend à estomper les différences sociales. Les dames ci-devant n'ont plus tant de soubrettes : elles doivent se coiffer et s'habiller seules, circuler à pied dans les rues. Les anciens falbalas sont carrément impraticables. Puis, une fois la République proclamée en septembre 92, les émigrés frappés de

« mort civile », la Terreur décrétée au printemps 93, la discrétion s'impose, voire, pour celles qui se cachent, le camouflage. La marquise de La Tour du Pin, clandestine à Bordeaux dans l'hiver 93, s'aperçoit qu'il est imprudent de sortir en chapeau et décide de s'habiller « comme les filles de Bordeaux » :

« Cette idée de déguisement me plut assez. Je me commandai des brassières qui convenaient bien à ma taille, très mince alors, et qui, avec le mouchoir rouge sur la tête et le col, me changeaient si complètement que je rencontrais des gens de ma connaissance sans être reconnue. J'allais ainsi plus hardiment dans la rue. »

De cette hardiesse et de cette liberté, les femmes ne profiteront pas longtemps. La légèreté de leur vêtement, de plus en plus floue et de plus en plus grecque sous le Directoire, retombe avec l'Empire. Dès 1810, voici les tailles à nouveau emprisonnées pour un siècle de corsets, de faux chignons et de « faux culs », de vraie raideur compliquée. Retour à la décorative et intouchable femme-objet. Nous ne reverrons plus cette « transparence » du costume féminin, ces audaces de la vertu, cette pudeur montrée, ce civisme de la beauté.

FARINES — FAMINE

Coquette ou non, la citadine a bien besoin de vêtements pratiques. Car, même si la femme acceptait de n'être, comme le souhaitent certains Jacobins, qu'une ménagère, c'est dans la rue que se gère la survie du ménage, dans la quête journalière d'un ravitaillement problématique.

« Le pain manquait, le charbon manquait, le savon manquait ; on voyait passer des bandes de vaches laitières, arrivant des provinces. A la Vallée, l'agneau se vendait quinze francs la livre. Une affiche de la Commune assignait à chaque bouche une livre de viande par décade. On faisait queue aux portes des marchands ; une de ces queues est restée légendaire, elle allait de la porte d'un épicier de la rue du Petit-Carreau jusqu'au milieu de la rue Montorgueil. Faire queue, cela s'appelait « tenir la ficelle », à cause d'une longue corde que prenaient dans leur main, l'un derrière l'autre, ceux qui étaient dans la file. Les femmes dans cette misère étaient vaillantes et douces. Elles passaient les nuits à attendre leur tour d'entrer chez le boulanger. »

(V. Hugo, *Quatrevingt-treize*)

Adieu talons, paniers, poufs, coussins, perruques. Tout le charme réside dans la beauté simple du corps qui s'avoue, au lieu de se représenter par sa dissimulation savante. Sous les couleurs patriotiques du costume, le corps aussi est en révolution. Musée de Montreuil.

Quoique la marquise de La Tour du Pin confirme cette douceur, qu'elle taxe d'ailleurs de « docilité », les documents nous font entrevoir une autre vaillance, plus agressive que soumise. Pour faire respecter la discipline égalitaire de la queue, il faut avoir le coup d'œil et le mot vif! Les femmes du peuple piétinent depuis 4 ou 5 heures du matin : pas question de resquiller. On laisse passer la femme enceinte, la mère nourrice a droit à double ration de pain, mais pas de pitié pour les fraudeuses. On surveille la cuisinière déléguée par sa bourgeoise, pressée de doubler tout le monde et surtout soupçonnée de rafler les meilleurs morceaux.

« Les bouchers sont tellement ennemis du pauvre malheureux que lorsqu'on se présente à leur boutique pour avoir une livre de viande et qu'il s'y trouve des cuisinières, celles-ci ont toujours la préférence », dit l'une. « Mon mari, dit l'autre, est mort à la guerre et mon fils combat les brigands de la Vendée et je meurs de faim, tandis que les riches coquins qui n'ont rien fait pour la République ont des provisions dans leurs caves pour plus de six mois ! »

Au bout de 6 ou 7 heures d'attente, le boucher vous sert enfin ; quelle déception : ce déshonnête ne donne que des « réjouissances », autrement dit des os ornés de lambeaux de bas morceaux. Parfois la boutique vidée ferme devant une queue encore longue. La lassitude devient violente, les cris fusent, redoublent sous les coups des gardes nationaux, le commissaire est sommé de faire délivrer des légumes, sinon « on va lui casser le col et lui arracher les yeux ».

Le sommeil perdu, la journée de travail perdue, la faim, tout cela exaspère. D'autant plus que les « aristo » — ainsi les sans-culottes nomment-ils « tous ceux qui ont quelque chose » — se délectent, au café de Foy, de petits verres de liqueurs des Iles et s'empiffrent chez Beauvilliers. Dans le même temps, la Commune de Paris secourt les indigents : 68 981 en l'an II (1794) : 1 pour 9 habitants, et, pour le seul faubourg Saint-Antoine, 14 742 soit 1 sur 3. La question du pain est vraiment à l'ordre du jour. Le peuple alors se nourrit surtout de pain : 3 livres par jour pour un adulte, 6 pour une famille, parfois plus. Or, dès 92, le froment augmente de 40 % ; la livre de pain est passée de 2 à 8 sous en 93 à Montpellier, 16 à Clermont, 20 dans les Pyrénées-Orientales. La dévaluation rapide du papier monnaie — l'assignat — explique en partie ce renchérissement de la vie, et la raréfaction des denrées. Quoique la récolte soit bonne en 92, les propriétaires, méfiants devant l'assignat et inquiets des bouleversements politiques — chute de la royauté le 10 août 1792, procès du Roi, guerre étrangère en avril — gardent leur blé. Quand ils circulent, les grains sont arrêtés très vite, chaque région ne se préoccupant que de sa propre survie. Ainsi la ville de Rouen se voit privée de pain parce que le Havre a intercepté les convois et gardé les denrées destinées à sa voisine.

Les Girondins au pouvoir de 92 à juin 93 s'en tiennent à leur libéralisme — « laisser faire, laisser passer » — et s'opposent à toute réglementation des prix. Aux groupes populaires qui protestent et s'insurgent contre les « monopoleurs », accapareurs et autres spéculateurs, la Gironde réplique par le mépris, persuadée d'avoir affaire à des anarchistes, comploteurs au service de la contre-révolution. Pourtant, émeutes et pillages se multiplient. En janvier 92, une foule de femmes et d'hommes manifeste contre la quasi-disparition du sucre et du café provoquée par la révolte des esclaves aux Antilles. En mars, on l'a vu, le maire d'Etampes meurt d'avoir refusé la taxation du blé sur le marché. En février 93, à Paris, des femmes pillent des épiceries et redistribuent sucre et savon.

Ce n'est qu'en septembre 1793, une fois la Gironde tombée et la Terreur mise à l'ordre du jour, qu'est décidé le « Maximum général des prix et des salaires ». Les denrées se cachent à nouveau. La Convention institue des réquisitions mais, faute de renseignements exacts sur les récoltes, elles seront trop légères ici, trop lourdes là. Indulgente ou impuissante, la répression économique encourage le marché noir et la fraude. Les fermiers préfèrent s'arranger avec les fournisseurs aux armées — prioritaires — qui payent bien et achètent beaucoup. Aux dépens des citoyens pauvres des fortunes s'édifient, dont Balzac — qui en a lui-même hérité des bribes — fera l'historique dans *La Comédie humaine*. Dans les villes, les queues s'allongent, et se multiplient : avant le boucher il faut désormais stationner à la section pour obtenir sa carte de rationnement. On espère ainsi répartir également la pénurie entre riches et pauvres. On contrôle le poids du pain. Mais la ration a maigri : 750 g. par personne, puis 500 ; 250 en 1794. Et le pain a changé. Finie la baguette fraîche, ou le pain de Gonesse, doré sur croûte, si apprécié des Parisiens. Voici le « pain de l'Egalité », véritable pâté d'alouette farci de pommes de terre, de fèves, de riz, de son, plus que de froment, « noir et gluant », parfois déclaré immangeable par la municipalité.

Mauvais certes et trop peu abondant, le pain est néanmoins assuré tant que Robespierre et les Montagnards sont au pouvoir. Après le 9 Thermidor, l'abolition de la Terreur économique et l'effondrement total de l'assignat, la faim reparaît. Elle s'aggrave des froids de l'hiver le plus terrible qu'ait connu le XVIIIe siècle. Et c'est en Prairial an III (le 20 mai 1795) qu'éclate la dernière grande insurrection populaire parisienne, aux cris de « Du pain et la Constitution de 93 ». Pendant que les hommes s'arment, les femmes ameutent la rue, envahissent la Convention qui, horrifiée devant cette horde de lapines enragées et haillonneuses, les fait sortir à coups de fouet. Le lendemain, encerclés dans le faubourg Saint-Antoine par 20 000 hommes de troupe, les insurgés capitulent. Pour la première fois, l'armée révolutionnaire a réprimé une insurrection parisienne. Désormais la misère et la faim n'ont qu'à se taire, on n'écoute plus ces femmes qui disent : « Sous le règne de Robespierre, le sang coulait et on ne manquait pas de pain. Aujourd'hui le sang ne coule plus, on ne mange plus. Il faut qu'il coule encore. »

Les Thermidoriens, eux, ne mangent pas de ce pain là. La frénésie succédant à l'austérité « terroriste », « on eut un Trimalcion qui s'appela Grimod de la Reynière ; on eut l'*Almanach des gourmands*. On dîna au bruit des fanfares dans les entresols du Palais-Royal, avec des orchestres de femmes battant du tambour et sonnant de la trompette ; [...] on soupa « à l'orientale » chez Méot, au milieu des cassolettes pleines de parfums. » (V. Hugo, *Quatrevingt-treize*)

L'orgie remplaçait l'apocalypse.

A LA FATIGUE

Ce temps passé à s'approvisionner n'arrondit pas les revenus et l'on entend des maris se plaindre que « leurs femmes ne sont occupées qu'à courir de marchand en marchand et ne peuvent pas travailler ». Il est pourtant fort difficile d'évaluer, pour l'ensemble de la France, la proportion des femmes au travail sous la Révolution. Globalement, ce sont les mêmes, femmes du peuple, patronnes-veuves, épouses d'artisans, que nous avons vues en activité avant 1789. Mais les effets des événements sont visibles. Près d'un million d'hommes requis à la guerre à partir de 1792 privent leur famille d'un père, d'un frère, d'un mari, et contraignent les femmes, quoique secourues d'une indemnité de 100 livres par an, à chercher un emploi. Comme en 1914.

Les bourgeoises, les épouses des nouveaux fonctionnaires de la République n'ont pas besoin de salaire d'appoint et n'y songent même pas. Les ci-devant, comme Madame de Chastenay ou Madame de La Tour du Pin, ont beau être réduites à se cacher, à vivre d'emprunts ou de l'assistance de fermiers modèles, elles n'envisagent pas une seconde le travail. Pourtant, certains revers de situation en forcent plus d'une à chercher, de ses mains, ressource et sécurité. En octobre 93, Sophie de Condorcet, dont le mari traqué se cache, se trouve démunie : les biens de son époux ont été saisis, elle n'a rien et doit assurer, outre sa subsistance, celle de leur fille Elisa, de sa sœur et d'une vieille gouvernante. Comme toutes les jeunes filles de bonne famille, elle a appris, et bien, le dessin et la peinture. Sophie se lance dans le portrait et la miniature, industrie florissante en ces temps si précaires où soldats sur

La liberté de la presse, totale jusqu'en 1792, suscite la floraison des journaux dont les femmes assurent la diffusion. Musée Carnavalet. Détail. Photo Edimédia.

DECRET pour l'émission DES NOUVEAUX ASSIGNATS
JOURNAL DU SOIR
PATRIOTE FRANCOIS Brissot de V.
CHRONIQUE DE PARIS
Assemblée nationale et Commune de Paris
Journal universel par Audouin
Adresse de la société de la Revolution de Londres
JOURNAL de la Société des Amis de la Constitution

le départ, nobles en voie de disparition, suspects menacés d'arrestation, prisonniers même, veulent laisser leur image à leurs proches.

Dans cette période de vie chère, où les femmes doivent plus qu'avant travailler, le débouché traditionnel de la domesticité est en récession. Avant même d'émigrer, les grandes familles diminuent leur train de vie. Ainsi, dès 1791, Madame de La Tour du Pin :

« Aussi belle dame et petite maîtresse qu'il est possible de l'être [...] je pensais encore alors que j'avais accepté le plus grand sacrifice qu'on pût m'imposer en consentant à me priver des services de mon élégante femme de chambre et de mon valet de chambre-coiffeur ».

Mais, jusque dans la clandestinité, sa bonne Marguerite et son nègre Zamore continuent à la servir fidèlement comme bon nombre de domestiques de confiance qui suivent leurs maîtres à l'étranger, et même en prison, justifiant ainsi le refus de la Constituante d'accorder le droit de vote aux domestiques hommes. Défiance générale. Même dans les familles bourgeoises, il n'est pas recommandé d'avoir trop de domestiques : la valetaille est mal vue du peuple comme une forme de servitude indigne de la récente liberté. On le voit au vocabulaire de la domesticité. Plus question de dire « mes gens » ; moins possessives et plus égalitaires, les expressions : mon « associé », mon « famulus », mon « familier », ma « compagne de travail », sont de rigueur. Seules continuent de régner — et pour longtemps — les cuisinières. Règne suspect des deux côtés : dans les queues elles passent pour les alliées objectives des « aristo », dans les familles on redoute leurs bavardages, voire leurs délations.

Pour les femmes du peuple sans expérience professionnelle ou réduites au chômage, les orphelines, les célibataires, les mères esseulées ou pauvres, c'est la loi du « petit boulot ». La liberté de la presse permet à certaines de « crier » les multiples « papier-nouvelles » — métier à risque : en 1793, quelques-unes, qui s'excuseront en disant ne pas savoir lire, payeront cher la diffusion des journaux royalistes. Beaucoup se font marchandes ambulantes. On vend de tout : des chansons, des rubans, des cocardes, des herbes, des « oublies » dans les jardins publics. « Des filles allaient et venaient, offrant de l'eau de lavande, des jarretières et des cadenettes » — qui étaient ces tresses de cheveux, de rigueur dans certains corps d'armées jusqu'à la Révolution, et de mode dans la jeunesse dorée après Thermidor. On revend encore plus qu'on ne vend. C'est le « regrat » : des restes de traiteurs, trois harengs, une botte d'asperges, revendus plus cher au détail. On fripe au « décrochez-moi ça » les mitres de l'Église moribonde et les velours de la Monarchie morte.

« Des merceries et des bimbeloteries roulantes circulaient traînées par des femmes, éclairées par des chandelles, les suifs fondant sur les marchandises. » *(Quatrevingt–treize.)*

Au jour la journée, le « métier » change. Telle citoyenne arrêtée se déclare « tantôt marchande à la Halle, tantôt blanchisseuse, tantôt ouvrière en linge. »

Pourtant les corporations ont été abolies en 1791 et, en théorie, les temps nouveaux ouvrent aux femmes des professions jusque là inaccessibles : les religieuses une fois chassées des hôpitaux et des couvents, il faut des infirmières, et des institutrices pour les écoles de filles que les municipalités commencent à ouvrir selon les ordres de la Convention. Mais comment soigner sans formation ? De même les candidates institutrices laissent parfois perplexes les jurys de notables chargés de les recruter. Le patriotisme ne fait pas défaut à Hélène Charruet qui calligraphie impeccablement « Vive la Liberté, vive l'Egalité et la République unie et indivisible » mais ajoute pour son malheur : « Je désire que les citoyens jurés me trouve capable, je ferès ce que ont mordonerat de faire. » Telle autre lit bien mais ne sait pas faire une addition. Notons, pour être exacte, qu'il en va de même avec les candidats masculins. L'Instruction publique s'ébauche dans l'improvisation ; les premières Ecoles normales d'instituteurs ne s'ouvriront qu'en 1833.

Restent pour la plupart des travailleuses — outre le commerce traditionnel — les industries de l'habillement, couture, broderie, filature. Les blanchisseuses sont les plus voyantes et les plus sonores : elles travaillent dehors et crient souvent très fort. La mode du blanc, le goût bourgeois pour le linge impeccable qui se substitue à l'habitude aristocratique d'estimer les dentelles à leur coût plus qu'à leur fraîcheur, les assure d'une bonne clientèle. Le métier est dur : il faut transporter à la Seine le linge, les réchauds, le fer à repasser, s'installer et se tremper sur des bateaux-lavoirs décrépits et instables. Les salaires sont bas : 15 sous par jour en l'an II, 35 en l'an III, quand le prix du pain monte, et surtout celui du savon. Taxé en l'an II, il coûte encore 25 sous la livre et n'est vendu qu'avec des bons de rationnement. D'où les cris d'une profession qui ne cesse de se faire remarquer. Le 24 février 93, une députation des « citoyennes blanchisseuses de Paris » dépose à la Convention une pétition contre la hausse du prix du savon et demande la peine de mort contre les accapareurs car « ce n'est pas la denrée qui manque, elle est abondante, c'est l'accaparement et l'agiotage qui la font enchérir ». Le 26, le commissaire signale, rue de Bièvre, un rassemblement de blanchisseuses qui veulent perquisitionner dans une maison. Du 25 au 27 juin, elles contraignent les sections à leur livrer le contenu ici de voitures, là de bateaux, et le font distribuer à 20 sous la livre. Aux émeutes de Prairial an III, on notera parmi les meneuses deux repasseuses et une blanchisseuse. L'hiver 1794-95 avait été si froid que la Seine avait gelé, contraignant la profession au chômage.

Les industries textiles en revanche connaissent un marasme né avec le début de l'émigration, accru par les restrictions et par la sobriété de la mode. Il frappe surtout les ouvrières du luxe, les grisettes qui, chez elles, façonnent pour un maître-marchand la plume, les dentelles, les perles, la soie. Ces métiers sont d'autant plus fragiles qu'ils relèvent d'une spécialisation étroite : on est brodeuse sur gaze, ou sur ruban, sur or ou sur argent, à l'aiguille ou au crochet. Que faire quand la commande cesse ? Dès 1791, l'administration des filatures témoigne :

« On voit des femmes avec quatre, cinq et même six enfants réduites à coucher dans un peu de paille sur le carreau, à vivre de pain et d'eau, et qui ont grand peine à obtenir les secours de première nécessité. »

Pour résorber ce chômage féminin, le gouvernement décide d'intervenir dans la production en organisant d'une part au niveau des sections la confection et l'habillement des troupes, en ouvrant d'autre part des ateliers de filature. Il faut équiper rapidement des masses de soldats aux frontières. Les postulantes sont nombreuses, et bientôt insatisfaites. Car l'entreprise suscite deux conceptions très différentes : l'administration de l'habillement veut créer de grands ateliers permettant une production rationnelle, concentrée, accrue ; les ouvrières, elles, ne cesseront de réclamer des ateliers répartis dans les sections et sous l'autorité de celles-ci. Très vite les protestations pleuvent et le 30 août 1793 le Ministre de la Guerre cède. Il ouvre 36 bureaux de distribution du travail, commandes et livraisons étant surveillées par des commissaires de section. Alors s'élèvent les dénonciations contre les entrepreneurs : « monopoleurs soumissionnaires », « scélérats », « coquins » et autres « sangsues du peuple » qui empochent sur le dos des ouvrières des bénéfices scandaleux. Elles gagnent 16 à 18 sous pour une paire de guêtres, 10 à 12 pour une chemise, quand l'entrepreneur en reçoit 30 — ce que reconnaissent les tailleurs soumissionnaires. Et le fil est à la charge de l'ouvrière ! D'un côté donc ouvrières et sections sans-culottes hostiles au capital commercial, de l'autre la Convention soucieuse de ne pas s'aliéner cette partie de la bourgeoisie qui la soutient à proportion des profits qu'elle tire des marchés de la guerre. Ici encore Thermidor réglera la question : ces ateliers seront liquidés le 25 Prairial an III et l'habillement des troupes entièrement confié au secteur privé.

Les ateliers de filature eurent une vie plus longue. Héritiers de certains « bureaux de filature des pauvres » créés en 1779, ils sont organisés en mai 1790 pour employer vieillards, enfants et femmes à la filature du coton, du chanvre et du lin, et dès le mois d'août leurs effectifs sont pléthoriques. Plus de mille employées s'entassent dans ces ateliers, d'autres emportent chez elles l'ouvrage et le rouet qu'on leur fournit. Embauchées sur certificat de civisme ou d'indigence, elles sont réparties dans 6 ateliers parisiens — le septième est réservé aux jeunes garçons — sous la férule de chefs, et de sous-chefs le plus

Demachy, Intérieur d'atelier. *Musée Carnavalet.*

souvent femmes, épouses ou filles de chefs. De 7 heures du matin à 7 heures du soir, 9 heures parfois, de 7 à 80 ans, toutes ces femmes épluchent, cardent, filent. Deux heures de repos. Le pain fourni compense un peu la faiblesse des salaires : en 93, 4 sous par jour pour les enfants, de 10 à 13 pour les adultes. Ici aussi les ouvrières se plaignent : « fermentation » en mai 1791 contre une diminution du pain, pétition au maire de Paris en avril 92 contre la modicité des salaires, effervescence surtout à l'automne 93 pour réclamer plus d'éclairage et de chauffage, mais aussi pour dénoncer « l'oppression au dernier degré » et les « abus » des administrateurs, que subissent « des femmes de sans-culottes ». Ecoutées jusqu'en Thermidor, les plaintes des travailleuses-citoyennes trouveront de moins en moins d'écho chez les Conventionnels de 1795. La rentabilité passant avant la « dette sacrée » de la société envers ses indigentes, les femmes sans-culottes ne seront plus que des ouvrières, obéissantes et reconnaissantes, s'il vous plaît, du travail qui leur est fourni.

A la différence des hommes dont les « métiers » traditionnels organisent les luttes parfois jusqu'à la grève, les ouvrières, encore inexpérimentées, sans qualification et, le plus souvent, indigentes se battent sans concertation ni solidarité collective. Mais, quoique parcellaires, leurs revendications ont ceci d'original qu'elles sont à la fois économiques et politiques : ces femmes travaillent pour la République, pour les citoyens qui la défendent et c'est au titre de citoyennes plus que de productrices qu'elles adressent leurs plaintes aux sections populaires et non à l'administration dont elles dépendent. Ainsi voit-on telle raccommodeuse de sacs en conflit avec son chef lire dans l'atelier la Déclaration des Droits de l'Homme et du Citoyen. Nul mouvement féminin ni féministe ne sortira des ateliers de secours, ni des taxations sauvages des blanchisseuses ; mais la conviction exprimée par ces femmes d'un travail au service de la Révolution et d'une Révolution au service du peuple, ne sera sûrement pas étrangère à la naissance de la « Société des Républicaines révolutionnaires ». Très proches du monde féminin du travail, les féministes qu'on y rencontrera, Claire Lacombe, comédienne au chômage, Pauline Léon, chocolatière, seront plus à l'écoute des femmes du peuple que ne l'étaient des marginales comme Olympe de Gouges et Théroigne de Méricourt.

LES TARIFS DE L'INFORTUNE

Ultime ressource de la misère, la prostitution continue de peupler les nuits révolutionnaires. Les deux premières Assemblées, en dépit de divers projets de moralisation voire de réhabilitation des filles du monde, n'ouvrent pas même le dossier. Une débauche sans tapage est tolérée, banalisée même.

Dès le début de la Révolution circulent des annuaires indiquant adresses, tarifs, spécialités. La Fête de la Fédération, en juillet 1790, voit, dans la perspective d'un afflux de clientèle « fédérée », se publier le *Tarif des filles du Palais-Royal, lieux circumvoisins et autres quartiers de Paris, avec leurs noms et demeures.* Destinée en principe à éviter les escroqueries « en donnant le tarif exact des prix que les prêtresses de Vénus mettent ordinairement à leurs charmes et qu'elles ne peuvent ni ne doivent augmenter », cette brochure, qui connut cinq parutions, contribue à une promotion de la prostitution bientôt accrue de nouvelles publications : liste des lesbiennes, liste des actrices complaisantes, *Almanach des adresses de demoiselles de Paris de tout genre et toutes les classes, ou calendrier du plaisir, contenant leurs noms, demeures, âges, portraits, caractère, talents et prix de leurs charmes; enrichi de notes curieuses et anecdotes intéressantes, à Paphos, 1791, de l'Imprimerie de l'amour.* La part de fantaisie grivoise ou satirique est certainement grande dans ce « genre » littéraire dont la liberté de la presse permet l'épanouissement. En témoignent les titres : *Les bordels de Thalie, Les Travaux d'Hercule* ou *Les Religieuses au sérail.* Il reste que ces guides roses, loin des projets d'Eros Center salubres, discrets et clos, organisent la publicité du libertinage.

En 93, la Terreur met la vertu à l'ordre du jour, et le 4 octobre la Commune de Paris, par la voix de Chaumette, appelle à la répression contre les filles et les publications « obscènes ». Pour « sauver la patrie », il faut « purifier l'atmosphère de la liberté du souffle contagieux du libertinage, dont les effets sont plus funestes à la République que l'or, l'intrigue et les armées des despotes coalisés ». On craint la contamination — idéologique également — des jeunes recrues en partance. S'ouvre alors une période de descentes dans les garnis, d'incarcérations et de rafles, d'autant plus productives, sinon efficaces, que deux années de crise — 93 et 94 — poussent au « commerce » les ouvrières et les petites marchandes au chômage. Réprimée avant Thermidor, la prostitution, dont les abonnés haut de gamme n'ont jamais été véritablement inquiétés, s'en donne à corps joie à partir de 1795, offrant alors aux Muscadins de la jeunesse dorée les accessoires nécessaires à leur défoulement.

Socialement, la prostitution a gardé ses filles de luxe et ses bas étages. Parmi elles beaucoup de très jeunes filles, chassées de la campagne avec leur honneur perdu, vendues comme naguère par des parents sans scrupules, livrées aussi par des « cheffes » d'atelier ou des patronnes qui exigent de la complaisance à l'égard des hôtes de la maison. Elles n'ont plus qu'à jouer les « hirondelles du Port-au-Blé », les « bouisses » ou les « marcheuses » dans les « jardins-lupanars » du Palais-Royal devenu « Palais-Egalité », dans les bosquets des Tuileries ou des Champs-Elysées. Les « boucaneuses » sont en pension chez des maquerelles, les « raccrocheuses » louent des chambres garnies. Plus d'une est sous la coupe d'un « maquereau » : voleur, joueur professionnel ou soldat déserteur. Toutes se retrouvent à arpenter les galeries de bois du Palais-Royal, surnommé « le camp des Tartares ». Le forum du 14 juillet est devenu temple de la crapule.

« La vie, la mort, le plaisir rapide, grossier, violent, le plaisir exterminateur, voilà le Palais-Royal de 93.[...] Le sein nu, les épaules, les bras nus, en plein hiver, la tête empanachée d'énormes bouquets de fleurs, elles dominaient de haut toute la foule des hommes. Les vieillards se rappellent, de la Terreur au Consulat, avoir vu au Palais-Royal quatre blondes colossales, énormes, véritables atlas de la prostitution, qui, plus que nulle autre, ont porté le poids de l'orgie révolutionnaire. » (Michelet.)

Ces filles de misère peuvent rêver d'accéder au luxe des demi-mondaines qui se consolent des ci-devant ruinés ou éclipsés avec les agioteurs et les fournisseurs aux armées. Voici la « Bacchante » ; elle, c'est la « Vénus » ; on les paye pour la nuit de 200 à 300 livres, quand la « promeneuse » espère 25 sous, 3 livres au maximum. Certaines entretenues s'installent carrément et louent fort cher, dans les galeries, des boutiques de mode, des parfumeries dont les arrière-boutiques et les étages galamment meublés vendent de coûteux rendez-vous. On peut y dépenser confortablement ce qu'on vient de gagner, dans les tripots voisins de la Julien ou de la Saint-Romain, au creps, à la roulette, au trente-et-un ou au passe-dix. Les fortunes s'y font ou s'y défont d'un coup de dé. Barnave, murmure-t-on, y a perdu l'autre jour 30 000 livres. Mirabeau est un habitué. Chateaubriand lui-même avoue y avoir perdu piteusement 10 000 francs empruntés pour sa famille ruinée et pour son départ en émigration.

Outrageuse ou sordide, la présence voyante de la prostitution n'a sans doute pas embelli l'image de la Révolution aux yeux des bourgeois effarouchés et des historiographes contre-révolutionnaires. Oubliant les misères — ou regrettant la splendeur des courtisanes d'antan, ils seront nombreux à fustiger cette débauche agressive, à assimiler prostituées et émeutières, à brandir cet obscène démenti à la face d'une Révolution qui se voulait « incorruptible ».

Surnommées le « camp des Tartares », les galeries de Bois du Palais-Royal, rebaptisé Palais-Égalité, sont devenues l'« enfer » contre-révolutionnaire du vice et de la corruption. Garlizza, Musée Carnavalet. Photo Hubert Josse.

FAMILLE-FOYER

Les mêmes détracteurs ont voulu associer à cette immoralité des crimes encore plus graves : ils datent le déclin des valeurs familiales, la ruine du mariage, la menace de dépopulation, de la Révolution sacrilège qui avait osé laïciser le mariage et instaurer le divorce. « Véritable démocratie domestique, il permet à l'épouse, à la partie faible, de s'élever contre l'autorité maritale », dira le comte de Bonald en 1815 aux députés de la Restauration.

A l'inverse, la pensée féministe récente reproche à la Révolution d'avoir enfermé la femme dans le cercle étroit et infranchissable du mariage, de la maternité et du foyer. Le journaliste Hébert, décrivant dans *Le Père Duchesne* la vie édifiante du sans-culotte — « Le soir en entrant dans son galetas, sa femme lui saute au col, ses petits marmots viennent le caresser » — ne fait-il pas preuve de cette misogynie typique, dont l'attendrissement devant la nature féminine recouvre une méfiance vieille comme le monde et la volonté de cantonner cette nature si douce à l'espace privé ? Apparemment en désaccord sur la physionomie du mariage et de la famille révolutionnaires, ultras de 1815 et féministes contemporains se rejoignent au moins sur un point : c'est la faute à Rousseau qui, pour les premiers, a répandu l'idée du mariage d'amour fatale à la stabilité des ménages, et, pour les seconds, a inventé la femme « d'intérieur ».

En fait la Révolution n'a ni brisé le mariage en livrant les citoyennes-pècheresses à une liberté démoniaque, ni renforcé une contrainte conjugale qu'on imagine du reste difficilement plus tyrannique que sous l'Ancien Régime. Filles, épouses, mères, les femmes de la Révolution française ont vu leur condition radicalement modifiée par la législation ; elles ont vécu et exprimé une sensibilité nouvelle, préparée et appelée par tout le XVIIIe siècle. Dans l'appréciation de ces changements, on ne doit toutefois pas négliger les pesanteurs de la mentalité traditionnelle, ni non plus se fier exagérément à l'image de la femme idéale que l'idéologie — masculine — construisait alors.

La première mesure adoptée n'a pas l'air bouleversante, elle est pourtant décisive. A partir du 3 septembre 1791, « la loi ne considère plus le mariage que comme un contrat civil ». Dans l'immédiat les Constituants veulent parer aux désordres causés par l'activité des prêtres « réfractaires » dont les bénédictions nuptiales sont illégales. En fait, ce simple article change tout : il invente l'« état-civil », il libère l'individu. En séparant le sacrement religieux, devenu facultatif, et l'acte civil de consentement désormais enregistré par un officier municipal, la loi délie hommes et femmes — elles surtout — de quantité d'interdits et de contraintes. Cousins et cousines (or les villageois sont très souvent parents) peuvent convoler sans demander à l'Eglise de coûteuses dispenses ; plus de « fiançailles » obligatoires, plus de capricieux « temps interdits ». Finis surtout — du moins en principe — l'autoritarisme paternel, les mariages forcés, la lettre de cachet qui embastillait les fils rebelles et cloîtrait les filles légères. La loi instaure pour tous et toutes une majorité à 21 ans, au-delà de laquelle chacun est libre de se marier sans le consentement de ses parents. Voici légitimé le mariage d'amour, voire l'impensable mésalliance. Enfin — et ce n'est pas rien non plus — l'autonomie des filles s'accroît de la suppression du droit d'aînesse qui entraîne le partage de l'héritage et leur laisse, à la majorité, la jouissance de leurs biens. Puis c'est, en septembre 92, le droit d'être témoin à l'état-civil. « Amusette » symbolique a-t-on dit de ce « cadeau » accordé aux femmes, qui pourtant contribue à les faire sortir de la « nullité » juridique qui les frappait. Bref, il faut bien le dire, c'est alors seulement que les femmes deviennent des « personnes », libres et égales aux hommes, en droit.

Plus libératrice encore, en fait, est l'institution du divorce, en septembre 1792. La mesure s'inscrit logiquement à la suite de la laïcisation du mariage. On se souvient pourtant que les écrits féministes qui le réclamaient avaient rencontré peu d'écho en 1789. Mais la dynamique révolutionnaire existe, et les députés de la Législative sont sans doute plus ouverts aux idées des Lumières que l'ensemble des rédacteurs des « Cahiers » de 89, plus indifférents en matière religieuse, sensibles enfin aux aspirations vertueuses et aux arguments populationnistes qui pèsent en faveur du divorce. Déjà des brochures, comme celle de Hennet parue en février 92, ont engagé le débat sur ce thème : séparés par l'adultère ou la mésentente, les ménages sont condamnés au libertinage et à la stérilité. Le divorce garantira le bonheur moral et fécond des couples remariés.

> « Là où vous avez laissé un ménage stérile et malheureux, vous retrouverez deux familles nombreuses et fortunées, et dans votre attendrissement vous direz : non, donner le bonheur à quatre époux et l'existence à plusieurs enfants, ce n'est pas offenser, c'est servir la nature. »

Mieux encore, la possibilité de rupture « rassurera les âmes timides », dit Chaumette, président de la Commune de Paris et macho notoire, et elle incitera les célibataires réticents à fonder un foyer. Bref, conclut sa rhétorique romaine : « Le divorce est le dieu tutélaire de l'hymen ».

Il s'agit aussi de garantir les droits des femmes contre l'arbitraire du mari. Même si tous les époux n'abusaient pas de leur pouvoir absolu, l'image seule de son exercice fait à présent horreur.

> « L'adultère de la femme, c'est-à-dire une faiblesse souvent

unique, comporte encore aujourd'hui la mort civile. La coupable est rasée, condamnée à la réclusion dans une prison perpétuelle, son douaire est perdu, sa dot acquise au mari. L'homme peut installer sa concubine à domicile.

« Quoi ! le mariage est une société légitime, et dans cette société l'un est tout et l'autre rien ! »

Or les hommes aussi désormais refusent de se reconnaître dans ce tyran domestique : comment le rester maintenant que le tyran-roi a perdu prestige et pouvoir ? Et c'est un homme encore, Cerfvol, qui revendique, par un discours jusque-là spécifiquement féminin, le droit à l'amour conjugal fondé sur la liberté de la femme :

« Certains hommes ne veulent d'autre perfection dans les femmes qu'une grande fortune et la soumission d'une esclave, ils ne me verront point entrer en lice avec eux. [...] Quant à moi je veux une femme douce et sensible, je la veux spirituelle ; mais je la veux surtout libre, et qu'elle me défende contre moi-même des ennuis de l'uniformité ; je veux enfin qu'elle puisse à chaque instant me quitter pour ne la quitter point. »

Dans le débat d'opinion qui se développe, les arguments contraires ne manquent évidemment pas. On va briser un sacrement, rendre publics les drames conjugaux, diffamer les réputations... Tout ceci, hors l'Eglise et ses dévôts, ne pouvait convaincre. D'ailleurs, certains couples n'avaient pas attendu la loi pour tirer les conséquences du mariage civil et des municipalités avaient déjà enregistré, ici et là, quelques « divorces ». Les femmes, enfin sûres d'être entendues, reprennent la parole. Etta Palm, de retour à Paris, à la tête de ses fidèles « amies de la Vérité » trouve audience, en avril 92, devant la commission parlementaire chargée de la question, pour demander le droit au divorce et à l'éducation morale et politique, l'égalité, enfin, des deux sexes.

Tandis que l'Assemblée reste encore prudente, la rue signale son intérêt pour la chose du divorce. En témoigne cette chanson d'août 92 : *Dialogue entre Madame Engueule et Madame Saumon, harengères* :

MADAME ENGUEULE

J'aurons l'divorce ma commère,
En dépit de nos calotins ;
Avec leux quatre mots latins
Du mariage ils font eunn galère,
Et l'sacrement nous plonge encore
Au fond d'l'enfer après la mort [...]

MADAME SAUMON

N'y a pas moyen de s'en dédire
Par l'indissolubricité,

Mariage civil et divorce bouleversent les conditions conjugales. Aboli par la Restauration, le divorce ne sera rétabli qu'en 1884. Gouache de Lesueur : Le divorce. *Musée Carnavalet. Photo Hubert Josse.*

Du bon Dieu c'est la volonté
Qu'all souffre un éternel martyre.
Vlà comme vous raisonne un cagot
Qui d'son Dieu fait un ostrogot.[...]

Et, par une étrange mais significative coïncidence, c'est le 20 septembre, veille de l'abolition de la royauté, que l'Assemblée vote finalement, sous les applaudissements, une loi sur le divorce si audacieuse qu'il faudra attendre 1975 pour retrouver son équivalent.

Ecartant en effet toute idée de culpabilité, la Législative institue un divorce par consentement mutuel. Il est gratuit, et se prononce en deux mois, après consultation d'une assemblée de famille, préférée au tribunal, trop impressionnant. Autres raisons admises : l'incompatibilité d'humeur et sept « motifs déterminés » dont la démence, les crimes ou sévices, le « dérèglement des mœurs » — le mot « adultère » n'est pas prononcé —, l'abandon du conjoint depuis deux années, l'émigration. Les Conventionnels iront plus loin dans leurs décrets des 4-9 Floréal an II (17-23 avril 1794) en légalisant les divorces prononcés avant la loi de septembre 92 et en admettant comme motif acceptable une simple séparation de fait de six mois entre époux.

Loin de ruiner les mœurs et de sonner le glas de la nuptialité, ces lois coïncident avec une véritable « fièvre des mariages » selon l'expression d'A. Mathiez. Qu'on en juge. Sous Louis XVI, 239 280 mariages par an en moyenne, 327 000 en 1793. Paris confirme la tendance nationale : 5 146 mariages en 1789, 7 410 en 1791, 9 300 en l'an II (1793-94). Chaumette avait vu juste.

Plusieurs facteurs ont sans doute contribué à cette flambée, outre le fait que l'union relevait désormais d'individus libres et non plus de leurs familles. La levée en masse de 1793 y est certainement pour quelque chose : l'armée exemptait les hommes mariés d'aller se battre aux frontières. De là quelque ruée sur toute femme disponible, fût-elle octogénaire, pour trouver une « planque » dans un mariage dont le divorce — à défaut du veuvage — ferait sortir commodément une fois le danger passé. Bien des volontaires durent aussi hâter le mariage, ou régulariser une union libre, pour que leur épouse bénéficie des secours et des pensions accordés aux familles des soldats. Toutefois, des études récentes montrent que le nombre des mariages commence à croître entre 1790 et 1791 : dès avant la guerre. Elles observent par ailleurs que cette augmentation est parallèle au gonflement des villes, momentanément pôles d'attraction de quantité de migrants, venus des campagnes proches ou de régions lointaines.

Les données « morales » sont donc à prendre en compte, en particulier la revalorisation du mariage par l'idéologie révolutionnaire qui entend faire de la famille l'institution fondamentale et exemplaire de la République. C'est elle qui, comme Rousseau l'avait souhaité, enseignera aux enfants les vertus civiques, la vénération de la patrie, le culte de l'égalité. Et ne croyons pas que la femme — épouse et mère par nature et misogynie — soit sacrifiée à ce rôle. Le mari aussi, selon Merlin de Douai, « homme libre et ami des lois [...] doit être bon père, bon époux, bon fils, bon ami en même temps que bon citoyen ». Aussi les autorités entourent-elles la cérémonie nuptiale d'images éloquentes. La statue de l'hyménée apparaît dans les salles de mariage ; des municipalités organisent des fêtes, telle celle d'Ambérieux, le 10 Germinal an II (30 mars 1794). Devant les couples qui doivent s'unir, un autel de la patrie est dressé sur la place de la Liberté. Musique militaire en tête s'avance la Garde nationale ; les sans-culottes brandissent les armes du peuple. Puis ce sont des mélodies champêtres qui s'élèvent, environnant les couples, leurs familles, les autorités. Jeunes filles en blanc relevé des trois couleurs, petites filles, vétérans forment un cortège à travers la ville jusqu'à la place, sur laquelle, au grand jour, les mariages seront prononcés aux cris de « Vive la République ! ». A l'automne 93, la fermeture des églises empêchant les bénédictions nuptiales, Robespierre institue une « fête de l'amour conjugal ».

« Vive l'amour ! » disent tout simplement les assiettes de Nevers. Et sans doute l'essentiel est là, non quantifiable, peu formulé : dans une aspiration au bonheur, qui n'oublie sûrement pas les nécessités, mais qui est bien rêvée, c'est à dire bien réelle.

Telle blanchisseuse parisienne réclame à Fouquier-Tinville la libération de son mari car elle a « beaucoup de chagrin d'être privée de voir ce qu'elle a de plus cher au monde » ; et elle répète :

« Vous savez, citoyen, que l'on n'a rien de plus cher dans le monde qu'un mari, surtout quand on a le bonheur d'être bien assemblés et que l'on s'aime bien.

Sur un mode plus romanesque, Lucile Duplessis s'apprête à devenir enfin Madame Desmoulins. Et, alors que l'hostilité paternelle faiblit, la voilà qui s'invente les mystères d'un vrai mariage d'amour :

« Qu'une âme tendre a donc à souffrir. On ignore que je t'aime, va, fuis, va chercher le bonheur près d'une autre. Je vivrai loin de toi, j'apprendrai un jour qu'un lien... ah ! te rendra-t-il heureux ce lien ? dois-tu être loin de moi ? ... Je n'aurai point de reproche à te faire, c'est moi qui suis cruelle à mon égard, tu vas me faire chérir encore plus la solitude, ton nom que j'ai gravé dans le coin d'un arbre [...]. »

Dramatisation aussi nécessaire que gratuite, comme s'il fallait des obstacles et des larmes pour que le mariage sublime la sincérité du cœur au lieu de conclure platement des transactions bourgeoises.

Plus démonstratif encore — et utopique, le mariage de Nanon, dans le roman de George Sand, témoigne des traces dont l'idéologie

révolutionnaire a marqué le XIXᵉ siècle. La paysanne Nanon et Emilien, le noble, renversent le tabou de la mésalliance : leur amour n'est pas seulement autorisé par la Révolution, mais appelé par elle. Tandis que Nanon, par le travail, l'instruction, l'accession à la propriété, renonce à son humilité paysanne, Emilien « expie » sa noblesse aux armées ; elle refuse les armes traditionnelles de son sexe, séduction et soumission, il abdique la supériorité du sien en perdant un bras à la guerre. Ainsi s'édifie une humanité nouvelle, qui conquiert le droit à l'amour promis par Rousseau et atteint un bonheur au sens propre révolutionnaire.

Sourde aux élans du cœur autant qu'aux lois nouvelles, l'aristocratie persiste à vouer ses filles — et ses fils — aux unions sacrées et aux passions interdites. François-René de Chateaubriand, cadet de famille privé de sa part de succession par la suppression des droits féodaux et de ses bénéfices de l'ordre de Malte par la nationalisation des biens de l'Eglise, s'incline devant sa famille, en 1792 : « On me maria, afin de me procurer le moyen de m'aller faire tuer au soutien d'une cause que je n'aimais pas » — entendez l'armée des Princes émigrés. On lui trouve une demoiselle De Lavigne. Amoureuse ? seulement consentante ? on l'ignore ; il n'en dit que ceci :

« [...] blanche, délicate, mince et fort jolie ; elle laissait prendre, comme un enfant, de beaux cheveux blonds naturellement bouclés. On estimait sa fortune de cinq à six cent mille francs. »

Marié à son insu avec une inconnue, le génial vicomte devait s'apercevoir bientôt que la fortune convoitée consistait en « rentes sur le clergé » et s'était envolée !

Madame de Chastenay attend, elle, avec plus de prudence les lendemains de Thermidor pour arranger comme au bon vieux temps le mariage de son jeune frère avec une demoiselle bien pourvue. Elle écrit à un intermédiaire de qualité, reçoit une réponse optimiste,

« [...] et, après un échange de correspondances et de négociations qui aboutirent rapidement, le mariage fut décidé et célébré presque aussitôt. »

C'étaient deux filles de casées ! Mais, comme le signale Madame de Chastenay, « les hommes étaient rares » : émigrés, disparus en Vendée ou sur l'échafaud, ruinés surtout. Combien de nobles demoiselles se desséchèrent-elles alors dans un fier et morne célibat ? La nostalgie réactionnaire de Barbey d'Aurevilly les glorifiera plus tard, peuplant *Le Chevalier des Touches* et *Les Diaboliques* de ces filles qui,

« ruinées par la Révolution, mouraient stoïquement vieilles et vierges [...] majestueusement tristes dès leurs premiers pas dans la vie, comme il convient à des condamnées du Destin. Hors de son sein, cette

« Une jeune fille avait promis à son amant de l'épouser au retour de la guerre, tel blessé qu'il soit ; elle paraît disposée à tenir sa promesse. »
Gouache de Lesueur. Musée Carnavalet. Photo Hubert Josse.

noblesse, pure comme l'eau des roches, ne voyait personne. Comment voulez-vous, disaient-ils, que nous voyions tous ces bourgeois dont les pères ont donné des assiettes aux nôtres ? »

Sur l'autre bord, à l'enseigne du bonnet rouge et de l'absence de dot réunis, l'éloge du mariage libéré trouble peu les unions libres. Comme avant la Révolution, passer par les registres paraît bien superflu aux citoyens partisans de la nature. Tel sans-culotte se déclare « bâtard de père en fils, et père de six enfants dont la mère n'a jamais fréquenté le mariage, ce qui n'empêche pas le ménage d'aller bon train et les marmots de pousser comme si le notaire et le curé y avaient passé. »

Plus étonnante, mais exceptionnelle, est cette déclaration faite en octobre 92 devant l'assemblée générale de Bondy par Etienne Pascal, compagnon maréchal, 26 ans, et Marie-Louise Buffin, 17 ans, « unis depuis dix-huit mois par le plus tendre attachement et ayant un enfant baptisé sous leurs noms respectifs, provenant du commerce libre dans lequel ils avaient vécu depuis longtemps ». Ils se présentent pour faire constater « l'authenticité de leur amour » légitimé par « le vœu libre, formel et réciproque qui les engageait l'un à l'autre ». De mariage, toujours point. L'assemblée, s'inclinant devant « le sentiment le plus respectable de la nature », enregistre cette déclaration.

L'importance des unions libres dans la classe populaire dut être grande. Elle se mesure à la revendication insistante des sans-culottes de droits égaux pour les enfants naturels et pour les femmes illégitimes. Sensible aux « citoyennes qu'un sentiment de tendresse avait rendues fécondes » sans formalités, le gouvernement révolutionnaire et les sections ne firent, de fait, aucune distinction dans la distribution des secours entre les uns et les autres. En revanche, une fois le pouvoir redevenu « honnête », après Thermidor, il retire, en 1795, toute allocation aux « épouses » illégitimes.

La pratique du divorce, loin d'infirmer cette aspiration au bonheur conjugal, la confirme à travers une double exigence : les couples ne se satisfont plus d'une union maintenue par le seul intérêt matériel, il leur faut l'amour en plus ; les femmes surtout trouvent dans la nouvelle loi l'occasion de rejeter leur infériorité, de se libérer de leur soumission à une puissance maritale souvent violente, et d'affirmer leur identité d'individus autonomes. Que l'on examine, grâce aux études récentes, le nombre et la courbe des divorces, les motifs invoqués, l'origine sociale des demandeurs, deux conclusions s'imposent : le divorce conteste un certain type de mariage et non le mariage lui-même ; partout, le divorce est majoritairement demandé par les femmes.

Proportionnellement au nombre des mariages célébrés, le divorce ne produit aucun séisme : 1 133 divorces à Lyon — 100 000 habitants —

pour toute la période de la Révolution et de l'Empire ; 2400 à Paris jusqu'en 1795 : la famille tient bon. Mais sur ces nombres modestes on observe une relative « flambée » de 1793 à 1795, suivie d'une décroissance visible. Ainsi à Lyon : 1 divorce pour 5 mariages en 1793, mais un pour 13 en 1795. Cette poussée s'explique : il s'agit de légaliser des ruptures conjugales anciennes ou de mettre fin à des unions odieuses le plus souvent scellées sous l'Ancien Régime : femmes abandonnées depuis 5, 10 ans ou plus, femmes battues et maltraitées. De là une majorité d'initiatives féminines qui signifient d'abord le refus du statut de victime. Ce divorce de crise n'invoque pas alors le « consentement mutuel », mais plutôt les « motifs déterminés » de l'abandon et des sévices, ou encore l'incompatibilité d'humeur. Elle sera de plus en plus employée par les femmes après 93 et culminera en 95 : les épouses victimes se libèrent les premières et il faut plus de temps aux femmes qui ne sont ni brutalisées, ni délaissées, pour oser déclarer, comme Claudine Ramey en 93 qu'elle veut quitter son mari pour la simple raison « qu'elle ne pouvait être heureuse avec lui ».

Si les motifs évoluent vers l'expression de plus en plus claire d'un désir de bonheur, la proportion des femmes qui demandent le divorce est à peu près stable : environ 65 % des séparations sont prononcées à leur initiative — en 1970 encore, avant la dernière loi, elles étaient à l'origine de 62,9 % des divorces. Dans certains milieux cette proportion est encore plus forte : 76,3 % par exemple chez les artisans lyonnais. Les divorcés sont du reste pour l'essentiel issus des groupes laborieux de l'artisanat et de l'échoppe. Seuls les couples d'ouvriers en soie s'écartent de cette tendance parce que, pour eux plus que pour d'autres professions, « le mariage est une association entre deux ouvriers de même travail » et qu'ils vivent renfermés dans leur appartement-atelier, liés par une dépendance mutuelle essentielle à la survie économique de chacun.

Globalement le divorce intéresse donc massivement les femmes, la petite bourgeoisie, les milieux urbains. Certes les statistiques fiables manquent encore pour le mesurer exactement dans le monde rural ; mais la ville à coup sûr plus que la campagne permet aux femmes une démarche mal vue des étroites communautés villageoises ; elle offre à la fugitive le recours tout proche du commissaire, la chambre garnie, la compassion solidaire des voisines contre des maris prompts à brutaliser les « garces » qui les quittent. Le travail autonome des femmes du peuple facilite aussi la survie toujours problématique de ces « divorceuses » qu'assiste la bienveillance du quartier. Contrairement à la société de 1900 qui montrera ses femmes « libres » d'un doigt catholique et réprobateur, le personnage de la divorcée ne choque apparemment pas la population révolutionnaire, fort habituée il est vrai depuis longtemps à l'instabilité des ménages populaires et au célibat des travailleuses.

La bourgeoisie fortunée divorce peu — ou pas encore. Non que les couples soient mieux unis, mais, plus conformistes, ils ne se risqueront à se démarier que plus tard, sous l'Empire. La noblesse, elle, ne recourt au divorce que pour éviter la confiscation des biens de la famille, pour assurer son avenir ou, tout simplement, pour survivre. C'est le cas de Sophie de Condorcet qui s'y résout dans l'hiver 1793-1794 : caché et absent depuis six mois, Condorcet sera bientôt considéré comme émigré, le divorce est pour elle le seul moyen de disposer de ses propres biens jusque là au nom de son époux.

« Cette séparation apparente, tandis que mon attachement pour toi, les liens qui nous unissent sont indissolubles, est pour moi le comble du malheur.[...] Il va laisser dans mon coeur une amertume qui ne pourra être adoucie que par la justice que le tien lui rendra. »

Précaution inutile : Sophie fut veuve avant d'être divorcée. L'épouse de Lazare Carnot en usera avec plus de succès, après Thermidor, assurant ainsi la traversée de l'exil à sa famille vite reformée.

Cette libération, vécue somme toute avec beaucoup de naturel pour une rupture dont tant de générations devaient s'effaroucher ensuite, fut éphémère. Dès le 15 Thermidor an III, six jours après la chute de Robespierre, la morale réarme. Les deux décrets de Floréal an II sont abolis. L'année suivante, le Directoire grignote un à un les « excès » des mesures antérieures. C'est la substitution de tribunaux civils aux assemblées de famille : l'individu subira l'autorité de l'Etat. Les délais s'allongent. Vous attendiez huit jours, vous attendrez six mois. L'Empire, par la voix claire, et sinistre ici, de son Code civil, confirme la régression : sans aller jusqu'à l'abolition, les législateurs verrouillent de leur mieux un mariage redevenu sacré. Ne demeurent que trois motifs : condamnation judiciaire du conjoint, sévices, adultère. Le consentement mutuel est maintenu, mais réservé aux maris âgés de 25 ans au moins, aux femmes de 21 à 45 ans. Prière de se munir de l'autorisation des parents — s'ils sont vivants. Coup de grâce : pas de remariage avant trois ans !

Le pire est le retour musclé de la puissance maritale là où Législatifs et Conventionnels avaient garanti l'égalité absolue des sexes. C'en est bien fini. L'obéissance est à nouveau requise : par sa docilité, la femme « rend un hommage au pouvoir qui la protège ». En pratique, l'épouse doit « suivre » son mari, le laisser ouvrir sa correspondance, obtenir son autorisation pour témoigner en justice, pour travailler même. Elle n'est plus libre de gérer seule l'argent gagné, ni de vendre ou acheter des biens. Au chapitre des successions, la voici classée dernière de tous les héritiers. Elle rentre dans le rang des enfants et des serviteurs où le dictionnaire de Furetière l'avait si clairement placée. L'adultère est de retour, celui de la femme bien sûr. « Le mari pourra demander le divorce pour cause d'adultère de la femme » ; l'épouse attendra de voir la concubine installée sous le toit conjugal pour avoir droit de se plaindre. Femme adultère ? de

Le couple sans-culotte partant avec ses enfants pique-niquer à la guinguette dit les plaisirs simples du peuple parisien mais aussi la valeur civique du sentiment familial.
Gouache de Lesueur. Musée Carnavalet. Photo Hubert Josse.

6 mois à 2 ans de maison de correction. Mari adultère ? vous êtes libre !

Les tenants de la tradition étant comme on sait -et quoi qu'ils disent, peu modérés, ils trouvent ce divorce moribond encore trop virulent pour leurs « valeurs ». Conduits par De Bonald, champion de la famille et de la Monarchie, ils voteront dès les premiers mois de la Restauration, en 1816, la suppression du divorce de la législation française. L'ordre est rétabli, la famille restaurée, la morale respire ! Femmes, à vos maris ! maris, à vos affaires !

Et vivement 1884 !

« IL EST TEMPS DE FAIRE UN PETIT ENFANT. »

Ainsi parlent encore les assiettes de Nevers. Etait-il donc nécessaire sous la Révolution d'inciter les couples à une procréation qu'ils auraient su éviter ? Les femmes étaient-elles si émancipées ou si « immorales » qu'elles refusaient d'écouter leur devoir (version chrétienne) ou leur nature (version rousseauiste) ? De fait, si l'on se marie plus, il semble bien que l'on fasse moins d'enfants. Les études démographiques font apparaître une décroissance assez nette de la fécondité des mariages — les naissances illégitimes, elles, augmentent — au cours de la décennie révolutionnaire. Le taux de natalité serait de 37 ‰ entre 1780 et 1789, de 34,5 ‰ en 1792 et de 31 ‰ entre 1806 et 1810.

Selon d'autres modes de calcul, le nombre moyen de naissances par famille aurait chuté de 6,15 à 5,96 pour les époux mariés entre 1740 et 1769, puis à 5,63 — mariages célébrés de 1770 à 1789 — et enfin à 4,88 dans les familles formées entre 1790 et 1819. Au jour le jour toutefois, ce mouvement fut sans doute beaucoup moins sensible qu'au regard statistique : on voit encore à Paris des femmes du peuple accoucher de leur 27ème ou 28ème enfant, et telle fruitière, indifférente aux changements de mentalité, accuser sa voisine d'avaler « des médecines pour chier ses enfants dans le pot de chambre ».

S'il ne s'agit pas d'une révolution démographique, ni de la « crise » familiale dénoncée sous la Restauration, ces nombres indiquent pourtant un changement d'attitude, amorcé avant la Révolution mais qui s'accélère alors, d'autant plus visible que les autres pays européens continuent, eux, de procréer sans faiblir jusqu'en 1880. On comprend que certains se soient hâtés d'accuser les ravages corrupteurs de la déchristianisation : privés de la tutelle de l'Eglise, les couples se seraient abandonnés aux charmes discrets et dépopulationnistes de la contraception. Mais la diffusion des « funestes secrets » — le *coïtus interruptus* jusque là réservé aux ducs et aux prostituées — s'explique autrement. E. Le Roy-Ladurie évoque le rôle probable des armées révolutionnaires et impériales qui, après avoir brassé d'innocents conscrits promenés par toute l'Europe, durent contribuer, au retour, à l'éducation des provinces françaises.

Sans négliger non plus l'influence des pertes militaires, des célibats forcés, il apparaît, avec plus de recul, que c'est toute la conception de la procréation qui change alors : il ne s'agit plus de « faire » des enfants, mais d'en « avoir » ; au lieu de subir d'innombrables grossesses et de procréer au hasard des êtres voués à la mort précoce, les femmes veulent mettre au monde et garder en vie des enfants aimés. Ce sentiment nouveau de l'enfance se perçoit dès le milieu du siècle ; Rousseau fondait sur lui le bonheur à venir. La Révolution, dans ses efforts financiers comme dans ses lois et son idéologie officielle, contribue fortement à diffuser des attitudes encore très minoritaires en valorisant ce qui n'est plus la fécondité mais la maternité, en faisant de la mère une épouse et une femme à protéger, et de la génitrice une citoyenne régénératrice de la patrie.

La limitation des naissances qu'on observe n'est donc pas incompatible — au contraire — avec le discours nataliste qu'on entend : les hommes nouveaux ne sauraient être enfantés par des bêtes de somme indifférentes à leur progéniture. La vie des mères d'abord et de leurs enfants doit être préservée du mieux possible. Déjà, on s'en souvient, les Cahiers de doléances réclamaient avec insistance des accoucheurs et des soins ; à la suite des efforts de Turgot, la Révolution — surtout après 1792 — fait des progrès de l'obstétrique une priorité. Les cours d'accouchement instaurés sous l'Ancien Régime, qui n'ont pas cessé avec 89, sont stimulés un peu partout. Villages et quartiers envoient des « stagiaires » s'instruire dans les villes ; les guerres de Vendée même n'interrompront pas les cours dispensés à Angers ou Fontenay-le-Comte.

Le discours change aussi et perd de sa brutalité à l'égard des parturientes souvent animalisées sans ménagement. On accouche certes encore à domicile, mais l'hôpital s'humanise et se réforme. Cessant d'être le dépotoir hideux des mourants misérables, il devient enfin le moderne lieu de soins et d'enseignement. En l'an II, chaque malade doit avoir un lit individuel. Pinel « libère » les fous de Bicêtre, jusque là enchaînés. C'est le grand départ de la médecine « clinique » fondée sur l'examen du malade, l'étude des symptômes, l'utilisation de séries statistiques. Les noms de Baudelocque et Dubois pour l'obstétrique, Bichat, Broussais, Bretonneau, Laënnec, premiers grands cliniciens, Dupuytren et Velpeau — chirurgiens —, Esquirol — aliéniste —, mais aussi, tous, pionniers de l'hygiène publique et de la médecine légale, témoignent de l'effort révolutionnaire qui devait faire de l'école parisienne de médecine la première d'Europe jusqu'en 1840.

De cette énergie, les femmes — comment s'en étonner ? — ne bénéficient pas immédiatement : beaucoup meurent encore en accouchant, comme la première Madame Danton. Baudelocque rencontre de vives résistances — et beaucoup d'échecs — à tenter la césarienne sur des « femmes vivantes », opération jugée impossible jusqu'à la fin du XIXe siècle. Surtout, les circonstances pèsent lourd. La réquisition massive, en 93, des chirurgiens aux armées désorganise l'effort et en affaiblit la portée. Ainsi verra-t-on sous le Directoire, en 1795-96, périr à nouveau par milliers bébés et accouchées en raison d'une pénurie de médecins aggravée par la crise économique et la mauvaise alimentation. Les difficultés financières tendent également à centraliser les cours dans de grandes villes ; les accoucheurs, comme Baudelocque, y trouvent l'avantage de mieux contrôler la formation des sages-femmes et d'affirmer le pouvoir des médecins-accoucheurs, mais les petites villes et les campagnes régressent.

Il demeure que la naissance n'est plus le monopole de la « matrone » aux secrets et cesse d'être une affaire de femmes. L'enfant, lui, entouré de l'attention médicale, de l'amour maternel et de l'assistance de la patrie, n'est plus une âme à baptiser d'urgence avant l'envol, ni, au mieux, le maillon continuateur de la lignée ; il est individu et futur citoyen : à ce double titre choyé par la mère et par son autre mère, la Nation. Le journal de Lucile Desmoulins illustre cette joie toute moderne de la maternité, exemple d'autant plus précieux que peu de témoignages nous sont parvenus de l'intimité féminine de ce temps. Elle note, les jours précédant l'accouchement, combien Camille est présent et attentif en dépit de la gravité des événements — c'est juillet 92, temps de la peur et de la Patrie en danger, à la veille du 10 août. Et, enfin :

« Vendredi 6 — Je suis accouchée. O Dieu, quel changement tu as fait en moi. Une seconde nature vient d'y naître. Je suis mère. Mes yeux se remplissent de larmes. C'est bien doux d'être mère. »

Puis, lorsque — mesure de sécurité ou respect de la tradition ? — le bébé est envoyé en nourrice à l'Isle-Adam, avec le fils de Danton :

« Lundi 9 — Il est parti. Quand on m'aurait arraché l'âme, on ne m'aurait pas fait plus de mal. Quelle place s'est faite à mon cœur, cher enfant. Vis, oh, Dieu, vis, tu seras heureux, mes larmes coulent, faible créature, hélas ! quel sera ton sort ? Tu ne me quitteras jamais ! O que je t'aime ! »

Parmi d'autres allégories, cette Nature *égalitaire est très révélatrice de l'importance de la figure maternelle et nourricière dans la symbolique révolutionnaire. Musée Carnavalet. Édimédia.*

Ce déchirement confirme, *a contrario*, que les théories de Rousseau commencent à passer dans les moeurs, appuyées par la science et la loi. L'allaitement maternel est partout conseillé, stimulé dans les

villes où la situation ne permet plus si facilement d'expédier l'enfant à la campagne. L'inoculation semble mieux acceptée et l'Etat fait pression sur les familles populaires qu'il secourt en l'imposant, ainsi que le sein maternel, sous peine de suspension des pensions allouées. La pratique en demeure pourtant incertaine ; il faudra attendre la vaccination mise au point par Jenner en 1796, pour que les ravages de la variole diminuent réellement. D'une façon générale, la puériculture rousseauiste gagne du terrain. Toutes les mères ne libèrent pas le nourrisson de son maillot et ne le baignent pas tous les jours à l'eau froide, mais beaucoup s'interrogent sur les mérites de la tradition, comme cette abonnée d'un journal féminin, Anne Laville :

« Faut-il ou non conserver les lisières qui permettent de soutenir l'enfant dans ses premiers pas ? En 1789, j'ordonnais à la bonne d'ôter les lisières parce que de tous côtés j'entendais dire qu'on les avait brisées [...]. Mais la nouvelle bonne prétend que Rousseau n'est qu'un faux prophète. Que faire ? »

A la réponse de la rédactrice, il est clair que Rousseau a raison, mais que les lisières sont toujours fort en usage.

Dans les campagnes l'enfant continue probablement d'être serré et trop peu changé, tant par ignorance des nouvelles techniques que par souci des accidents. Dans les villes en revanche, les témoignages et les images montrent l'enfant aux côtés de sa mère. Nombreuses sont les ouvrières qui emmènent leurs petits à l'atelier, malgré l'indignation des chefs, et même aux séances des tribunaux révolutionnaires, où certains se plaignent « qu'ils ne peuvent suivre les débats à cause des cris de ces enfants ». A côté du couple sans-culottes flanqué par le peintre Le Sueur de ses deux bambins, paraît donc un couple nouveau, mère-enfant, qui fait grogner parfois mais inspire le respect. Madame de La Tour du Pin, réfugiée sous une fausse identité dans la banlieue de Bordeaux et surprise par une visite de « coupe-têtes » alors qu'elle vient d'accoucher, s'étonne encore, des années plus tard, de la délicatesse montrée par ces « êtres féroces » pour la jeune accouchée qu'ils ne demandent même pas à voir :

« Comment la pitié put-elle trouver place dans ces âmes sanguinaires ? Ils en ressentirent néanmoins, et les mêmes hommes qui, dans la matinée, avaient vu tomber vingt têtes innocentes sans songer à les épargner, ôtèrent leurs sabots pour éviter tout bruit, lorsqu'en visitant le premier étage, ils crurent se trouver au-dessus de ma chambre. »

Sans doute Madame de La Tour du Pin, privilégiée puis recluse, n'avait-elle encore jamais perçu les accents attendris du peuple révolutionnaire devant ses mères et ses marmots.

Qu'a donc ajouté la Révolution à ce sentiment caressant dont Greuze enveloppait déjà ses familles aimantes, outre la diffusion plus large de ce dont jouissaient seules les élites heureuses ? Tout en valorisant la position maternelle à l'intérieur de l'espace privé, elle accorde à la mère comme à l'enfant une dignité publique. Dans l'intimité familiale, la femme peut découvrir le bonheur d'une maternité qui, dans la Nation, est une forme de citoyenneté. Il faut, lit-on ici et là, « conserver des citoyens à la République », « garantir à la République la fécondité des mères ». Cette responsabilité nouvelle, ajoutée au processus général de libération des personnes, contribue à dégager femmes et enfants de l'étroite emprise familiale et paternelle. La mode, éphémère, des prénoms révolutionnaires ne fut sans doute pas seulement la marque de la laïcisation ; en s'appelant Horace, comme le fils de Lucile Desmoulins, Brutus, Marat, Gracchus ou Périclès, ou Nièvre comme la fille de Fouché, Pique ou Messidrice, les enfants s'émancipent d'une lignée qui, autant que par le nom, imposait son identité par le prénom répété de génération en génération, et « entrent dans la carrière » en citoyens.

ALLONS, ENFANTS...

Régénérer et non plus générer : tel est l'idéal de la République qui affirme cette ambition dans ses lois, son discours et dans une série d'images, au reste ambiguës.

La promotion de la maternité au statut de valeur civique se lit dans la loi du 28 juin 1793. Elle institue l'assistance aux filles mères et aux enfants trouvés et crée pour eux une maison de maternité par district ; la nation prend de plus en charge, à partir du 14 juillet suivant, les petits abandonnés, désormais baptisés « enfants naturels de la patrie ». Il n'y aura plus de bâtards dans la République.

L'état civil déjà légalise leur existence et, surtout, deux autres lois, de juin et novembre 1793, admettent les enfants naturels — adultérins non compris — à la succession des parents, puis les assimilent dans le partage des biens aux enfants légitimes. Audace incroyable (mais les Thermidoriens supprimeront cette clause en août 1796), les Conventionnels déclarent cette loi rétroactive jusqu'au 14 juillet 1789. Toute une population sort ainsi de la clandestinité — qu'on se rappelle l' « anonyme » Figaro — et obtient droit à la vie, rejoignant ces autres exclus de la société d'Ancien Régime qu'étaient les Juifs, les protestants... et les comédiens.

Il ne s'agit pas d'humanitarisme. La Déclaration de 93 inscrit parmi les Droits de l'Homme le droit à l'assistance. Préférant, on l'a vu, réserver l'hôpital aux soins plutôt qu'à l'ancienne charité, les hommes de 93 organisent tout un système de pensions : pour les femmes en couches, les mères nourrices — y compris, bien sûr, les filles mères —, les enfants de famille nombreuse, les vieillards, les infirmes... Innovation à remarquer, les prestations sont modulées en fonction des ressources. Des officiers de santé visitent à domicile les familles, traitent les cas simples, apportent médicaments et aliments — gratuits, et versent une indemmnité journalière de maladie. Contrairement à ce qu'on pourrait croire, cette utopie, promulguée par la grande loi sur la Bienfaisance du 22 Floréal an II (4 mai 1794), a fonctionné pendant deux ans — et bien, même si les pensions, correctes au départ, ont subi progressivement l'érosion de la dépréciation monétaire.

Une fois encore, le Directoire amorce la régression en effaçant le droit au secours, en supprimant l'égalité à l'échelle nationale, en préférant les dons en nature. Le Code civil se chargera de remoraliser la famille et de renvoyer les intrus et les pécheresses, pour un long XIXe siècle, à leur bâtardise et à leurs fautes « naturelles ».

Pour l'heure, tout un discours, assez emphatique et parfois inquiétant, propage cet idéal régénérateur. Il faut « enfanter un peuple de héros » dit Hérault de Séchelles, c'est-à-dire non seulement mettre au monde, mais façonner les futurs républicains. Aux femmes donc, rappelle Amar, membre du Comité de Sûreté générale et lecteur de Rousseau, « de commencer l'éducation des hommes, préparer l'esprit et le cœur des enfants aux vertus publiques, les diriger de bonne heure vers le bien, élever leur âme et les instruire dans le culte politique de la liberté ». Ne lisons pas ici la parole officielle du pouvoir masculin plaquée sur une réalité autre : les femmes y répondent avec fierté, jurant et se réjouissant d'« inoculer l'esprit de patriotisme à leurs enfants ». La mère Duchesne l'écrit :

« Si les enfants doivent sucer avec le lait les principes de la Constitution, qui est-ce qui peut et qui doit les catéchiser dans cette circonstance [...] si ce n'est vous, mesdames ? Quand vous ne rendriez que ce service-là à la nation, mort de ma vie ! vous en auriez assez fait pour la Révolution ! »

Les « Citoyennes Républicaines révolutionnaires » elles-mêmes ne jugent pas leur féminisme incompatible avec cette image maternelle lorsqu'elles jurent, après la mort de Marat à l'été 1793, de « peupler la terre de la liberté d'autant de Marats qu'elles pourront ».

Gouache de Lesueur : Le repas *Musée Carnavalet. Photo Hubert Josse.*

« Peupler la terre », « faire sucer le lait » ne sont pas alors des clichés mais l'expression juste et claire du nouveau rôle maternel : les femmes doivent se sentir investies du pouvoir sacré d'enfanter un peuple collectivement divinisé. Le rituel allégorique des grandes fêtes

révolutionnaires à partir de 1792 les y encourage, comme la symbolique quotidienne. Les femmes enceintes sont convoquées à figurer dans la Fête de l'Etre suprême, le 8 juin 1794 — 20 Prairial an II. Pour une autre fête, Chaumette voulait inscrire sur la tribune réservée aux femmes « respect aux femmes enceintes, espoir de la patrie ». Partout, dans les grandes mises en scène parisiennes réglées par David comme dans les fêtes provinciales, les jeunes mères brandissent leurs petits avec la même ferveur. Les statues monumentales prennent une tournure nourricière, comme cette gigantesque « égyptienne » surgie sur la place de la Bastille lors de la Fête de la Constitution, le 10 août 93, qui versait de ses puissantes mamelles deux jets d'une eau régénératrice.

Dans toute la France, l'an II ouvre l'ère des vivantes « Déesses » — Raison, Liberté surtout — promenées sur des chars ou trônant au sommet de tertres édifiés dans le chœur des églises devenues Temples de la Raison. Qu'incarnaient-elles donc ces fraîches filles dont le sein libéré et hardi n'effaroucha que la légende contre-révolutionnaire ? Loin d'être les « filles d'Opéra » (dont les petites villes n'étaient point riches) qu'on dénonça dans ces nudités, c'étaient les grandes filles et les épouses de notables patriotes qui offraient à l'émotion des spectateurs la charnelle présence d'une transcendance nouvelle. Jeunes filles ou femmes, qu'elles soient « Raison », « République » ou « Liberté », elles imposent, assez spontanément semble-t-il, une image maternelle dont témoigne un tisserand d'Avignon, Coulet, notant dans son livre de raison :

« Aujourd'hui, on a promené la mayre de la Patrie vivante. »

Effaçant d'un coup la figure idéalisée de la Vierge mère de Dieu et celle, haïe, de la Reine, ces allégories animées portent la présence concrète du sacré et la foi dans une maternité qui garantit non seulement l'avenir mais l'éternité. Les survivants ne manqueront pas, au XIXe siècle, pour témoigner de l'effet prodigieux que pouvaient produire, confondues dans ces corps féminins, la vie et l'immortalité de la Révolution. Ecoutons la chanson de Béranger, *La Déesse*, rappelant sous la monarchie revenue les charmes de la Liberté.

Est-ce bien vous que je vis si belle
Quand tout un peuple entourant votre char,
Vous saluait du nom de l'Immortelle ?...

Ne suspectons donc pas trop vite, dans cette apothéose de la maternité, l'intention de renvoyer les femmes à leurs tétées et leurs berceuses ; il est fort probable que toute cette féminisation des images fut bien autre chose qu'une exhibition servant à masquer l'éviction réelle des femmes de la vie publique. Toutefois, il serait vain de dissimuler l'ambiguïté d'une telle valorisation. Lorsque Saint-Just écrit dans ses notes sur l'éducation : « La mère qui n'a point nourri son enfant a cessé d'être mère aux yeux de la patrie », où finit la propagande et où commence la répression ? On voit ici poindre méfiance et menace envers celles qui, refusant d'être de « vraies » femmes, risquent de passer pour de mauvaises patriotes. L'exaltation civique de la mère peut se retourner en norme contre les femmes.

Il est vrai aussi que, sous la volonté de protéger la maternité, se tapit, ici et là, la conviction que la nature féminine est fragile, par suite inapte à tout ce qui déborde sa « vocation » naturelle. Quoique contradictoire avec l'imagerie qui affiche un féminin dynamique et puissant, ce discours relaie le projet social d'assistance et de libération par un propos moral visant l'exclusion du politique. Le même Chaumette, chantre du divorce et de la grossesse républicaine, dit en 93 :

« Depuis quand est-il d'usage de voir la femme abandonner les soins pieux de son ménage, le berceau de ses enfants, pour venir sur la place publique dans la tribune aux harangues ? La nature nous a-t-elle donné des mamelles pour allaiter nos enfants ? La nature a dit à la femme : Sois femme ! »

Comment peuvent donc se concilier promotion et coercition ? libération effective et position machiste ? C'est ici qu'il faut interroger la part des figures de femmes contre-révolutionnaires, et des militantes extrémistes, dans l'émergence d'un discours hostile et d'une vision de la citoyenneté féminine beaucoup plus restrictive que ne l'était, somme toute, sa pratique réelle.

Bibl. Nat. Paris.

FEMMES CONTRE REVOLUTION

Femme contre la révolution (bégueule) : Aigreur typique de ceux qui n'ont « rien oublié et rien appris ».
Dame aristocrate maudissant la Révolution.
Musée Carnavalet. Photo Edimedia.

FENÊTRES SUR COUR

C'est d'abord avec bonne humeur que les milieux aristocratiques, tout pénétrés des Lumières, accueillent la Révolution. Les dames se pressent aux tribunes de l'Assemblée. Certaines même s'enthousiasment, comme Madame de Chastenay.

« Moi, je l'avoue, j'étais dans le délire. L'essor jeune qui se prenait alors donnait de l'orgueil à mon âge [...] J'avais déjà eu à souffrir de l'aristocratie des vieilles douairières et du fardeau dont m'avait accablée la médiocrité, qui s'appelait le bon sens et détestait le savoir de la nation et les talents d'une jeune fille. Tout s'exaltait en moi. »

Les « philosophes » ne sont plus là, hors Condorcet, mais leurs idées font vibrer les nobles salons politisés.

La Nuit du 4 Août en effet n'a pas ébranlé les partisans, minoritaires dans la noblesse, d'une moderne monarchie constitutionnelle à l'anglaise. Etoile plus rayonnante que jolie, Germaine de Staël, concentre chez elle les Feuillants modérés, fidèles à La Fayette. Dans la même sphère papillonnent de nouvelles beautés, comme Rose de Beauharnais — future Joséphine — plus soucieuse de paraître que de militer. Tous les « drapeaux » lui sont bons pour valoriser son élégance fort endettée. On la voit avec tous les « avancés », bientôt dépassés, les d'Aiguillon, les Montesquiou, les Lameth, chez la vieille Madame de Genlis, jusqu'à ce que, tournant au rouge avec le vent, on l'admire au bras de Tallien.

Ni les événements ni la profondeur des changements ne modifient encore la vie de ces privilégiées ; les jours continuent d'égrener bals, spectacles, soirées et concerts. Madame de La Tour du Pin persévère dans sa nonchalance d'Anglaise sportive et cultivée.

« J'assistais quelquefois aux séances [de l'Assemblée, en 1791] qui pouvaient m'intéresser, mais pas régulièrement comme ma belle-sœur. Mes matinées étaient employées plus utilement. J'avais un maître de dessin, un de chant, un d'italien, et si le temps le permettait, je montais à cheval de 3 heures jusqu'à la nuit. »

Bientôt le climat mondain s'aigrit. Après la fuite à Varennes et l'échec des « Monarchiens », l'ardeur déçue dans les grandes familles libérales redonne une pétulante énergie aux ultras comploteurs et autres « chevaliers du poignard ». « Les jeunes élégants de Paris allaient et venaient à Coblentz » dit Madame de Chastenay, tandis que « l'affectation du mécontentement et de la haine couvrait la société d'une sorte de voile funèbre ». Ennui pesant, esprit court, opinions étroites de « bégueules respectables » retombent sur les jeunes épaules de la narratrice, furieuse de s'entendre dire « qu'une jeune fille avec des notions d'indépendance ne pouvait se comparer qu'à un âne sauvage ». Aussi se rabat-elle sur son piano et l'apprentissage de l'anglais, en déplorant la fin des illusions : « Malheureusement, les tempêtes soulevées des deux bouts de l'horizon ont fait rouler en tourbillons de fumées ce qui n'eût été qu'une vapeur de parfums. »

La peur vraie s'installe après le 10 août 1792 et les massacres de Septembre. Bien des familles nobles, bien des femmes restées seules après l'émigration de leurs époux se réfugient alors dans leurs terres ou chez des amis de province. Ainsi la famille De Chastenay à Rouen. Là, on est tout de même assez étonné de voir à quel point les alarmes de cette année 1792-93 se concilient avec une vie confortable et paisible. Une petite société intime, vite nouée avec des Rouennais de même bord et bon musiciens, organise des concerts, joue aux échecs et aux bouts rimés, cultive botanique et mathématiques. De même Monsieur et Madame de La Tour du Pin se retrouvent dans leur château du Bouilh, en Dordogne, pour « les quatre mois les plus doux » de toute leur vie, aidés sans doute par un réel amour conjugal et une bonne bibliothèque.

FEMMES EN FUITE

Ce n'est que dans l'été 93, et surtout après la « loi des suspects » votée le 17 septembre, que s'organisent sérieusement les fuites et la plongée dans l'anonymat clandestin. La Terreur est à l'ordre du jour : levée en masse décrétée le 23 août, comités de surveillance chargés de dresser la liste des « partisans de la tyrannie ou du fédéralisme » et de les faire arrêter, Maximum général des denrées établi le 29 septembre. Les Girondins n'ont plus qu'un mois à vivre ; Marie-Antoinette 17 jours. Les Chastenay s'installent sans trop de problèmes dans une ancienne abbaye aux portes de Rouen, belle maison de campagne ornée d'un vaste jardin. La bonne et un domestique fidèles assurent l'ordinaire, piano et livres les loisirs :

« Malgré la sombre couleur de notre situation, la fête de maman fut célébrée par des couplets, et Henri prit pour les chanter des déguisements qui l'amusèrent. Maman avait besoin de quelques distractions [...]. Pour moi, je lisais [...]. Je n'écrivais point, c'était trop dangereux, mais je composais mon opéra des *Précieuses ridicules*, je faisais des romances, j'étudiais mon piano. »

La disette elle-même leur est adoucie par un « digne cultivateur » qui les ravitaille chaque semaine en vraie viande et vrai pain. C'est la coquetterie qui souffre le plus. Robe de toile peu voyante (discrétion oblige), les cheveux coupés courts et plats (plus d'artiste capillaire à disposition). Mais on s'accommode de la simplicité !

Moins confortable est la retraite de Madame de La Tour du Pin, au fond de sa campagne bordelaise. Séparée de son mari qui se cache, elle est sur le point d'accoucher ; son noir Zamore lui assure quelque protection, mais la bonne, nouvelle venue, est suspecte. Elle a cousu elle-même la layette de la petite Séraphine qu'elle allaite, car il n'est plus question de nourrice. Une fois remise, fausses identités, déguisements, relations plus ou moins efficaces mais entretenues avec énergie, la marquise met tout en œuvre pour aider son époux et préparer une fuite réussie vers l'Amérique.

Tous les moyens sont bons pour obtenir des certificats de civisme et trouver de l'argent, puisque les « absents » sont réputés émigrés et leurs biens saisis. Des situations pathétiques se teintent de cocasserie :

« Des boutiques en plein vent étaient tenues par des ex-religieuses en perruque blonde ; telle ravaudeuse, raccommodant des bas dans une échoppe, était une comtesse ; telle couturière était une marquise ; madame de Boufflers habitait un grenier d'où elle voyait son hôtel. » (*Quatrevingt-treize*.)

Les émigrés mènent vie plus bruyante, du moins dans un premier temps. Dès le 14 juillet 89, les berlines se sont ébranlées pour Bruxelles et Coblence, emportant vers des vacances dorées les grandes familles de la Cour, suivies d'un nuage roturier de soubrettes, de valets, de chausseurs, de perruquiers, de tailleurs. « Emigration fate » selon Chateaubriand :

« Bruxelles était le quartier général de la haute émigration : les femmes les plus élégantes de Paris et les hommes les plus à la mode, ceux qui ne pouvaient marcher que comme aides de camp, attendaient dans les plaisirs le moment de la victoire. »

« Après s'être bien amusés », ces exilés de parade, chassés de Belgique par les victoires françaises, trouvèrent la vie plus rude en Angleterre et en Allemagne : ressources en baisse, « armée des Princes » méprisée par les gouvernements européens, surpeuplement et concurrence. Une seconde vague en effet expédie à l'étranger des volontaires sincères et plus lucides — comme Chateaubriand — et combatifs mais désargentés, des familles entières rendues « suspectes » par leur parenté avec un émigré repéré, des prêtres réfractaires et, finalement, des bourgeois — du Midi surtout — devenus « contre-révolutionnaires » dans le choix du fédéralisme contre le centralisme jacobin.

Tout ce petit monde — 60 000 personnes environ — déchante bientôt : quelle force réelle pouvait constituer un groupe hétéroclite, dispersé entre Coblence, Turin, Londres, divisé, confronté avec ahurissement à l'aveuglement des premiers arrivés entêtés dans leur étiquette et leur morgue ? Tandis que les « combattants » essuient « la pluie, la boue, les corvées », les simples fuyards découvrent la loi de l'exil : misère et travail. Marquises et comtesses apprennent à peindre des boites pour deux sous l'heure, à tresser des chapeaux de paille. La princesse de Talmont va pieds nus, Madame de Genlis guigne une place de concierge. La princesse Adélaïde brode, pendant que son frère, futur roi Louis-Philippe, donne des leçons de mathématiques. Années rudes, porteuses d'humiliation plus que d'humilité, en attendant le retour et la revanche.

Madame de La Tour du Pin, heureusement parvenue en Amérique avec sa famille, échappe à cette amère survie empêtrée de préjugés : la voilà, de 1794 à 1796, fermière au nord d'Albany, trayant ses vaches, battant le beurre, provisoire pionnière d'un nouveau monde.

FEMMES ET FOI

Quelle que soit la part des convictions et celle de l'égoïsme frivole ou du simple souci de survivre, l'émigration féminine n'a pas joué un grand rôle dans l'action contre-révolutionnaire. La résistance marquée des femmes, c'est en France même qu'il faut la chercher à travers leur refus progressif de la déchristianisation, refus difficile à mesurer dans ses effets immédiats, mais déterminant par ses conséquences sur le comportement des femmes au XIXe siècle.

Jusqu'à la Révolution, la pratique religieuse est commune aux deux sexes. C'est à des hommes que Molière choisit de déléguer la parole dévote, vraie ou mensongère : Orgon, Tartuffe, Dom Juan. A cette piété générale et modérée répondent, en 89, l'adhésion massive au patriotisme des prêtres populaires et la protestation unanime des Cahiers de doléances contre une dîme abusive, un haut clergé trop riche, trop impérieux, trop paresseux. Ni la nationalisation des biens d'Eglise, ni la Constitution civile du clergé, en juillet 90, ne provoquent de tollé chez les fidèles et les prêtres. Nulle autorité ne vise alors à « déchristianiser » la France, encore moins à persécuter la foi. Religieux et religieuses quittent leurs couvents sans histoire. Ils sont déjà si peu nombreux !

Avec le refus du pape de patronner la chose, se déclare la crise de conscience : si beaucoup de prêtres acceptent de prêter serment à la Constitution — comme tout fonctionnaire —, d'autres refusent. Face aux « jureurs », les « réfractaires » apparaissent. Ce ne sont pas encore des ennemis de la nation, beaucoup sont même patriotes, et une politique tolérante tente de maintenir la cohabitation paroissiale. Pourtant, les conflits se multiplient : des messes concurrentes, passe encore ; mais bientôt chacun prétend à l'exclusivité des sacrements, et les fidèles, troublés et divisés, se mobilisent autour des « bons prêtres » partout où ceux-ci sont majoritaires, comme dans les campagnes de l'Ouest.

Voici qu'entre en scène ce personnage nouveau, la « dévote ». Dame ! on y tient à son curé. Et puis l'autre, « l'intrus », le remplaçant officiel, on l'connait point ! Les misères commencent : on boycotte les messes légales, femmes et enfants se livrent au premières tracasseries, huées, cailloux ; l'église est bientôt souillée, les morts enterrés à la barbe du curé « larron » ; le village grouille de gosses, mais plus rien à baptiser. Il s'agit de contraindre « l'apostat » à décamper. Le culte réfractaire s'organise parallèlement, dans un climat de provocation de plus en plus net et dans un esprit de plus en plus contre-révolutionnaire. Les autorités y voient d'emblée l'action des femmes, « femmes crapuleuses et séditieuses » dit l'abbé Grégoire.

Il est vrai qu'elles s'activent. Elles cachent leur pasteur, vident les églises des objets sacrés, descendent les cloches, se mettent en pèlerinage ou, tout simplement, se pressent aux offices réfractaires comme ces dévotes publiquement fessées à Paris par les dames de la Halle, en 1791. Faut-il en conclure que dans cette réaction — rurale pour l'essentiel — qui s'étend massivement de l'Ouest au Sud-Est, la piété des villageoises est plus fanatique que celle des hommes ? Pourquoi les femmes seraient-elles plus sensibles au prêche réfractaire qui dénonce l'invalidité des sacrements « officiels » et vous promet une éternité d'enfer ? Les maris du fond de l'Aveyron ou des Mauges étaient-ils moins crédules ? On peut penser que, souvent, la dévotion féminine se remarque parce que c'est elle que la communauté utilise. Et de façon subtile. D'un côté les femmes attirent l'attention : à elles les vociférations publiques, l'autorité ne réprimera pas ces chétives irresponsables. De l'autre, elles peuvent, mieux que les hommes fixés à leur travail, vaquer à des activités discrètes, communiquer d'une ferme à l'autre l'heure de la prochaine messe, porter aide et nourriture aux prêtres cachés... Quoi de plus simple qu'une bonne femme qui trotte à ses affaires ?

Il est en revanche d'autres situations où l'initiative des femmes s'affirme franchement. Nous sommes en Bretagne, dans la « bonne bourgeoisie de Lannion ». Personnage principal, la grand-mère d'Ernest Renan.

« Elle tenait à sa classe, ne quitta jamais ses coiffes de bourgeoise, ne souffrit jamais d'être appelée que *Mademoiselle*.[...] Quand la Révolution éclata, ma bonne-maman l'eut en horreur, et bientôt elle fut à la tête des pieuses personnes qui cachaient les prêtres insermentés. La messe se disait dans son salon. Les dames nobles étant dans l'émigration, elle regardait comme son devoir de les remplacer en cela. La plupart de mes oncles, au contraire, étaient grands patriotes.[...]

Elle joua ainsi pendant deux ans avec la guillotine, et ce fut miracle si elle y échappa. Elle avait pour compagne de son dévouement une dame Taupin, très pieuse comme elle. Les prêtres alternaient entre sa maison et celle de madame Taupin. Mon oncle Y..., très révolutionnaire, au fond excellent homme, lui disait souvent : " Ma

Fessée patriotique : La discipline patriotique ou le fanatisme corrigé. *Le 2 avril 1791, les dames de la halle fessent les religieuses qui vont à la messe des prêtres réfractaires. (Bibl. Nat. Paris.)*

cousine, prenez garde ; si j'étais obligé de savoir qu'il y a des prêtres ou des aristocrates cachés chez vous, je vous dénoncerais. "[...] C'est en effet Madame Taupin qui fut guillotinée. »

Voici donc, au sein d'une bourgeoisie encore clairement patriote, des femmes qui choisissent le camp de la foi, activement, ouvertement, et de plus, affectueusement. « Culte pour l'ordre établi », explique Renan. Soit, mais le respect des opinions masculines est aussi l'ordre. Ne pourrait-on déceler plutôt ici la conséquence paradoxale d'une répartition familiale qui attribue à l'homme l'espace public, à la femme le privé ? Danton lui-même, se remariant en juin 93 après quatre mois de veuvage, accepte le pieux caprice de sa toute jeune fiancée qui exige un vrai mariage religieux, devant un prêtre réfractaire. Les Bordelaises au contraire, on s'en souvient, avaient choisi d'engager leur identité féminine dans les forces patriotiques par un soutien spectaculaire à l'évêque constitutionnel. Mais à Lannion, nulle trace d'un mouvement civique susceptible d'exprimer une voix féminine. Tout se passe alors comme si, réduites à la vie privée, ces femmes choisissaient de faire de la foi le lieu de leur différence et de leur autonomie, retournaient leur exclusion en exclusivité et substituaient en quelque sorte à un inaccessible féminisme citoyen, un féminisme paroissien.

Désormais les couples se divisent le dimanche : elle entre à l'église et lui au cabaret, sans que la vie conjugale en soit affectée. Trace probable de cette répartition — qui retarda longtemps le vote des femmes — on voyait encore, il y a vingt ans, dans la gâtine vendéenne, les familles envoyer leurs garçons à l'école, mixte, de la République et leurs filles à l'école des Sœurs. Lieu collectif et solitaire, lieu consolant et salutaire, l'église, tout au long d'un XIXe siècle si hostile aux femmes, reste à revisiter comme l'enclos d'une revendication muette et aliénée.

FAROUCHES ET FABULEUSES

Michelet, lui, observant les Vendéennes, ne se pose pas tant de questions :

« Femme et prêtre, c'est là tout, la Vendée, la guerre civile. Notez bien que sans la femme, le prêtre n'aurait rien pu. »

La même éloquence qui avait célébré les citoyennes patriotes s'abat désormais sur ces paysannes fanatisées par des prêtres aimés de passion « avec un abandon, un entraînement qu'on dissimulait peu ». Retour de l'Eve éternelle, corrompue d'abord, tentatrice ensuite d'un époux plutôt patriote. Du confessionnal, « cette sombre armoire de chêne, où la femme, à genoux, parmi les larmes et les prières, reçoit, et renvoie plus ardente, l'étincelle fanatique » au lit qu'elle anime de ses soupirs et de ses sanglots, « la femme devenait l'avocat de la contre-révolution ». La conduite réfractaire féminine n'est qu'une rage hystérique, d'où découle directement la guerre, pour Michelet, qui cite à deux reprises le mot d'un officier républicain :« Ah ! brigandes ! Ce sont les femmes qui sont causes de nos malheurs. Sans les femmes, la République serait déjà établie, et nous serions chez nous tranquilles. »

En fait des raisons plus complexes font succéder à ces résistances, pacifiques ou brutales, la guerre civile de Vendée au printemps 93, la chouannerie bretonne ensuite. L'occasion de l'insurrection est, en mars 93, la levée en masse de 300 000 hommes pour défendre la patrie en danger sur ses frontières et relever les vainqueurs de Valmy. Cette mesure cristallise toutes sortes de haines accumulées contre la République, ou plutôt contre ceux qui l'incarnent localement. La guerre en effet, quoique menée au cri de « Dieu et le Roi », ne fut pas comme on l'a cru longtemps, la lutte de l'Ancien Régime contre le nouveau. Guerre géographique et non historique, sociale et non politique, c'est le bocage contre la plaine, le paysan contre le bourgeois des villes.

Car les citadins patriotes ont remplacé pour le paysan isolé derrière sa haie, son fossé ou sa forêt, sans horizon et sans villages, l'ancien seigneur, détesté ici plus qu'ailleurs. C'est qu'entre ces deux mondes, jusque là étrangers mais égaux devant l'absolutisme, la Révolution a instauré une hiérarchie : l'autorité et le profit résident à la ville, même minuscule, et non plus au château ou à l'église ; le pouvoir revient au bourgeois, même famélique. Le plus grave peut-être est que les citadins, devenus les notables dont le nouveau régime a besoin, s'adjugent la meilleure part des Biens Nationaux, et sont exemptés de la conscription au titre du service fait dans la Garde nationale. Autant de gifles pour le paysan humilié qui doit encore subir — on a vu avec quel empressement — l'envoi de prêtres constitutionnels ou la fermeture de ses églises.

Sourde et diffuse d'abord, cette véritable haine de classe, bien exploitée par les « bons prêtres », se mue en guerre féroce contre ceux qu'on voit devenir « les nouveaux maîtres ». D'une armée populaire, emmenée au combat par des chefs roturiers comme le voiturier Cathelineau, la récupération aristocrate tentera de faire « l'armée catholique et royale », mais sans canaliser réellement cette masse d'hommes jeunes et vieux, de gamins, de femmes, armés de plus de fourches et de crucifix que de fusils, aussi imprévisibles qu'acharnés. Un jour ils sont 10 000, prennent une ville — Bressuire, Thouars, Fontenay-Le-Comte. Une fois la victoire savourée jusqu'au massacre, le fourmillement s'évanouit : la rébellion fait les foins. Jusqu'au prochain cri du toscin.

Les femmes sont partout. Complices, elles espionnent :

« Je pris des vêtements de mendiante, conte Françoise Desprès, et je partis, une quenouille à mon côté, une béquille à la main, et sur le dos, une mauvaise besace[...]. Dans cet équipage, paraissant marcher avec beaucoup de peine, et feignant d'être sourde, je traversai le détachement des bleus, et [...] j'appris miraculeusement leurs projets. »

Partisans, elles suivent la bataille, fabriquent les gargousses, déchirent la charpie, pansent les blessés, prient. Certaines combattent, comme la célèbre Renée Bordereau qui se vante dans ses *Mémoires* d'exploits aussi redoutables que douteux :

« En arrivant près de la Loire, je détruisis cinq de nos ennemis, et, en finissant ma journée, je cassai mon sabre sur la tête du dernier.[...] à moi seule j'en tuai 21 ce jour-là. »

Et, très modérément féministe, elle se réjouit qu'Angers compte 800 veuves de plus que la veille ! Guerrière aussi cette « Antoinette Adams, dite le chevalier Adams, si vaillante que, prise, on la fusilla, mais debout. » (*Quatrevingt-treize.*) La plupart servent à l'arrière-garde pour « saisir » et « assommer » les fuyards dans leur déroute, surveiller et convoyer les prisonniers. Toutes sont là pour cacher le blanc traqué au fond de leurs armoires — que la Vendée appelle encore des « hommes debout », et broder patiemment en rouge et blanc l'emblème du sacré-cœur sous la veste de ces croisés en sabots.

Déconcertés par ce qui fut la première guérilla moderne, les « patauds » que Paris a envoyés se révèlent d'abord médiocres pacificateurs — et leurs compagnies perdent beaucoup d'hommes — jusqu'à ce que la résistance victorieuse de Nantes, en juin 93, retourne la situation. En octobre, l'acharnement de l'armée de Kléber devant Cholet écrase les Vendéens et les embarque vers cette étrange et suicidaire épopée que fut la « virée de Galerne ».

Peuple fuyant sa terre promise, 40 000 hommes, 30 000 femmes et enfants, entassés dans des chariots, en carrosse, à pied, parviennent à traverser la Loire. Ils se lancent alors dans une invraisemblable expédition, courant et combattant à la fois, et tracent de Cholet à Granville, de Granville à Angers, d'Angers au Mans et du Mans à Savenay où les attend la mort, un interminable signe de croix. D'habiles auxiliaires, les femmes sont devenues fardeaux, d'autant qu'aux paysannes endurcies s'ajoute une cohue de comtesses, de vieilles religieuses, embarrassées, si l'on en croit le témoignage goguenard de représentants de la Convention, de tout le bazar du fanatisme « jusqu'aux croix d'argent, aux mitres, aux crosses, aux bannières ». Menacées de répression en cas d'assistance, les villes — toutes patriotes — se ferment devant l'exode affamé et glacé. Madame de Lescure, alors enceinte, jeune veuve d'un chef prestigieux, a raconté ce « carnaval de la mort » où les « brigands » n'étaient plus que des spectres de femmes vêtues en hommes, d'hommes accoutrés de jupes, ficelés d'habits des théâtres où l'on s'était servi au passage. A Savenay, le 23 décembre, Westerman, Kleber, Moreau, Tilly, attendent. C'est l'hécatombe. « Il n'y a plus de Vendée, dira Westermann, elle est morte sous notre sabre libre, avec ses femmes et ses enfants. Je viens de l'enterrer dans les marais de Savenay. » Née à Pâques, morte à Noël, ainsi s'éteint la « passion » vendéenne, à rebours du calendrier et de l'histoire.

Combien de femmes périrent ? réellement nul ne peut le dire. Historiens royalistes et républicains se sont longtemps renvoyé le bilan des pertes. On sait aujourd'hui qu'il y eut massacres partout. « Colonnes infernales » de Turreau, noyades de Carrier à Nantes, « boucherie horrible » de Westermann : les bleus, après les premiers mois de défaite et de stupeur, ne firent pas de quartier. Les femmes et les enfants, si présents, sont comme les hommes fusillés sommairement. A quoi s'ajoutent celles et ceux que les déplacements permanents perdent en route, que la Virée de Galerne égrène derrière elle, épuisés de faim, de froid, et vers les derniers temps d'une dysenterie effroyable. En face, le mot d'ordre est le même : « pas de grâce, pas de quartier ». Pas de pitié pour les habitants des villes prises, pour les tièdes, pour les prisonniers — confessés, il est vrai, au préalable. Aux Vendéens revient aussi, entre autres, l'exclusivité du « chapelet » de captifs attachés deux à deux en tête de la troupe et dont la mort est remise aux fusils de leurs propres camarades.

Les passions survivent aux combattants. A coup d'estimations hasardeuses, une polémique violente parlait récemment de « génocide », assimilant cette guerre civile à l'extermination d'un peuple. Les faits et les chiffres imposent plus de mesure : sur une population d'environ 600 000 habitants avant l'insurrection, le nombre des victimes se situerait entre 117 000 et 150 000. « Morte » en un sens, la Vendée n'était pas « exterminée ».

Un tel engagement a valu très vite aux Vendéennes une héroïsation légendaire. Mais la nostalgie royaliste, bien servie par les Mémoires de quelques grandes dames de la Vendée, délaisse volontiers la paysanne anonyme, préférant ces cavalières dotées d'allures et de noms empanachés :

« Madame de Lescure, qui fut plus tard madame de La Rochejaquelin ; Thérèse de Mollien, maîtresse de La Rouarie, laquelle brûla la liste des chefs de paroisse ; madame de La Rochefoucauld, belle, jeune, le sabre à la main, ralliant les paysans au pied de la grosse tour du château de Puy-Rousseau ». (*Quatrevingt-treize.*)

Mauvaise langue, Michelet tempère ces élans intrépides de repos moins guerriers :

« Les grandes dames du pays, les petites filles de village, tout lui était bon. Des dames le suivaient à cheval, quelques unes vaillantes,

parfois sanguinaires. Elles passaient des nuits avec Charette, puis rentraient chez leurs maris, résignés et satisfaits, pour l'amour de l'autel et du trône. »
Mais l'imaginaire du XIXe siècle s'est régalé jusqu'au fantasme de cette race de chimères, moitié madones moitié Minerves, sur le cœur desquelles, dit Barbey d'Aurevilly, « la vie du temps, les transes, le danger avaient étendu une frémissante couche de bronze ». Tragédiennes farouches, amoureuses, increvables, elles bénéficient encore au tribunal du roman et du rêve de plus d'indulgence qu'Olympe de Gouges et Théroigne de Méricourt.

Un grand livre pourtant refuse cette fascination et ce vedettariat ; c'est le roman de Hugo, *Quatrevingt-treize*. Sa vendéenne, obscure Michelle Fléchard, n'est ni la sombre prêtresse de discorde dénoncée par Michelet, ni la féodale rebelle.

« Elle était maigre, jeune, pâle, en haillons ; elle avait le gros capuchon des paysannes bretonnes et la couverture de laine rattachée avec une ficelle. Elle laissait voir son sein nu avec une indifférence de femelle. Ses pieds, sans bas ni souliers, saignaient. »

Arrêtée avec ses enfants par un bataillon de Parisiens, elle répond à leurs questions :

« — Je te demande quelles sont tes opinions politiques ?
— Je ne sais pas ça. [...]
— Quelle est ta patrie ?
— Je ne sais pas, dit-elle.
— Comment, tu ne sais pas quel est ton pays ?
— Ah ! mon pays. Si fait.
— Eh bien, quel est ton pays ?
La femme répondit :
— C'est la métairie de Siscoignard, dans la paroisse d'Azé.
Ce fut le tour du sergent d'être stupéfait. Il demeura un instant pensif, puis il reprit :
— Tu dis ?
— Siscoignard.
— Ce n'est pas une patrie, ça.
— C'est mon pays. »

Sans opinion, sans patrie, Michelle Fléchard a pourtant une famille, et une histoire :

« — C'étaient des laboureurs. Mon père était infirme et ne pouvait travailler à cause qu'il avait reçu des coups de bâton que le seigneur, son seigneur, notre seigneur, lui avait fait donner, ce qui était une bonté, parce que mon père avait pris un lapin, pour le fait de quoi

Pages précédentes : Vendéenne héroïque : en contrepoint des belles rebelles empanachées et des paysannes « fanatiques », la légende républicaine héroïse cette Vendéenne qui « préféra faire sauter sa maison plutôt que de tomber dans les mains des brigands vendéens ». Dessin anonyme, Bibl. nat, Paris.

on était jugé à mort ; mais le seigneur avait fait grâce et avait dit :

— Donnez-lui seulement cent coups de bâton ; et mon père était demeuré estropié.

— Et puis ?

— Mon grand-père était huguenot. Monsieur le curé l'a fait envoyer aux galères. J'étais toute petite.

— Et puis ?

— Le père de mon mari était un faux-saulnier. Le roi l'a fait pendre.

— Et ton mari, qu'est-ce qu'il fait ?

— Ces jours-ci, il se battait.

— Pour qui ?

— Pour le roi.

— Et puis ?

— Dame, pour son seigneur.

— Et puis ?

— Dame, pour monsieur le curé. »

Cette pauvre qui fuit et ne sait dire que « je suis avec mes enfants », n'est en fait ni blanche, ni bleue. L'histoire l'inscrit au rang des Vendéennes, mais sa misère la place en deçà de la Révolution et de la guerre civile. Au fond de l'ignorance et de l'aveuglement, elle incarne toute entière l'aliénation « aimant ses rois, ses seigneurs, ses prêtres, ses poux ». Elle est l'envers d'une Madame de Lescure, mais aussi l'antithèse de Nanon. Là où la Creusoise progresse, dans la Révolution, vers plus de savoir, de biens, d'identité, la Vendéenne, dans la rébellion, ne connaît que la perte, le dénuement, l'exclusion.

FANTÔME OU FÉTICHE : CHARLOTTE CORDAY

Le visage spectaculaire de la guerre de Vendée ne doit pas faire oublier qu'au printemps 1793, la contre-révolution est partout. A Paris, l'avenir de la Révolution se joue dans le conflit qui oppose Girondins et Montagnards. Ils sont pourtant issus du même club, les Jacobins, et du même idéal. Mais la Gironde a donné des signes de tiédeur, dès le procès de Louis XVI, en paraissant vouloir sauver la vie du Roi. En guerre contre l'Europe entière coalisée dès février, contre ses fils en Vendée, la nation doit regrouper toutes ses forces. Or Dumouriez, général Girondin, passe à l'ennemi en avril. La suspicion ajoutée à la rivalité devient hostilité déclarée. Face à un « parti » incapable de défendre la liberté menacée et qui, devant les revendications sans-culottes se crispe sur le saint nom de la propriété, s'en tient à son projet d'une République de notables et soulève la Province contre Paris, les Montagnards, autour de Robespierre, Marat, Danton, choisissent de s'appuyer sur les forces populaires et de répondre aux aspirations des « Enragés ». Ils encouragent l'insurrection des 31 mai et 2 juin qui aboutit à l'arrestation de 29 députés Girondins. Les rescapés se terrent ou s'enfuient. Des régions entières s'insurgent alors, non pas au nom du Roi cette fois, mais du fédéralisme : Lyon se révolte, puis Marseille, puis Toulon qui se livre aux Anglais.

Nombre de Girondins influents, dont Barbaroux et Buzot — intime de Madame Roland —, se sont réfugiés à Caen qu'ils agitent de leur propagande anti-maratiste dans l'espoir d'entraîner la Normandie dans la sécession fédéraliste. Mais les Normands prudents ne sont pas pressés de reconquérir Paris. La déconfiture est manifeste le dimanche 7 juillet 1793. Sur la grande « prairie » de Caen, le tambour de la générale rassemble les volontaires « pour la guerre de Marat » : 17 amateurs se présentent ! Dans l'assistance, une demoiselle regarde et ne dit rien. Elle s'appelle Charlotte Corday. Elle a, semble-t-il, manifesté les semaines précédentes un certain intérêt pour la cause girondine.

Barbaroux a répondu à cette assiduité, pas suffisamment pour chercher à connaître cette jeune personne. Aussi doit-il considérer avec indifférence le mot qu'elle lui adresse le lendemain : « Adieu, mon cher député, je pars demain pour Paris, je veux voir les tyrans en face. » Remarquons avant d'évoquer la suite, fort connue, que rien, aucun témoignage, ne signale quoi que ce soit de remarquable chez Charlotte Corday d'Amans. Noble, sans dot, arrière-petite nièce de Corneille, cultivée, elle pourrait laisser derrière elle un reflet de beauté, un parfum de sublime, un souvenir d'amour ? Mais non. Elle a vingt-cinq ans, c'est tout. Pourtant, de cette opacité, de cette insignifiance, doit sortir le coup de couteau le plus célèbre de toute la Révolution, et le symbole féminin le plus efficace, encore aujourd'hui, de la contre-révolution.

Le 11 juillet, elle est à Paris, achète son petit couteau à manche noir, pour quarante sous au Palais-Royal, cherche un gîte, se procure l'adresse de Marat, ce qui est facile, tout Paris sachant qu'il loge au premier étage, 20 rue des Cordeliers. Peut-être a-t-elle songé d'abord à frapper à la Convention, comme Brutus frappant César en plein Sénat. Mais Marat est malade et ne sort pas. Le 13 au soir, elle est là, munie d'un billet de supplique ou de délation. Elle est entrée. La compagne de Marat, Simone Evrard, l'a-t-elle remarquée ?

Et puis c'est le tumulte, des cris, les voisins, le médecin. Il n'y a plus à voir, à côté d'une jeune inconnue, qu'un corps nu renversé, la tête bandée appuyée sur le drap, une main qui n'a pas encore lâché la plume, et l'eau du bain, rouge.

On l'arrête, on l'enferme à l'Abbaye puis, le 16, à la Conciergerie. Elle y écrit deux lettres, achète un bonnet neuf pour le tribunal. Le 17, c'est le procès. Les réponses de Charlotte Corday sont brèves : elle a agi seule, elle est républicaine, elle a pensé punir les « crimes » de Marat, et voulu ramener la paix en France. Elle est calme, elle n'a pas de remords, ne se défend pas. Toujours paisible, elle demande et obtient, après la sentence, qu'un peintre présent à l'audience achève auprès d'elle le portrait qu'il a entrepris pendant les débats. Ils causent.

Quelques instants encore et le cérémonial de la mort commence : la tête tondue, la chemise rouge des parricides, la charrette, le cahot des pavés, la place, la foule, la machine... Il est sept heures du soir et le soleil couchant, à travers les arbres des Champs-Elysées, frôle la place de la Révolution.

« Au moment où la tête tomba, un charpentier maratiste qui servait d'aide au bourreau l'empoigna brutalement, et, la montrant au peuple, eut la férocité indigne de la souffleter. Un frisson d'horreur, un murmure parcourut la place. On crut voir la tête rougir. » (Michelet)

Ici finit l'histoire de Charlotte Corday, ici commence l'histoire d'un fantasme. Non sans céder quelque peu lui-même à ce mythe naissant, Michelet remarque : « Simple effet d'optique peut-être », dû aux rouges rayons du soleil, mais il ajoute :

« L'effet de cette mort fut terrible : ce fut de faire aimer la mort.[...] Je parle du peuple girondin et même des royalistes. Leur fureur avait besoin d'un saint et d'une légende. »

Pour tout « jeune homme qui rêve un grand coup » et se cherche un modèle, désormais, en place de Brutus, se lève un autre fantôme : « la ravissante Charlotte, telle qu'elle fut dans la splendeur sinistre du manteau rouge, dans l'auréole sanglante du soleil de juillet et dans sa pourpre du soir ».

Dans cette symphonie en rouge il manque la sombre teinte du bain de Marat. Car c'est de sa victime que Charlotte Corday tient sa divinisation. Eût-elle tué un autre Montagnard, elle ne serait pas entrée si facilement au panthéon des meurtrières. Ni Pâris, assassin de Le Pelletier de Saint-Fargeaud, ni la charmante Cécile Renaud, arrêtée à la porte de Robespierre, n'ont connu une telle vie posthume. Mais Marat, l'ami du peuple, est à ce moment-là dans Paris une véritable idole. S'il y a un mystère Corday, il réside moins dans le meurtre lui-même, que dans cette incroyable transfusion par laquelle le culte de la victime s'est reporté sur son assassin, au point qu'au XIXe siècle et aujourd'hui peut-être encore, le grand martyr, c'est elle, Charlotte

Charlotte Corday.
« Le glaive arma ton bras, [fille grande et sublime,
Pour faire honte aux [Dieux, pour réparer leur [crime,
Quand d'un homme à ce [monstre ils donnèrent [les traits. »
(André Chénier, Ode à Marie-Anne-Charlotte Corday.*)*
J.-J. Hauer, Charlotte Corday, *Musée Lambinet. Photo Hubert Josse.*

N'AYANT PU ME CORROMPRE
ILS M'ONT ASSASSINÉ.

Corday. En somme son geste fut sacrilège, et son fantôme quelque peu vampire.

Sacrilège, Charlotte Corday ne s'en doutait pas : qu'était Marat pour elle ? Pour nous, Jean-Paul Marat, dont les historiens contemporains ont réapprécié le rôle, n'est pas seulement un grand journaliste, mais aussi un homme politique parmi les plus clairvoyants de son temps et encore le premier théoricien de la violence révolutionnaire et de la démocratie complète. Pour les hommes de la contre-révolution, il est le sanguinaire organisateur des massacres de Septembre, un solitaire — donc un homme dangereux —, une âme basse qui aspire à la dictature. Pour les sans-culottes, c'est un des leurs, vivant comme eux dans le dénuement et qui sait les comprendre, mais qui sait aussi les défendre. Ce qu'ils pensent, lui le dit. De là l'extrême popularité de cet exemple, rare dans l'histoire, d'un intellectuel prolétarien. Arrêté par les Girondins en avril 93, acquitté par le Tribunal révolutionnaire, il est porté en triomphe par la foule, acclamé par les femmes qu'il écoute plus que d'autres. De son métier, il est médecin.

Sa mort provoque un véritable traumatisme, immédiatement sublimé en élan religieux. Des femmes qui le veillent recueillent le sang qui coule encore de la blessure ; au cours des funérailles, grandioses et ferventes, elles « promènent », comme un suaire, la chemise de « l'ami du peuple » et, comme une croix, la baignoire encore sanglante. On entend des femmes du peuple prier : « O cor Jésus, o cor Marat » ; les Citoyennes Républicaines ont composé une « ode ». Ce culte aboutit le 21 septembre 1794 au dépôt de son corps au Panthéon. Le 8 février 1795, les Muscadins de la Terreur blanche lui donneront sa dernière demeure : l'égout. Fin du « divin Marat ».

Dans le camp contre-révolutionnaire, ou seulement modéré, on n'a pas attendu ce moment pour le haïr, mais jusqu'en 1795 l'heure est à la discrétion. Si l'on en croit pourtant certains souvenirs, peut-être embellis, le geste de Charlotte Corday fut lui aussi l'objet d'une sacralisation immédiate. Voici Nodier témoin provincial de la réaction d'une belle âme noble, mariée par souci de sécurité à un représentant du peuple :

« Je regardai Julie avec étonnement, parce que je ne l'avais jamais vue ainsi. Son visage rayonnait d'une inspiration extraordinaire ; ses yeux fixes et ardents lançaient du feu ; ses lèvres tremblaient [...]. Dieu n'a donc pas encore abandonné la France ! dit-elle enfin. Il lui reste des cœurs forts, résolus et magnanimes, dignes du temps des saintes héroïnes Jahel et Judith ! Et c'est une femme, une simple femme, entendez-vous, qui a porté ce coup glorieux. [...] Alors elle s'approcha du prie-Dieu qu'elle avait fait établir dans son appartement, s'agenouilla, se signa, et, les mains élevées vers le ciel : “ Sainte Charlotte Corday, s'écria-t-elle avec une expansion entraînante, priez pour nous ! ” »

Au mythe de Charlotte Corday, David, par avance, répond par l'hommage de cette « pietà » révolutionnaire. La mort de Marat *peint en 1793. Reims, Musée des Beaux-Arts. Photo Lauros-Giraudon.*

Après Judith tuant Holopherne, après Jeanne d'Arc pourchassant l'Anglais, voici Charlotte Corday sainte nationale ! Dès 1795, les hagiographies vont bon train. La même encre versera sur Marat, le « dieu anthropophage », des flots de vomissures et sur son assassin(e) l'onde bénite. Un couple inédit se dessine : d'un côté le monstre portant son âme sur sa figure et sur sa peau corrompue ; voyez cette bouche vipérine enlaidie d'ulcères, ce « sang impur », ce « reptile épileptique », c'est le Mal incarné jusqu'à la maladie. De l'autre, la Grâce alliée à Némésis, la grandeur romaine de Corneille humanisée d'un petit air province, la noblesse mais la pauvreté, la jeunesse mais sacrifiée, le féminisme glorifié... à titre posthume. Que d'éloquence pour ce mutisme !

Le temps passe, le mythe grandit, la réalité s'oublie. Au bout du compte, Charlotte Corday a tué deux fois. Vivante, sa personne a tué un héros, le « divin Marat ». Morte, son fantôme a effacé l'homme poignardé, Jean-Paul Marat dont la pensée et l'action sont désormais inconnues. Mais le génie de David fut, avant même que Charlotte Corday ne prenne la vedette, d'avoir réparé par avance cette injustice et cette imposture de l'imaginaire, en peignant une mort de Marat d'où la meurtrière est définitivement absente.

FEMMES AUX FERS

L'image légendaire de Charlotte Corday accrédite la vision d'une Révolution inhumaine, que prouverait, mieux que d'autres exemples, l'arrestation et l'exécution de femmes. Une mémoire courte — l'Ancien Régime était-il pitoyable envers ses criminelles, ses sorcières ou ses avorteuses ? — représente volontiers d'un côté les tricoteuses vociférantes et avinées, de l'autre de tremblantes et innocentes prisonnières, proie de geôliers édentés et ricanants, dans la nuit d'une puante promiscuité. Sinistres certes, surpeuplées ou décimées, les prisons de la Terreur ne sont pourtant ni les cachots de l'Inquisition, ni les caves de la Gestapo.

Hors quelques Bastilles réservées aux « bénéficiaires » de lettres de cachet, l'Ancien Régime ne connaît pas la détention. Ses prisons ne sont que l'antichambre de la torture, du supplice ou des galères. Les « mauvaises femmes » rachetaient, on s'en souvient, leurs vices à Bicêtre ou au couvent. La Révolution innove en incarcérant des captifs d'un type nouveau : les prisonniers politiques. Imprévus et improvisés, les lieux d'enfermement voient s'entasser par vagues successives ceux que la méfiance populaire puis la loi jugent suspects, pour les punir après procès non par la prison comme aujourd'hui, mais par la mort, parfois la déportation, ou pour les libérer simplement.

Eté 92, septembre 93, printemps 94 de la Grande Terreur marquent les étapes successives d'une répression née des périls successifs et qui se généralise après la loi des suspects de septembre 93. Les prisons parisiennes comptent environ 2800 détenus en septembre 92, ils sont plus de 6000 au printemps 94. Qui sont ces suspects ? l'émigré royaliste rentré en France, le « fédéraliste », l'individu surpris sans certificat de civisme, le parent d'émigré, le déserteur, l'insoumis : les termes vagues de la loi autorisent les excès comme la bienveillance. Parmi les suspectes, beaucoup de parentes d'émigrés, de camouflées maladroites. Sans responsabilité politique directe, elles sont pourtant susceptibles d'influence, comme Manon Roland arrêtée à la place de son époux en fuite.

Dans leur méfiance, les militants des comités de surveillance ou les gendarmes ne sont pas aussi curieux que nos modernes limiers : on se rappelle la discrétion des visiteurs de Madame de La Tour du Pin. Madame de Chastenay, arrêtée à la suite de l'inscription de son père sur la liste des émigrés en juin 94, connaît un répit avant son départ :

« Vallée, certain que la maison ne contenait en tout que quatre femmes, laissa un gendarme en bas et se retira pour quelques heures. Maman et moi avons mis ce temps à profit pour brûler au hasard nos papiers, nos affaires, des jeux de cartes à cause des rois. »

Puis c'est la prison de Châtillon :

« Rien de plus affreux que ma nouvelle demeure : une première pièce, noire et sombre, où couchait la mère du concierge, vieille femme octogénaire, qui transsudait la vermine. Je trouvais dans la seconde chambre des femmes vêtues en paysannes, des hommes de campagne, sans bas, sans cols, à peine vêtus.[...] Je pris ma place sur un banc, dans cette espèce de foule, et il me sembla qu'en prison on devait sans doute rester assis faute d'espace pour se mouvoir. »

Très vite les choses s'humanisent : on apporte de chez elle un lit de sangle, de quoi écrire, sa guitare ; ses compagnes de chambrée se montrent serviables, « elles faisaient mon lit, le rangeaient dans le jardin. » Sa bonne vient la voir tous les jours. Finalement, hors les puces, franchement égalitaires, « la complaisance de tous pour la *demoiselle* était extrême ». Dix-neuf jours plus tard, c'est le 9 Thermidor, elle est libre.

Pour beaucoup d'autres, la prison est moins familiale, plus dangereuse aussi, encore que cette vie carcérale soit, à nos yeux, très déconcertante. Au maximum de la Terreur, 27 maisons d'arrêt fonctionnent à Paris ; ce sont d'anciens hôtels particuliers, d'anciens couvents, de ci-devant palais hâtivement équipés. Une fois entré, on passe au « rapiotage », visite complète d'où le prisonnier ou la prisonnière sort, en principe, dépouillé de ses couteaux, bijoux et rasoirs. Mais d'une prison à l'autre, l'attention varie et, au moins jusqu'en 1794, les prévenus gardent beaucoup d'effets avec eux, leur argent en particulier. Détail qui compte. Car dans cette République qui aspire à l'égalité, les prisons étalent — au demi-jour — tous les signes extérieurs de l'inégalité.

Au tout venant la chambrée, la paille, la pestilence des baquets d'aisance au bout de la pièce. Aux aristocrates et riches bourgeois, « la pistole », étage supérieur où l'on peut au prix fort mieux dormir dans du linge blanc, faire toilette, manger à sa faim. Les pensionnaires du Luxembourg et des Madelonnettes sont de ce point de vue les plus enviés. Manon Roland a moins de chance. Sainte-Pélagie est habitée surtout de prostituées, de détenues de droit commun. Elle obtient cependant une cellule individuelle où elle lit, écrit, reçoit des visites. Car, si dangereux que soient jugés les détenus, le contact avec le monde extérieur n'est pas interdit et la frontière étrangement poreuse. A son ami Buzot, réfugié en Normandie, Manon adresse, apparemment sans problèmes, des lettres aussi politiques que passionnées presque reconnaissante à sa prison de l'autoriser enfin à aimer librement.

Hier encore ennemies, les opinions politiques s'estompent derrière les grilles plus aisément que les différences sociales, et cet univers carcéral s'organise vite en une sorte de vie de club, avec sa hiérarchie, ses rites et ses distractions : futilités sécurisantes contre l'angoisse et le cauchemar. Le vouvoiement, le respect des titres, toute l'ancienne politesse préservent ainsi une dignité et des codes rassurants. Les traditions de la vie mondaine se renouent, d'autant qu'on se connait déjà. A Port Libre — comme à maison Belhomme, rue de Charonne — est installé au premier étage une manière de salon où se rejoignent hommes et femmes. On écrit, on brode là ensemble, en écoutant la lecture à voix haute de la liste des suppliciés de la veille. A 9 heures, c'est l'appel pour la nuit. Mais des cartes de sortie fournies par le concierge permettent des promenades au jardin. Sur l'herbe s'installe « une cour de gaieté » à l'image des salons de naguère : conversation spirituelle, musique, poésie. La mode est au jeu des « bouts rimés » où galanterie et « sentiment » font oublier l'actualité :

« C'est à tort que dans la ..... constance
On croit trouver le vrai .... bonheur
Mêmes soins, mêmes .... prévenances
Mêmes penchants sont une .. erreur. »

Sous le simulâcre contrôlé d'une mondanité surannée, se libèrent l'avidité et l'urgence de vivre : coquetterie, flirt, amour s'affranchissent

Intérieur de la prison Saint-Lazare.
Peinture d'Hubert Robert, Musée Carnavalet. Photo Josse.

des convenances. Du « je ne veux pas mourir encore » au « demain il sera trop tard », tous les élans sont légitimes. A qui peut-il être interdit désormais de « perdre la tête » ? Les amitiés et des geôliers complices ménagent aux couples, mariés ou non, une intimité précieuse. Des dames chic mais vieillissantes recourent aux services de gigolos bien nés, comme cette dame d'Orm qui, au Luxembourg, « se payait avec usure de nombreuses années d'abstinence forcée ». Il y a aussi des amoureuses par vocation, ou provocation, à la biographie desquelles la prison ne fait qu'ajouter un chapitre, comme Rose de Beauharnais tour à tour consolatrice, aux Carmes, en 1794, de Lazare Hoche et du brasseur Santerre. Mais pour beaucoup de détenues ces amours de chambrées n'offrent pas que l'oubli : une grossesse est un sursis, peut-être le salut, la loi n'envoyant pas les femmes enceintes à la guillotine.

Au fil des mois la détention se fait plus sévère. Il faut se serrer davantage, les allées et venues des visiteurs se raréfient ; tous, nobles compris, se mettent à la table commune. Voici le réfectoire de Saint-Lazare, décrit par Vigny :

« Une table large et longue, sans linge, chargée de couverts de plomb, de verres d'étain, de cruches de grès, d'assiettes de faïence bleue. [...] Autour de la salle, des murs couleur de terre, hérissés de piques mal montées et de fusils rouillés, tout cela éclairé par quatre gros réverbères à fumée noire, et rempli d'un air de cave humide qui faisait tousser en entrant. »

Tandis qu'une cinquantaine de prisonniers, hommes et femmes, prennent place autour d'un bouillon de haricots graisseux, un public observe la scène :

« Debout derrière les convives s'étaient rangés des guichetiers, des porte-clefs, des agents de police et des sans-culottes amateurs qui venaient jouir du spectacle. Quelques *dames* de la Halle, portant et traînant leurs enfants, avaient eu le privilège d'assister à cette fête d'un goût tout démocratique. J'eus la révélation de leur entrée par une odeur de poisson qui se répandit et empêcha quelques femmes de manger devant ces princesses du ruisseau et de l'égout. »

En juillet 94, les « fournées » se précipitent. Depuis juin — la terrible loi de Prairial — s'additionnent les effets d'une simplification de la procédure judiciaire, de l'amalgame systématique entre opposants royalistes et révolutionnaires, la crainte enfin d'une révolte des prisons surpeuplées : 1 376 exécutions pour un mois et demi, soit plus que pendant toute l'année précédente. Les prisonniers continuent de jouer pourtant à Saint-Lazare. Mais le jeu a changé. La règle est aujourd'hui de « mourir avec grâce » :

« A vous, madame de Périgord, dit un jeune homme en habit de soie bleue rayée de blanc, voyons comment vous monterez.

— Et ce que vous montrerez, dit un autre.

— A l'amende ! cria-t-on, voilà qui est trop libre et de mauvais ton.

— Mauvais ton tant qu'il vous plaira, dit l'accusé ; mais le jeu n'est pas fait pour autre chose que pour voir laquelle de ces dames montera le plus décemment.

— [...] Mais où mettre le pied ? dit la jeune femme embarrassée.

On rit. Chacun s'avança, chacun se baissa, chacun gesticula, montra, décrivit :

“ Il y a une planche ici. — Non, là. — Haute de trois pieds. — De deux seulement. — Pas plus haute que la chaise. — Moins haute. — Vous vous trompez. — Qui vivra verra. — Au contraire, qui mourra verra. ”

Nouveau rire.

Vous gâtez le jeu, dit un jeune homme grave, sérieusement dérangé, et lorgnant les pieds de la jeune femme.

— Voyons. Faisons bien les conditions, reprit madame de Périgord au milieu du cercle. Il s'agit de monter sur la machine [...] sans laisser sa robe s'élever à plus de deux pouces au-dessus de la cheville du pied. — M'y voilà.

En effet, elle avait volé sur la chaise, où elle resta debout.

On applaudit.

Et puis après ? dit-elle gaiement. »

Pas de comédie de la mort pour Manon Roland à l'automne 93. Elle qui a tant écrit et pensé en place de son girondin de mari, rédige enfin en son propre nom ses *Mémoires* d'abord et des lettres à Robespierre à la fois justificatrices et incendiaires dont la ferveur et l'aplomb ne firent, sans doute, que confirmer son influence.

Puis un jour apparaît celui qu'André Chénier nomme le « noir recruteur des ombres », l'aboyeur de « l'appel » à comparaître devant le Tribunal révolutionnaire : 5 juges, 12 jurés et l'accusateur public, qui à Paris se nomme Fouquier-Tinville. Exécuté dans les 24 heures, le jugement ne connaît ni appel, ni cassation. Transféré à la Conciergerie pour la durée du procès, le suspect est alors tout près de sa liberté ou de la mort. Madame Roland y arrive le 31 octobre 1793. Ses amis Girondins en sont partis le matin pour l'échafaud.

Dès le lendemain, c'est l'interrogatoire au palais de justice. Le juge, assisté de l'accusateur public et d'un juré, peut conclure à l'inutilité d'un procès, et c'est la liberté pour l'accusé ; sinon il dresse un acte d'accusation transmis à l'accusateur public et au détenu avec la liste des témoins à charge et celle des jurés. Le procès est alors imminent. Si l'on sait que le nombre de suspects détenus est estimé globalement à 500 000 pour la période, et que celui des exécution est sans doute de 17 000, on voit que bien des inculpés échappent en fait au redoutable Tribunal. Manon, elle, est trop compromise ; trop de

correspondance saisie prouve son importance dans le groupe girondin et son obstination à ne pas livrer la retraite de Roland rend la suite inévitable. Elle désigne son avocat, qui pendant huit jours vient étudier avec elle sa défense.

8 novembre. Manon a écrit à sa fille Eudora. Elle s'est habillée d'une robe de mousseline blanche que resserre une ceinture de velours noir. Sa longue chevelure brune tombe jusqu'à sa taille. Elle entre dans l'une des deux salles d'audience du Tribunal. On distingue, à la lueur indécise des quinquets, les bustes de Marat et de Brutus suspendus au mur, plus loin la Déclaration des Droits. Au centre, sur une estrade, siègent le président et ses assesseurs, vêtus d'un manteau noir que barre une cravate tricolore avec la médaille qui désigne leur fonction. Ils portent un grand chapeau à plumes noires. Devant eux, à sa table, l'accusateur public. A sa gauche, 12 jurés choisis parmi les patriotes : graveur, chirurgien, cordonnier, imprimeur... A droite le défenseur, une chaise pour l'accusée. De l'autre côté d'une balustrade assez haute, monte la rumeur du public. Manon a, selon l'usage, les mains libres.

Son identité vérifiée, l'acte d'accusation lu, c'est l'audition des témoins. Puis l'accusateur résume l'affaire avant que le défenseur ne plaide. Madame Roland a préparé une longue justification qu'elle entreprend de lire. Le président l'interrompt, elle proteste, le public la désavoue de ses cris. L'audience est suspendue, l'accusée est emmenée pendant que les jurés se retirent pour délibérer. Bientôt, trop vite, la sonnette avertit du retour du jury. Devant la chaise vide, chaque membre motive son verdict et tous affirment la culpabilité. Reconduite à sa place, Manon entend alors l'accusateur rappeler les termes de la loi, et les juges prononcer la sentence. C'est la mort.

L'exécution est fixée pour l'après-midi même, place de la Révolution. Après une léger repas qu'elle partage avec le compagnon du dernier voyage — un directeur de fabrication des assignats —, ses cheveux sont coupés par le bourreau, ses mains liées derrière le dos. Les témoignages s'accordent à la montrer sublime tout au long du parcours : « aucune altération apparente en elle. Ses yeux lançaient de vifs éclairs, un sourire plein de charme errait sur ses lèvres, cependant elle était sérieuse et ne jouait pas avec la mort. »

Adoptée comme égalitaire et économe de souffrance au contraire des vieux supplices, la guillotine est lente à se montrer, au bout de rues encombrées. La foule est parfois si proche que la charrette devient ultime tribune, ultime tréteau : des condamnés haranguent, certains chantent des chansons de guillotine, d'autres menacent, font les pitres ou hurlent de peur comme la vieille et pitoyable Du Barry.

Manon se tait. Elle a pourtant un dernier « mot » à dire, mais ce n'est pas au peuple qu'elle le destine. Au tournant de la rue Saint-

Madame Roland coiffée du bonnet girondin. École française XVIIIe siècle. Photo Hubert Josse.

Honoré apparaît l'échafaud et l'objet que tant de métaphores désignent, pour apprivoiser peut-être ce monstre froid : voici le « rasoir national », le « moulin à silence », « Louisette », voici « la Veuve ». Plus loin, au centre de la place, là où se dresse aujourd'hui l'obélisque, une grande statue domine la foule. C'est une Liberté, assise, coiffée du bonnet phrygien, pique à la main. La charrette a stoppé. Les suppliciés descendent, montent. Manon toujours calme encourage son compagnon puis, détournant les yeux de la bascule, regarde l'aveugle visage de plâtre de l'idole et dit : « O Liberté, que de crimes commis en ton nom ! » Ce mot est-il authentique ou légendaire ? on ne sait. Comme celui que Danton choisit d'adresser à son bourreau, « N'oublie pas surtout, n'oublie pas de montrer ma tête au peuple : elle est bonne à voir ». Seuls l'exécuteur et ses aides pouvaient entendre et reproduire ces phrases improbables répétées, les jours suivants, en écho prolongé d'une parole trop vite coupée. Peu importe au fond. Demeure l'image d'une femme dont le courage public efface le rôle trouble de conseillère privée, mourant non en victime de la Révolution mais en héroïne de la liberté.

Plus lamentable est l'utilisation cynique de la mort de femmes, comme dans l'opération des dames Saint-Amaranthe. Ces deux personnes, la mère encore jeune, la fille ravissante, tenaient un tripot haut de gamme au Palais-Royal, sous l'aile protectrice de quelques Jacobins véreux et fort peu assidus au culte de la vertu, tel l'ex-capucin Chabot. Certains clients emportés dans le courant des Hébertistes et exécutés avec eux en mars 94, ces dames furent arrêtées peu après, et leurs affaires épluchées par Vadier, du Comité de Sûreté et adversaire de Robespierre. Or, parmi les habitués de la maison, traînait le nom de Robespierre jeune, frère de Maximilien. L'occasion était belle, en jouant de la confusion des prénoms, de compromettre « l'Incorruptible ». Vadier s'en saisit. Bientôt le bruit court que Robespierre patronne le vice. Survient, début juin, le procès de Cécile Renaud pour tentative d'assassinat de Robespierre. Avec un sens aigu de la manipulation et de la mise en scène, on organisa une grande fournée « d'assassins de Robespierre », parmi lesquels, aux côtés de la jeune Cécile, les dames Saint-Amaranthe et plusieurs de leurs amies. Cinquante-quatre personnes en chemise rouge de parricides, des jolies femmes affolées, leurs familles, une servante de quatorze ans, beau spectacle ! Le cortège mit trois heures de la Conciergerie à la place de la Révolution : temps suffisant pour que la rumeur calomnieuse, au vu des charrettes bondées et pathétiques, devienne conviction : Robespierre, non content de mener double vie — philosophe frugal chez le menuisier Duplay, « souteneur » au Palais-Royal — abandonnait lâchement à la mort ses compagnes de plaisir. On est le 17 juin, Thermidor, dans un mois, se prépare. Ce discrédit ajoute à l'irritation que suscite chez les Montagnards athées le culte de l'Etre suprême voulu par Robespierre. Cette « messe rouge » pour ce « Messie », c'était trop !

Dans les prisons de Nantes, le spectaculaire fait place à l'horreur. A l'automne 93, la Convention a envoyé Carrier assurer sur les arrières de l'armée une répression efficace. Il y trouve une prison pleine de royalistes au moral d'acier, tant les Vendéens sont proches, encouragés par les prêtres enfermés sur les pontons de la Loire. Entre eux circulent « des femmes discrètes, hardies, qui faisaient les commissions, passaient sous leurs jupes lettres, proclamations, et tout, allaient, venaient sous mille prétextes que donnait surtout l'apport des denrées ». Vers ces prisons déjà bondées où pointe le typhus, le désastre de Savenay rabat des centaines de revenants.

« Tous malades. On suivait les bandes à l'odeur. [...] Ils apportaient encore une diarrhée meurtrière. Le froid des bivouacs, la misère, le blé noir, le cidre, nouveau pour eux, tout avait brisé le nerf vendéen. [...] Ils ne venaient que pour mourir. La ville ne les absorbait que pour les rendre à l'instant ; mais elle avait beau la nuit vomir des morts et des morts, elle s'emplissait le jour de malades, à en crever. »

(Michelet)

Devant l'infection, Carrier entreprit de « nettoyer » la ville. La guillotine était trop lente, on fusilla ; les cadavres continuaient de tuer. Carrier imagina ses célèbres noyades qui lui valurent son épithète de « Carrier l'aquatique », puis la mort. Hommes, femmes, enfants étaient entassés la nuit sur des barques lancées dans le courant de la Loire. Le fond soudain s'ouvrait. C'était la « déportation verticale ». La folle violence de ces liquidations associée à la nausée d'une ville pestiférée a longtemps fait frémir. D'autant que la rumeur ajoutait à ce que l'on savait ce qu'on avait cru voir : Carrier célébrant des « mariages républicains » de couple attachés nus ensemble sur la Loire, Carrier s'entourant d'un « sérail » de prisonnières, et noyant à son tour ses crimes dans l'alcool, le stupre et le mauvais sommeil.

De décembre 93 à janvier 94, où elle s'apaise, cette frénésie tue sans jugement 2000 à 3000 personnes. Lourd bilan. Mais ces « fournées » n'ensanglantaient pas la France entière. Nantes, Paris, Lyon, Bordeaux où sévit Tallien, monopolisent les exécutions. Six département ne virent jamais la guillotine ; 31 prononcèrent moins de 10 condamnations, 32 moins de 100. On estime le nombre global des victimes civiles de la Révolution à 40 000 environ : 17 000 condamnés, les autres morts en détention ou exécutés sans jugement. C'est beaucoup. L'Histoire se nourrit de mort. Au cours de la seule Semaine sanglante qui achève la Commune en mai 1871, ce furent 30 000 Parisiens qui tombèrent sous les balles des Versaillais.

Il y a les faits. Il y a aussi les principes. Par deux fois au moins, les hommes de la Révolution ont pensé et proposé l'abolition de la peine de mort : Robespierre, en 1791, avec ferveur mais sans succès ; Chénier en 1795, qui la fait adopter sans qu'elle soit jamais appliquée. Aucun pouvoir ne devait plus en faire autant avant 1981.

La Restauration — et quantité d'historiens à sa suite — ont pieusement dénoncé les « buveurs de sang », exalté leurs victimes pantelantes, exagéré leur nombre et incarné la Révolution dans sa guillotine cannibale. Mais la machine à raccourcir fonctionne deux fois la semaine de 1815 à 1830. Qui s'en soucie alors, hormis Victor Hugo ? Mais les femmes ont « éternué dans le sac » jusqu'en 1947, date à laquelle est exécutée la dernière Française et où, coïncidence, les citoyennes échangent enfin le droit à l'échafaud contre le droit de vote.

FIN DU SPHINX

La Reine aussi est prisonnière. A double tour : enfermée derrière les fossés du Temple et dans le cadre définitivement scellé d'une image détestée. La mort du Roi le 21 janvier 1793 n'a tué que la tyrannie, pas la trahison ; la trahison c'est Elle, Marie-Antoinette, La veuve Capet ; le peuple dit la Louve, il la hait maintenant.

Déjà réputée coupable, on s'en souvient, de la ruine de l'Etat à la veille de 89, Marie-Antoinette n'a rien fait, c'est le moins qu'on puisse dire, pour arranger les choses. Par son mépris d'abord, mais surtout par son entrée manifeste dans le jeu politique. Là où Louis XVI se voit suspecté de mauvaise volonté, de résistance passive, la Reine est accusée d'agir, et toujours contre la nation, en « Autrichienne ». La fuite à Varennes, en juin 91, qu'elle a si mal organisée, libère contre elle une violence nouvelle. Fréron dans *l'Orateur du peuple*, ne voit en Louis XVI qu'un « roi imbécile, un roi parjure », mais il s'en prend à elle d'un autre ton :

« [...] scélérate qui réunit la lubricité de Messaline à la soif du sang qui consumait les Médicis. Femme exécrable, furie de la France, c'est toi qui étais l'âme du complot. »

Bientôt les vocables humains sont trop indulgents. Lorsque le Roi accepte de prêter serment à la Constitution en septembre 91, l'Autrichienne devient la « Poule d'Autruche », avalant tout sauf la Constitution. Cette mauvaise digestion dissimule l'appétit du pire, que la Reine a choisi comme politique.

Les Girondins veulent la guerre contre l'Autriche et la Prusse, foyers d'émigration ; Marie-Antoinette y pousse, persuadée que les armées « ennemies » la délivreront de la Révolution. Autant les y aider ! Lorsque la guerre est déclarée, le 20 avril 1792, la Reine a déjà communiqué le plan de la campagne. Tout alors se précipite. Le Roi, confiant dans le salut venu de l'étranger, se confine dans son veto aux deux décrets qui ordonnent, l'un la déportation des prêtres réfractaires, et l'autre la levée de 20 000 fédérés convoqués à Paris pour le 14 juillet. Le 20 juin, les sans-culottes envahissent les Tuileries. Louis XVI croit triompher de la pression populaire en ne cédant pas. Il a tort, la France entière se mobilise. De partout montent des bataillons qui se moquent du veto royal. Les Marseillais débarquent le 30 juillet, galvanisés par un « chant de guerre de l'armée du Rhin » promis à une belle carrière.

Paris est sous le coup du « manifeste de Brunswick », rédigé le 25 juillet, connu le 28. Inspiré par Marie-Antoinette et sa coterie, ce texte signé du généralissime des troupes coalisées menaçait carrément d'incendier Paris et d'exécuter tous ceux qui toucheraient à la famille royale. Cette fois-ci l'Assemblée législative peut bien tergiverser, les forces populaires ont décidé la déchéance du Roi, fixant aux députés un ultimatum pour le 9 août à minuit.

Et le 10 août au matin, les faubourgs parisiens attaquent, prennent et dévastent les Tuileries, défendues pied à pied par les Suisses et des gentilhommes déterminés. La famille, royale pour quelques heures encore, s'est réfugiée à l'Assemblée. En attendant qu'une nouvelle assemblée — ce sera la Convention — règle le sort des ci-devant monarques, le peuple parisien organisé en Commune insurrectionnelle exige l'internement de Louis XVI et de Marie-Antoinette au Temple. Une autre Révolution commence : Une autre vie aussi pour les reclus.

Aménagé à la hâte, le donjon du Temple est sans doute sinistre, mais pas inconfortable. Le Roi, la Reine, leur fille aînée, le Dauphin, Madame Elisabeth, sœur du Roi, y mènent une vie de famille, bien gardée mais servie par leurs domestiques et meublée de leurs objets familiers. Leçons de latin aux enfants, récitations, lecture à voix haute, jeux de société rythment, dans les premiers jours, une détention qu'on peut juger touchante, mais qui a surtout l'avantage de mettre la famille royale à l'abri des remous parisiens.

La vague de panique et de colère ne s'est pas apaisée. On arrête des suspects par centaines, on interdit la presse royaliste, on arrache et brise les effigies royales — et elles sont nombreuses — aux accents vainqueurs d'une chanson nouvelle, la *Carmagnole* :

Madame Véto avait promis (bis)
De faire égorger tout Paris (bis)
Mais le coup a manqué
Grâce à nos canonniers.

Dansons la Carmagnole
Vive le son, vive le son.
Dansons la Carmagnole,
Vive le son du canon !

L'annonce de la capitulation de Longwy le 23 août, et de Verdun le 30, porte à son comble l'émotion qui explose en terreur spontanée : ce sont, du 2 au 5 septembre, les trop fameux massacres des prisons. De l'Abbaye aux Carmes, puis au Châtelet, à La Force, la fureur populaire recherche et tue les « conspirateurs » : réfractaires et aristocrates. 1 300 détenus sont ainsi massacrés, dont apparemment plus de droits communs que de suspects véritables, et une quarantaine de femmes. Parmi elles, la princesse de Lamballe. Son supplice est à la mesure de la haine inspirée par Marie-Antoinette, que « la conseillère de l'Autrichienne » paye avec usure. Toute la frivolité, l'immoralité reprochées à la Reine se retournent contre la malheureuse et s'inscrivent dans son cadavre dénudé et mutilé, exhibé, obscène, sur sa tête coupée qu'un perruquier doit friser au bout de sa pique. Arboré et promené dans Paris, le message livide et menaçant parvient au Temple pour grimacer aux fenêtres de Madame Veto.

Le temps que s'engage à la Convention la discussion sur la légitimité d'un jugement de Louis XVI, puis durant le procès lui-même d'octobre à décembre, le Roi est séparé de Marie-Antoinette. Elle ne symbolise rien du tout et sa culpabilité est celle d'une femme ordinaire. On la jugera plus tard ! Nul ne l'oublie pourtant. « N'a-t-on pas contre elle, dit Reubell au cours des débats, mille preuves de conspiration contre la liberté ? Il n'y a que des imbécilles qui puissent dire que la famille du Roi n'est pas co-accusée. » Tandis que se déroule le procès, les rumeurs montent : complot girondin pour rétablir le Roi, complot royaliste pour le faire évader, millions anglais dépensés à acheter l'indulgence des députés — dont peut-être Danton. On n'est pas loin d'un nouveau massacre des prisons. Les journaux, les caricatures ne parlent que de raccourcir « le gros cochon », « l'ivrogne Capet », « Capet le cocu » berné par sa « harpie ». Dans ce climat quasi insurrectionnel, les députés hésitent. Si tous ou presque jugent le Roi coupable, bien des consciences voient dans sa mort un sacrilège. Au terme de pénibles débats, la peine capitale sans sursis est votée le 19 janvier. La tête de celui qu'on croit être le dernier roi de France tombe le 21.

Marie-Antoinette n'est plus que la veuve Capet. Pour ses gardiens, elle est surtout la Louve veillant sur son « louveteau », redoutable graine de Roi. « Ils sont encore en grand nombre ; sa femme et sa bougre de race vivent encore », rappelle cyniquement *Le Père Duchesne*. La Reine est-elle alors dangereuse ? Précieuse plutôt, pouvant servir aux uns d'otage à échanger avec les puissances étrangères, aux autres de symbole à sauver à tout prix. De là d'innombrables

Marie-Antoinette, devenue « la Veuve Capet », posant pour la postérité. De Brehan. Musée Carnavalet. Photo Hubert Josse.

projets d'évasion, dont Dumas — et d'autres — feront leurs délices. On ne compte plus aux guichets du Temple les bouquetières chargées de fleurs codées, les blanchisseuses dont les mouchoirs noués trahissent l'âme royaliste, les lorgnettes apostées aux fenêtres voisines. Aussi décide-t-on de séparer le Dauphin de sa mère, moins — comme l'accusation en a été formulée alors — pour éviter la corruption de l'enfant par une mère dénaturée, que pour prévenir une évasion de la Reine, présumée incapable de fuir seule.

Si les sans-culottes continuent de se méfier bougrement de « l'architigresse », une partie de l'opinion incline à ne plus voir que le deuil, et la mère, et la femme. De ses grâces il ne reste rien : les cheveux gris, les dents abîmées, des robes simples ont remplacé l'éclat et le faste fou. Marie-Antoinette n'a plus d'âge. Son ostensible piété, l'éloignement de son fils — en ces temps où l'image maternelle est si forte — ébauchent pour les âmes accessibles à la pitié un profil de pécheresse expiant ses fautes. Ce n'est pas encore la conviction de l'innocence, mais c'est déjà la possibilité édifiante d'un rachat, Madeleine inspirant Antoinette. Lucile Desmoulins elle-même, quoique appartenant à un milieu convaincu de la culpabilité de la Reine, note dans son carnet, parmi d'autres chansons du temps, cette requête émouvante :

Complainte de Marie-Antoinette, reine de France
Sur l'air de la complainte de Marie Stuart,
reine d'Angleterre

De votre reine infortunée
Français écoutez le remords ;
A la coupable destinée
Demandez raison de mes torts.
Près de mon palais solitaire,
Autrefois plein de faux amis,
Du peuple j'entends la colère.
Il m'accuse et moi je gémis.

Sous la pression d'Hébert et de son journal *Le Père Duchesne*, Marie-Antoinette est transférée à la Conciergerie en septembre 93. Puis c'est le procès, le 14 octobre, précédant de peu celui des Girondins, de Manon Roland, d'Olympe de Gouges. Jugée en simple citoyenne par le Tribunal révolutionnaire, et non par la Convention, elle paraît en robe rayée de noir devant une salle hostile et refuse de répondre aux accusations — fondées mais mal prouvées — d'intelligence avec l'ennemi et d'excitation à la guerre civile. Seule la déposition d'Hébert — vous avez attenté à la pudeur de votre fils ! — brise son impassibilité :

« Je n'ai pas daigné répondre aux chefs d'accusation intentés contre moi ; mais ici la nature se refuse à une pareille accusation ; j'en appelle à toutes les mères. »

La stupidité d'Hébert se mesure à la fortune de la réplique : la légende de la Reine martyre sortira de cette innocence outragée.

De ce moment, Marie-Antoinette appartient à l'histoire sainte et, depuis la condamnation à mort prononcée à 4 heures du matin jusqu'à son exécution le lendemain 16 octobre 1793 à 11 heures, chacun de ses derniers instants illustre une page du bréviaire inlassablement récité, réinventé, par d'innombrables « réhabilitations » de la « malheureuse fille des Césars ». A la caricature succède l'enluminure qui dessine, station après station, le chemin de croix de la Reine déchue. Ici, coupant elle-même ses cheveux, elle échappe aux ciseaux sacrilèges de Sanson ; là, refusant l'assistance du prêtre constitutionnel, elle prouve la pureté de sa foi. Intouchable décidément, son image s'avance vers une mort inconcevable. Elle apparaît sur le perron de la Conciergerie dans la robe blanche prêtée par une comédienne détenue ; elle recule devant la charrette, non d'horreur mais de fierté : le Roi n'est-il pas allé à la mort en carrosse ? Seule fausse note dans cette série de clichés saint-sulpiciens, la sécheresse du crayon de David saisissant au passage le profil droit, dur, inexpressif et qui, seul pourtant, dit l'étrangeté d'une femme habitée non par le sublime, mais par la mort.

Celle qui passe ainsi au-dessus de la foule est sortie de l'humanité, céleste et surhumaine aux yeux de cette mère qui tient à bout de bras son enfant pour qu'il envoie un baiser à Marie-Antoinette, inhumaine pour une autre qui tente de cracher sur elle. Si la mort du Roi a été l'acte terrible et nécessaire où s'est affirmé le transfert de la souveraineté d'un homme à un peuple, la mort de la Reine semble une pure cérémonie. Marie-Antoinette n'y est pas « visible », sinon comme actrice impassible d'un rôle fixé par son public.

Pour le peuple indigné, son calme est arrogance, morgue, mépris :

« La garce a fait aussi belle fin que le cochon à Godille, le charcutier de chez nous, elle a été à le cha fau [sic] avec une fermeté incroyable.[...] Elle a traversé presque tout Paris en regardant le monde avec mépris et dédain », écrit un citoyen à son comité.

Pour les cœurs royalistes, c'est une fin sublime de majesté, de dignité et de courage, si haute que le récit n'envisage qu'à peine, parce qu'impensable, l'outrage de la décapitation. Un chroniqueur ultérieur n'hésitera pas à recourir au prodige pour éviter à son idole le scandale de la guillotine :

« A la vue de l'échafaud, les yeux de Marie-Antoinette se fermèrent, la pâleur de la mort couvrit son visage, sa tête retomba sur sa poitrine. Elle avait cessé d'exister. Une apoplexie foudroyante termina les jours de la Reine, et ce fut son triste cadavre et non pas elle-même que les républicains portèrent sur l'échafaud.

La vérité de la mort de Marie-Antoinette, on le voit, importe peu. Compte bien davantage l'effet de son mythe à deux visages, le monstre et le martyr. Effet doublement néfaste : l'exemple de la « Louve » fournira d'ici un mois des armes à l'arsenal antiféministe. La guillotine menace, dit le *Moniteur universel* de novembre 1793, les républicaines qui prétendent sortir de leur rôle de femme ; voyez Olympe de Gouges, punie « d'avoir oublié les vertus qui conviennent à son sexe » ; voyez « la femme Roland », que « l'oubli des vertus de son sexe [...] finit par faire périr sur l'échafaud ». Voyez enfin Marie-Antoinette, « elle fut mauvaise mère, épouse dénaturée, et elle est morte chargée des imprécations de ceux dont elle avait voulu consommer la ruine ».

Ce retournement récupérateur ne durera que le temps de la Révolution elle-même. L'innocente victime, elle, continue de séduire. Quoique de fondation royaliste et chrétienne, son image alimente toujours la librairie républicaine, comme s'il y avait là une vieille culpabilité que le lecteur doit, encore, expier. Bien reconstruites, les « biographies » évitent la bizarrerie d'une « conversion », après le 10 août, de la frivolité coupable en piété sacrifiée. Au fond, Marie-Antoinette n'aurait cessé d'être une victime : de son propre pouvoir d'abord, d'une couronne-trop-lourde-à-porter, de courtisans intéressés, puis d'une révolution vulgaire, inaccessible à la pitié, insensible à la jeunesse, à l'élégance, à la beauté, et... antiféministe, n'est-ce pas, puisque épouse, mère, veuve, Marie-Antoinette est la femme intégrale !

Qui eût dit à Vienne que cette « tête de vent », comme l'appelait sa famille, bénéficierait d'une telle assomption au paradis de l'imaginaire ?

FUTILES FUREURS

La Terreur n'a apparemment pas éliminé toutes ses adversaires. Ni le sombre Tribunal révolutionnaire, ni la vermine des cachots, ni les privations et les angoisses de la clandestinité n'empêchent les stars de Thermidor de faire, dans une forme éblouissante, leur entrée au festival de la revanche.

Dès le 10 Thermidor, c'est la ruée au spectacle de la charrette qui transporte vers l'échafaud Robespierre, Saint-Just et leurs « complices ». La vision est réjouissante : le « tyran » a la mâchoire fracassée depuis la veille, son frère a tenté de se suicider en se jetant d'une fenêtre, plusieurs sont blessés. Seul Saint-Just est debout.

« L'horrible, c'étaient les fenêtres, louées à tout prix. Des figures inconnues, qui depuis longtemps se cachaient, étaient sorties au soleil.

Bibl. nat., Paris.
Photo Giraudon.

Portrait de Marie Antoinette Reine
de France conduite au Supplice, déssiné à la
plume par David, Spéctateur du convoi, et placé
à une fenêtre avec la citoyenne Jullien, épouse
du Représentant Jullien, de qui je tiens cette
pièce.
Copié sur l'original existant dans la Collection Soulavie.

Un monde de riches, de filles, paradait à ces balcons. A la faveur de cette réaction violente de sensibilité publique, leur fureur féroce osait se montrer. Les femmes surtout offraient un spectacle intolérable. Impudentes, demi-nues sous prétexte de juillet, la gorge chargée de fleurs, accoudées sur le velours, penchées à mi-corps sur la rue Saint-Honoré, avec les hommes derrière, elles criaient d'une voix aigre : "A mort ! à la guillotine !" Elles reprirent ce jour-là hardiment les grandes toilettes [...]. » (Michelet)

Et d'abord l'on dansa. Avec frénésie. Partout. Longtemps. Aux bals de Ruggieri, de Luquet, de Wenzel, de Mauduit, de la Montansier, à Tivoli sous les feux d'artifices, au jardin Marbeuf, aux jardins de Paphos, chez Frascati en mangeant des glaces ; on dansa jusqu'aux Carmes, sur le souvenir des massacrés. A la porte de Saint-Sulpice, voilant le jugement dernier, un transparent rose invitait au « Bal des Zéphyrs ». Six cents bals publics. Après la fête fervente, le carnaval torride.

On entrait partout comme dans un tripot. Seul le « Bal des victimes » ne s'ouvrait qu'à ceux et celles qui montraient patte rouge : il fallait être parent d'une victime de la Terreur pour y être admis. On arborait ses morts comme une décoration, en levant un petit doigt trempé dans du rouge — sanglant. Les belles se déguisaient « à la victime » : cheveux courts, nuque bien dégagée, le fil de soie rouge autour du cou, tunique blanche décolletée, et drapant les épaules, un vêtement inédit, le châle — rouge bien sûr comme la chemise des parricides. On se saluait d'un coup de tête rappelant, douloureusement, la « lunette » de la guillotine et... vive la valse énivrante.

Dans le sillage des « réacteurs », Tallien, Fouché, Barras, Fréron et leur cortège corrompu « d'honnêtes gens », s'affairent les « reines » de Thermidor. Elles sont épouses, ou maîtresses, de banquiers, de négociants enrichis dans les fournitures militaires, de parvenus du marché noir, comme Madame Hamelin ou la toute jeune Madame Récamier — elle n'a pas vingt ans. La plupart sortent des prisons armées d'une énergie et d'un appétit dévorants : comédiennes comme la Montansier ou la très vénale Mademoiselle Lange, aristocrates comme la coquette Aimée de Coigny, la déjà célèbre Rose de Beauharnais, et surtout la triomphante, la « Vénus du Capitole », la cariatide de toutes les voluptés, « Notre-Dame de Thermidor » : Thérézia Cabarrus, ci-devant marquise de Fontenay, divorcée, maîtresse et bientôt femme de Tallien.

Ces croqueuses sont belles et le montrent. La mode patriote avait affranchi du corset et inventé la transparence pudique, Thermidor sacrifie la chemise et invente l'impudeur... ou comment être plus nue habillée que dévêtue. Madame Hamelin fait ainsi le pari — et le gagne — d'aller la gorge déployée du Luxembourg aux Champs-Elysées, à pied ! Lors d'une fête « légère » donnée par Barras dans son château de Grosbois, une invitée parie que tout son costume, robe, sandales, bijoux, ne pèse pas plus que deux écus de six livres. L'écu pesant 28,350 g, la belle rafle la mise. Une telle inexistence du vêtement ne signifie pas pour autant simplicité. Il est au contraire d'une extravagance savante. Au dessin grec de la silhouette à taille haute bien connu, s'ajoutent toutes sortes de raffinements érotiques plus inspirés des dernières nuits de Pompéi que des petits matins d'Homère.

Souples et collants comme une mousseline mouillée, les drapés épousent et découvrent le corps à chaque mouvement. La tunique s'arrête au genou, laissant voir la jambe et le pied nu, orné de bagues dans son cothurne. Pas de coutures sur les hanches : seul un camée retient, sans rien fermer, les deux pans sur la cuisse. Une queue démesurée qu'on replie sur le bras compense ces raccourcis. Si le sein est nu, les mains se couvrent jusqu'aux coudes de gants hollywoodiens, et les têtes se dissimulent sous des perruques enflammées de blondeur ou de rousseur. Madame Tallien en a, parait-il, plus de soixante. Des bibis emplumés ou prolongés d'une visière interminable couronnent enfin ces Merveilleuses. Le tricolore a disparu, délaissé pour un blanc plus pur et des nuances nouvelles comme le jaune serin, dit « fifi effarouché », ou le parme dont se pare Rose de Beauharnais qui aime se déguiser en violette.

Tout ce beau monde, on le voit, ne se distingue guère d'un demi-monde canaille avide de jouissance et de luxe. La vertu n'a plus cours. Madame de Beauharnais et Madame Tallien, bonnes amies, se partagent toutes les faveurs de Barras, nocturnes, financières et même culinaires comme en témoigne ce menu « républicain » offert par l'homme fort du Directoire à ses favorites réunies :

> « Potage aux petits oignons à la ci-devant Minimes.
> Sauté de filets de turbot à l'homme de confiance, ci-devant maître d'hôtel.
> Un ci-devant Saint-Pierre sauce aux câpres.
> Goujons du département.
> Lentilles à la ci-devant reine à la crème.
> Deux carrés de mouton à la ci-devant servante.
> Pieds d'agneaux farcis à la citoyen Villeroi.
> Attireaux à la Côte-du-Nord, ci-devant bretonne.
> Noix de veau à la directrice.
> Biscuit de Savoie affranchie.
> Poulets à la Jemmapes.
> Haricots à l'insulaire ci-devant anglaise. »

Madame Tallien, dite « Notre-Dame de Thermidor », d'après Isabey.

Bon appétit Mesdames !

Qu'importe si, depuis l'hiver 1794, le Maximum des prix a été supprimé, si l'assignat s'est effondré et le cours des denrées envolé !

Pour le peuple, il y a la soupe populaire, la crise économique, la disette, les émeutes de la faim (et de la fin) au printemps 95. Les réacteurs et les belles « réacteuses » alimentent leur coûteuse licence à une liberté économique toute neuve : dénationalisations, commerce libre, déréglementation permettent de faramineuses spéculations. « En même temps que l'impudeur, l'improbité reparut », dit *Quatrevingt-treize* . Ces dames font donc elles aussi des affaires et, de leur salon, négocient les ballots de thé ou de sucre, les caisses de savon ou de chandelles. Les toilettes coûtent plus qu'elles ne pèsent et il faut recevoir. Rose de Beauharnais s'installe dans le nouveau quartier des parvenus, la Chaussée d'Antin. Madame Tallien inaugure sa « Chaumière », près des Champs-Elysées, dont le vrai toit de chaume abrite des colonnes à l'antique, des marbres, des statues, tout le décorum néo-classique dont l'Empire fera bientôt son style officiel.

On réduirait à tort tant de dissipation, d'exhibition, d'extravagances, de voracité à une scandaleuse mais excusable fureur de vivre. Ces appas voyants ne sont que l'écume pittoresque d'une vague franchement et même violemment contre-révolutionnaire. Autour des Merveilleuses s'agite tout un monde de « jeunes gens » dont le look, mi-zazou, mi-punk, ne doit pas faire oublier l'identité ; ces terroristes « repentis », agioteurs planqués, aristocrates déplumés ou roturiers tôt coupés de l'idéal révolutionnaire, n'ont qu'une idée : « casser » du jacobin, impressionner, régner par la force. On appelle d'abord ces caïds les « Muscadins », car ils répandent des effluves violents ; bientôt ils seront les « Incroyables » ou plutôt les « Inc'oyables ». Car ces durs, comme les « Me'veilleuses », ont banni de leur phonétique le « r » révolutionnaire et préfèrent à l'éloquence « te'o'iste » un gazouillis résolument g'otesque d'où le tutoiement citoyen est exclu, ponctué à tout moment de ci-devant serments échelonnés de « par ma g'ande pa'ole d'honneu' » à « ma petite pa'ole d'honneu' » en passant par « ma pa'ole d'honneu' panachée ».

Le plumage est à la hauteur du verbiage. Plus les femmes sont nues, plus les Muscadins sont engoncés dans des vêtements d'une symbolique disgracieuse mais efficace. Retour à la ci-devant culotte collante, montant jusque sous les bras pour que nul ne l'ignore, agrémentée de bas de soie rayés et de souliers pointus. Un gilet de piqué blanc, un énorme goître de mousseline blanche autour du cou, une redingote à revers démesurés et ornée — en hommage à l'héritier du trône — de 17 boutons. Ce qui reste de tête se dissimule encore sous les oreilles de chien, un monocle — il est de bon ton d'être myope, et un bicorne d'un mètre d'envergure. Le ridicule ne tue pas ces polichinelles que protège fort bien le gros gourdin nommé « mon pouvoir exécutif ».

Parfumés et maquillés, ces dandies sont dangereux et leurs « descentes » redoutées. Ils organisent des opérations qui peuvent être de simples manifestations publicitaires : interrompre une représentation

Voici, paradant, la jeunesse dorée des Inco'yables et des Me'veilleuses qui, de Thermidor au Directoire, arbore ses outrances coûteuses et « liberticides ». J.B. Isabey. Musée Carnavalet. Photo Hubert Josse.

au théâtre Feydau, foyer réactionnaire, pour y faire conspuer le nom de Marat et en briser ostensiblement le buste. Mais leur vraie spécialité est plus discrète. Passage à tabac d'abord, assassinat bientôt. A Paris, mais en province surtout, un beau soir, des prisonniers « jacobins » meurent sans qu'on s'y attende au fond de leur cachot ; des chasses à l'homme qui ont des airs de pogromes expédient dans le Rhône ou ailleurs des cadavres bien ficelés. A Lyon et dans sa région sévissent ainsi les « Chevaliers de Jéhu », dans le Midi les « Compagnons du soleil ». Au printemps 95 prend forme ce qu'on a appelé la « Terreur blanche » : 109 morts à Lyon le 4 mai, 100 le 5 juin à Marseille, plus de 800 en un an pour cette seule ville.

Au passage, quelques « déesses » patriotes qui avaient en l'an II incarné la Raison ou la Liberté paient de leur vie et atrocement leurs « mascarades » prétendues « libertines » : quelle jouissance que d'abattre, après des bustes creux, de vraies statues vivantes ! « Populace aristocrate qui courait de débauches en débauches et d'excès en excès... on n'avait jamais vu tant d'assassins en bas de soie », dit Charles Nodier, pourtant royaliste. Cet endémique « choléra moral » ne sera enrayé que par une sorte de coup d'Etat du Directoire, le 18 Fructidor an V — septembre 1797, appuyé sur des armées restées ardemment républicaines et téléguidé par un général corse occupé à conquérir l'Italie.

Rendus à leur suave oisiveté, les élégants retrouvent leurs lionnes au « Petit Coblence », boulevard des Italiens, leurs sauteries au « bastringue », les plaisirs aquatiques aux « Bains Vigier » car, le péplum se teintant d'anglomanie, le dernier must est le « sport ». Faute de foi ou de raison, on s'en remet à la superstition ; on va se faire tirer le « grand jeu » chez Mademoiselle Lenormand, sybille qui siège rue de Tournon et, sous les portraits de Louis XVI et Marie-Antoinette, vaticine des lendemains qui lui rapportent. Dans ce jouisse-qui-peut général, certaines pourtant s'assagissent. Rose de Beauharnais est devenue Joséphine Bonaparte. Il s'agit d'assurer un avenir incertain. Mais, pour une transitoire impératrice, combien de futures douairières repenties et dévotes, combien de bien-pensantes bourgeoises louis-philippardes ?

Les vieilles patriotes auront la mémoire plus longue, comme une Provençale de Maillane, la Riquelle : jeune « déesse » en 93, elle saluera en 1848 le retour « du temps des pommes rouges ».

A la dolce vita *des Muscadins, répond la disette, la grande faim de 1795, l'émeute et la soupe populaire. Gouache de Lesueur.*

La Jolie Sans-Culotte armée en guerre. *Gravure anonyme. Musée de Montreuil.*

FEMMES EN REVOLUTION 1792-1794

FORCE DES FRANÇAISES LIBRES : LES AMAZONES

Mi-inquiétante, mi-ridicule, l'image des « dames » révolutionnaires armées de sabres et de piques n'est pas, en général, bien reçue. Virago agressive ou guerrière d'opérette, trop virile pour les machos, trop cocardière pour les féministes, l'« amazone » est souvent rangée parmi les figurantes du pittoresque révolutionnaire. Pourtant, à défaut d'avoir joué un rôle militaire important, le patriotisme féminin qui s'exerce avec ardeur à partir du printemps 1792 est loin d'être un phénomène folklorique. Il témoigne d'une mobilisation réelle et d'une volonté de participer, comme les hommes, à la défense de la Patrie et de la Révolution menacées.

De février au 10 août, les périls s'accumulent : crise des subsistances, menées contre-révolutionnaires, double jeu royal, risque d'invasion étrangère, légalisme étroit de l'Assemblée. A ces dangers répond une politisation populaire massive et l'entrée en scène d'une force nouvelle : les sans-culottes, issus de l'échoppe et de la boutique, animés d'un idéal égalitaire, républicain et démocratique. Jusque là exclus du vote et des instances politiques légales, comme les assemblées de section, parce que leur pauvreté en fait des « citoyens passifs », ces militants pénètrent alors dans les assemblées, investissent peu à peu la Garde nationale et, en s'armant de piques, affirment et pratiquent par le fait une citoyenneté que légitime non la loi, mais le principe du « Peuple souverain ». Dans ce contexte, l'action des femmes se comprend mieux : se confondant avec les « citoyens passifs », elles ne demandent pas le droit de vote, mais le droit aux armes qui symbolise l'appartenance au « souverain ».

Dès le 6 mars 1792, Pauline Léon, que nous retrouverons à la tête des Républicaines révolutionnaires, adresse à la Législative une pétition signée de 300 femmes réclamant « le droit qu'a tout individu de pourvoir à la défense de sa vie et de sa liberté ». Cela signifiait :

« 1° La permission de nous procurer des piques, des pistolets et des sabres, même des fusils pour celles qui auraient la force de s'en servir, en nous soumettant au réglement de police ;
2° de nous assembler les fêtes et les dimanches au Champ de la fédération ou autres lieux convenables pour nous exercer à la manœuvre desdites armes. »

Quoique applaudie, cette requête ne reçoit point réponse. Le 25 mars, c'est Théroigne de Méricourt qui appelle les citoyennes du faubourg Saint-Antoine à prendre les armes :

« Armons-nous, nous en avons le droit par la nature et même par la loi. Montrons aux hommes que nous ne leur sommes inférieures ni en vertu, ni en courage. [...] brisons nos fers ; il est temps enfin que les femmes sortent de leur honteuse nullité où l'ignorance, l'orgueil et l'injustice des hommes les tiennent asservies depuis si longtemps. »

Ce discours était trop féministe pour être reçu ; traitée de « colonelle » et de « Penthésilée » (c'était la reine des Amazones), Théroigne ne parvient pas à recruter son « bataillon ». La guerre n'est pas encore déclarée et ces ardeurs belliqueuses paraissent sans doute intempestives, trop éloquentes peut-être aussi. Cette fureur patriote n'est pourtant pas réservée à l'élite des militantes et les *Lettres bougrement patriotiques de la mère Duchesne* reflètent le même sentiment :

« J'offre mes services à la nation en qualité de guerrière. Du premier coup de tambour, je prends les armes, je lève un escadron d'amazones, je me mets à leur tête, et le sabre à la main, j'enfonce les bataillons ennemis comme du beurre. »

De fait, après le 20 avril 1792, date de la déclaration de guerre, des femmes s'enrôlent individuellement, sans pétitions ni discours, et partent se battre. Les voilà aux frontières canonniers, grenadiers, soldats, parfois même officiers. Parmi elles, les célèbres sœurs Fernig, agées de 16 ans, combattent à Jemmapes, à Maestricht, à Touques, à Nerwinde, et sont citées par les représentants en mission pour leur héroïsme et leur vertu. Certaines se déguisent en hommes. Souvent elles rejoignent ou accompagnent leur mari ou leur ami, comme Rose Bouillon qui, « applaudissant au patriotisme de son mari et voulant de même contribuer à l'affermissement de la République, laissa deux enfants [...] aux soins de sa mère, changea ses habits de femme en habit d'homme, et vint rejoindre son mari au susdit bataillon où elle fut inscrite comme volontaire ».

Plus célèbre est l'exploit de la citoyenne Barrau, rapporté en novembre 93 par *L'Echo des Pyrénées* sous le titre « Héroïsme d'une femme soldat ». Avec le 2e bataillon du Tarn, elle charge une redoute aux côtés de son frère et de son mari, voit tomber l'un puis l'autre, poursuit sa course, brûle 19 cartouches, se débarrasse de deux ennemis et ne s'arrête que la redoute une fois prise :

« [...] alors la citoyenne Barrau revient à son époux, l'embrasse, le console, le soulève, le transporte dans un chariot, le suit à l'hôpital, où, en lui rendant tous les soins que l'épouse doit à l'époux, elle a montré qu'elle n'avait pas renoncé aux vertus de son sexe, quoiqu'elle eût brillé de toutes celles qui n'en sont pas. »

D'autres sont de simples patriotes, comme Félicité Duguet dite Félicité Va-de-bon-cœur qui, de Versailles, rejoint le Ier bataillon de la Nièvre, car dit-elle « l'amour sacré de la patrie dont elle est animée ne lui permet pas de voir de sang-froid les dangers dont elle est menacée ». Le plus souvent ces enrôlements sont individuels. On note pourtant, en 93, la demande collective des citoyennes de Lalinde, en Dordogne, au club de la ville pour « être admises au rang de volontaires » contre les Vendéens.

On a parfois voulu voir dans cette présence féminine aux armées une tolérance de la part d'un pouvoir par principe hostile à tout engagement féminin, comme le prouverait le décret d'avril 93 ordonnant de congédier toutes les femmes, excepté les cantinières et vivan-

dières. Pourtant, c'est après ce décret que Liberté Barrau a les honneurs de la presse ; et le 26 février 94, un an plus tard, « une amazone agée de 16 ans, ayant déjà trois années de service » était applaudie à Paris au club des Jacobins. Il semble bien en fait que le décret s'en prenait à la cohorte de femmes qui suivaient la troupe et hantaient les camps — au grand dommage de la discipline, de la vertu, de la santé des recrues et de la taille des rations — plus qu'aux combattantes proprement dites en dépit de l'article XI du décret : « Les femmes qui servent actuellement dans les armées seront exclues du service militaire ; il leur sera donné un passeport et cinq sous par lieue pour rejoindre leur domicile. »

Penser la « femme-soldat » fait visiblement problème aux députés et aux responsables, combattre à ses côtés, la décorer, l'honorer n'en fait apparemment aucun. C'est peut-être là le signe d'une attitude différente selon les classes sociales — bourgeoisie à la Convention, peuple au front. Un indice s'en trouverait dans la reconnaissance de l'utilité des vivandières, imaginées sans doute par les députés comme des servantes en uniforme et qui, dans la réalité, mènent la vraie vie des soldats. Ainsi cette Marie-Tête-de-Bois, cantinière, laide à faire peur, mais qui trouve quand même un soldat pour l'épouser, fait toute la campagne d'Italie, accouche à Marengo, donne autant de coups de fusil que de coups à boire à travers la Russie et l'Allemagne pour finalement mourir à Waterloo, dans le « dernier carré » de ceux qui ne se rendent pas.

Il reste que, numériquement, les femmes soldats ne furent que quelques centaines et que le nom d'« amazone », parfois ironique, désigne plus souvent un comportement civique, éventuellement assorti d'un costume, que de vraies guerrières. Car, à défaut de se battre, les citoyennes patriotes soutiennent avec énergie l'effort de guerre. On ne compte pas, tant elles sont nombreuses, les collectes et les dons individuels déposés à la section ou à l'Assemblée. Les clubs féminins, fondés en 1790-91, se transforment en bureaux de souscription pour acheter des armes, en ateliers où se fabriquent les uniformes manquants. Les citoyennes de Chaumont peuvent se vanter d'avoir envoyé aux armées une quantité de linge et de charpie pesant 15 000 livres — 7 tonnes et demie. C'est de ces patriotes acharnées qui ne quittent jamais leurs aiguilles, même devant la guillotine, que sort le nom accablant des « tricoteuses » : ces terribles Parques ont comme premier souci de fournir des chaussettes aux soldats de l'an II.

A Besançon, les citoyennes donnent des représentations dont le bénéfice permet l'envoi de « 434 chemises, 336 paires de souliers, 30 habits et beaucoup plus de vestes et de culottes, 239 paires de guêtres, 37 paires de bas », sans compter les mouchoirs, les bonnets et les gants. Ce qui leur vaut les compliments de la Convention en avril 93. Les femmes de la « Société des citoyennes de Dijon » accueillant en cortège les vaincus de Longwy, « leur portèrent à plus d'une lieue de

Française devenue libre.
Quoique n'ayant pas obtenu le droit de porter les armes, les citoyennes s'engagent symboliquement ou réellement et imposent l'image de l'amazone. Musée Carnavalet. Photo Édimédia.

nouvelles armes et un drapeau sur lequel ces soldats qui n'avaient point désespéré de leur patrie jurèrent solennellement de venger leur liberté et de vaincre au nom de la France et de leurs concitoyennes ».

Ce patriotisme de l'intérieur, on le voit par ce dernier exemple, est inséparable d'un effort de propagande et d'une intervention politique. L'ennemi n'habite pas que les frontières ; la victoire se gagne aussi dans les bourgs et dans la rue.

FEMMES SUR LE FORUM

Du club de femmes à la Société populaire, de l'Assemblée au Tribunal révolutionnaire, de l'attroupement alimentaire à l'insurrection du 10 août, de l'église fermée à l'échafaud dressé, se dessine pour les citoyennes l'itinéraire d'une conscience et d'une action civiques : d'un rôle politique dont les femmes d'aujourd'hui, en dépit de leurs droits, n'ont pas idée et qui resta en France sans postérité durable.

Dans les clubs « respectables » des dames provinciales, les patriotiques travaux d'aiguille s'accompagnent d'un sens aigu de l'action psychologique. Premier objectif : propager l'idéal révolutionnaire dans la perspective d'une lutte longue. Aussi les « Amies de la Constitution de Dijon » décident-elles d'adresser une lettre « aux dames patriotes des 83 départements pour les inviter à adhérer à ces sentiments, et à les nourrir et fortifier de plus en plus, en se réunissant en clubs, au moins pendant le temps que durera la guerre ». A l'autre bout de la France, la « Société des Amis de la Constitution de Perpignan » note dans ses registres, le 4 février 1792 : « La lettre de Dijon adressée aux Dames patriotes donne lieu à des débats intéressants. M. Gispert demanda qu'il fût proposé aux Dames de se [illisible -rendre ?] à la Société et de nommer entre les plus instruites une présidente. »

Dans la même perspective, ces femmes, qui savent lire pour la plupart et mesurent l'impact d'une formation idéologique, ouvrent des clubs annexes pour adolescents où elles donnent aux garçons et aux filles des cours d'instruction civique. Ils sont couronnés à Lyon par un concours et une distribution de prix en présence des autorités, le 30 décembre 1792. Après l'hymne des Marseillais et les discours des citoyennes sur la nécessité d'instruire la jeunesse aux lois nouvelles, « la jeune citoyenne Robin est montée à la tribune et a récité le chapitre VII du *Contrat social* de J.-J. Rousseau, une partie du chapitre VIII du même livre, *Les Droits de l'Homme* et une prière patriotique. La jeune citoyenne Charpine a récité *Les Droits de l'Homme* et le *Catéchisme de la République* [...]. » En bonnes disciples de Jean-Jacques, ces mères de familles s'assemblent pour éduquer leurs enfants mais, au lieu de lire l'*Emile*, les Sophies de 1793 font réciter le *Contrat social* ! Sans que du reste les autorités masculines locales sourcillent devant la politisation du caquet féminin. Au contraire. Le citoyen Bertholon clôture la cérémonie au nom de la municipalité en encourageant vivement ces mères citoyennes à « propager les principes de patriotisme dans la cité ».

En revanche, c'est bien sur la lecture de Rousseau que le journaliste Prud'homme dans *Les Révolutions de Paris* attaque la fête des Lyonnaises : Rousseau est trahi, « Julie Wolmar [l'héroïne de *La Nouvelle Héloïse*] n'eût point conduit ses enfants au club des citoyennes de Lyon. » Constatons ici, une fois encore, la distance qui sépare la pratique politique quotidienne de certains lieux professionnels du discours où règne visiblement un antiféminisme ordinaire, heureusement assez vain. La parole de l'imprimeur solitaire n'étouffe pas la voix collective des provinciales qui se savent dans le vrai. Et dans la vertu. Car aux tâches éducatives, elles ajoutent souvent, outre le soutien matériel aux armées, les services de l'assistance abandonnée par les religieuses et l'aristocratie : soin des malades à l'hôpital, des prisonniers, ateliers de secours pour les femmes de « volontaires » sans emploi.

Ces responsabilités leur donnent une autorité morale et politique qui ne s'arrête pas à la porte du club. A la propagande s'ajoute la vigilance. Notre époque, encore sensible aux souvenirs de l'Occupation, comprend mal que les femmes aient pu se sentir investies d'une mission de contrôle et de surveillance qui, il faut le dire, ne se borne pas à la délation. Conscientes d'être les sentinelles de la Révolution à défaut d'en être les soldats, elles ont à cœur de débusquer l'aristocrate, l'accapareur, le réfractaire, mais aussi la négligence ou la mollesse du pouvoir. Les citoyennes de Besançon protestent, en avril 93, contre la libération injustifiée de « femmes aristocrates et suspectes ». Au même moment, les Nantaises réclament, dans une pétition sans orthographe mais énergique, des mesures efficaces contre les traîtres rebelles de Vendée et prolongent leur requête de quelques fessées patriotiques à l'endroit de dévotes suspectes. Les Bourguignonnes interrompent des messes insermentées et demandent en janvier 92 la dispersion des couvents « asyles du fanatisme, antres du cagotisme ».

Dans un monde où la communication est difficile et lente (il faut 15 jours pour qu'une information parvienne de Marseille à Paris), et où la « nouvelle » se dégrade en rumeur, la hantise du complot est permanente. Grande peur de 89, complot aristocratique, conspiration des prisons en 92, complot girondin en 93, complot de l'étranger en 94, exigent cette surveillance permanente, qui n'est pas réservée aux femmes. De là également le principe de « publicité » cher aux sans-culottes : ni individus, ni institutions n'ont rien à cacher ; le devoir civique est d'agir au grand jour et de dénoncer tout ce qui s'y dérobe. La règle vaut d'abord pour l'Assemblée, le Tribunal révolutionnaire et la Commune : scrutin à haute voix et délibérations devant le public de citoyens le plus nombreux possible garantissent au « peuple souverain » que sa confiance n'est pas trompée. Ce n'est donc pas pour se désennuyer que les citoyennes envahissent quotidiennement toutes les tribunes de la Législative, puis de la Convention, ou, dans leur quartier, celles des clubs et des assemblées de section.

Une fois les queues d'approvisionnement terminées, le ménage vite fait (l'unique pièce du logement où l'on s'entasse, fort démeublée, n'exige pas de soins intensifs), la citoyenne qui n'est pas accaparée par un travail régulier se rend donc régulièrement, l'après-midi, à l'Assemblée ou au Tribunal, accompagnée parfois de ses enfants. Le plus souvent, ce sont des femmes de 30 à 40 ans dont les enfants sont déjà grands, et elles viennent entre voisines ou amies, sans leurs maris, contrôler et s'instruire . Voici un patriote très fier de l'intérêt de sa femme pour la chose publique : « Il fallait qu'il y eût toujours au Tribunal de bons patriotes pour en imposer aux juges. » Et de fait, les citoyennes en imposent et s'imposent. Privées du droit de vote et d'intervention officielle, elles font pourtant de leur présence un exercice, détourné mais réel, de leur citoyenneté. *La Mère Duchesne* le dit fort clairement : il faut « faire la barbe à tous les clubs d'hommes, observer, dénoncer tout ce qui est contraire à la Constitution » et, ajoute-t-elle, « aux droits de la femme. »

Les historiens ont longtemps sous-estimé ce rôle, parce que leur nombre — comme celui des citoyens passifs — n'est jamais comptabilisé nulle part. Mais si leurs voix ne comptent pas, elles s'entendent ! Leur présence est particulièrement sonore lors de la chute de la Gironde en mai 93. Ferventes montagnardes, les citoyennes sans-culottes manifestent bruyamment contre la majorité girondine qui tente de réglementer l'accès aux tribunes pour filtrer l'auditoire. Cris, tumultes, bousculades se multiplient, exaspérant les Girondins qui accusent leurs adversaires d'avoir salarié ces fauteuses de troubles.

Clubs des Jacobins et des Cordeliers ont aussi leurs « habituées des tribunes ». Elles n'y ont pas voix délibérative et ne font donc qu'écouter, avec discrétion généralement, tout en tricotant ou cousant. Mais beaucoup d'entre elles rapportent ensuite dans leurs sections les discours de la veille. C'est là qu'elles sont les plus actives. Chaque quartier connaît alors deux types de réunions : l'assemblée de section — 48 à Paris — où les « citoyens actifs » désignent les élus et les fonctionnaires de la municipalité, et, parallèlement, des Sociétés populaires autonomes, héritières des Sociétés fraternelles de 1790, ouvertes à tous selon des réglements variant de l'une à l'autre. Dépourvues de

Mégères insensibles et sanguinaires ou patriotes travaillant à vêtir les soldats ?
Gouache de Lesueur : Les tricoteuses.
Musée Carnavalet.
Photo Hubert Josse.

fonction officielle, elles jouent de fait un rôle prépondérant durant l'année 93.

A la section, les femmes sont admises sans pouvoir voter ni délibérer, mais il arrive qu'on leur donne la parole, ou qu'elles la prennent sans demander avec une verdeur qui les fait fréquemment traiter de « toupies ». C'est vrai qu'elle ne manque pas de toupet cette citoyenne de la section de l'Indivisibilité, à ponctuer chaque intervention du président, trop à droite à son goût, par un claironnant « Voilà la Vendée qui parle ». Sa voisine désapprouve : « Tu ne peux pas te taire, il faut que tu parles tout le temps », et la première de répliquer : « Cela ne te regarde pas, toi, va-t-en tenir ton conciliabule aristocratique rue du Pont-aux-choux ! » Mais ce sont les Sociétés populaires qui répondent le mieux aux aspirations des citoyennes. Même si toutes, loin de là, n'inscrivent pas dans leurs statuts l'égalité des hommes et des femmes, elles y sont mieux accueillies, participent aux discussions et très souvent aux délégations envoyées à la section ou à la Commune. Ces femmes du peuple, brodeuses, boulangères, couturières, épouses d'artisans, associent étroitement dans leur militantisme la volonté d'agir à celle de s'instruire. Elles rencontrent ainsi la double vocation, pédagogique et civique des Sociétés populaires. Celle de Belleville fixe ses objctifs : « c'est la surveillance sur ceux qui gouvernent, c'est l'instruction publique, c'est la propagation des mœurs et du patriotisme. »

Là, vers 6 heures du soir, à la lumière de quelques bougies ou de lampes à huile, on écoute l'orateur — coiffé du bonnet rouge — rendre compte de la correspondance venue de province, lire le *Bulletin de la Convention* , expliquer les termes d'une loi avant d'ouvrir le débat sur l'ordre du jour. Altercations et effusions se mèlent, l'éloquence souvent « divague » ; mais quel apprentissage pour des hommes et des femmes élevés dans le respect d'une parole unilatérale, édit ou sermon ! Maniement du langage, compréhension des lois, remise en cause permanente des décisions : découverte et appropriation de la démocratie ! Bien sûr, cette école de citoyenneté n'est fréquentée assidûment que par une minorité de militantes. Mais de la Société au cabaret, à la queue du boulanger, à l'atelier, jusqu'aux cinquièmes étages, se répand une sensibilité fraternelle et vigilante qui rassemble, au moindre appel, 10 000 personnes dans la rue.

A l'automne 1793, l'enchaînement des circonstances ajoute une autorité politique réelle à l'action idéologique prise en charge par les Sociétés populaires. De crainte d'être débordé par les sections qui ont poussé à l'institution de la Terreur, le gouvernement révolutionnaire restreint leurs responsabilités, en interdisant en particulier la permanence de leurs assemblées. Les Sociétés populaires se retrouvent dès lors les seuls lieux d'exercice de la démocratie directe, dotées par les faits d'un pouvoir jusque là réservé aux sections. Si bien que leurs adhérentes, privées de droits civiques, se voient parfois dans la situation de délivrer des certificats de civisme, ou de délibérer et voter des décisions alors même que depuis octobre tous les clubs de femmes sont interdits ! Bien des citoyens contestent ; ils ne crieront pas longtemps : suspectes à leur tour au printemps 94, parce que trop radicales dans leurs aspirations et trop démocratiques dans leur pratique, les Sociétés populaires parisiennes ne résistent pas à la lutte qui emporte successivement Hébertistes et Dantonistes. Contrôlées, épurées, soupçonnées d'être manipulées, elles se sabordent ou s'inclinent. Dès Germinal (mars 94) le cœur n'y est plus. « La Révolution est gelée » dit alors Saint-Just. Et le 9 Thermidor, il n'y aura guère de sans-culottes pour défendre ceux qui les ont fait taire.

Au plus fort de la Révolution, c'est du cœur de ces organisations de quartier que les femmes adressent leurs pétitions ou partent en délégations vers la Commune ou la Convention ; qu'il s'agisse de dénoncer les accapareurs, de réclamer contre eux la peine de mort — comme le font les blanchisseuses en février 93 —, d'exiger la taxation des grains comme la centaine de Versaillaises au 1er mai, le jugement de Marie-Antoinette en septembre, ou, dans une atmosphère plus festive, de défiler devant les députés pour leur assurer, avec des fleurs, confiance et soutien, les citoyennes se regroupent, interviennent, et se font entendre. On dira — on a dit — bien sûr que la Convention les reçoit parfois froidement ; mais leurs pétitions sont lues, leurs adresses écoutées, souvent même applaudies. De quels exclus des droits civiques nos modernes assemblées accepteraient-elles ainsi l'intrusion, même pacifique ?

Incomplète à l'évidence, la citoyenneté féminine est bel et bien admise jusqu'à la fin de l'été 93, et même, dans une sorte d'apothéose, reconnue officiellement fin juin-début juillet. La Constitution de l'an I adoptée, le 24 juin, les assemblées de section sont partout convoquées pour voter son acceptation. Les femmes, dans beaucoup d'entre elles, prennent part au scrutin avec les hommes ou après eux et prêtent serment. Le 2 juillet, d'immenses cortèges de Parisiens apportent à la Convention félicitations et couronnes civiques ; les femmes, nombreuses, affirment alors une présence qui n'est pas seulement décorative ou symbolique. Aux bouquets et aux accolades, elles ajoutent à plusieurs reprises, par la voix de l'orateur de leur section, leur adhésion consciente et lucide à l'idéal et à la lutte révolutionnaires :

« Si la nature de leur sexe ne leur permet pas de voter, elles ne peuvent rester insensibles aux sentiments républicains que leurs époux, leurs frères, leurs amis viennent d'exprimer. »

Il peut sembler étonnant aujourd'hui que ces femmes soient plus soucieuses d'exprimer leur volonté républicaine que de demander le droit de vote — qu'elles exercent officieusement quand l'occasion s'en présente. Quelques unes pourtant le réclament, comme cette citoyenne de la section de Beaurepaire :

« Nous vous demandons des assemblées primaires, et comme la Constitution repose sur les droits de l'homme, nous en réclamons aujourd'hui l'entier exercice. »

Mais dans la masse du mouvement populaire, les revendications « féministes » sont minoritaires et ne s'ébauchent que comme horizon de l'objectif immédiat : participer à la souveraineté populaire. Quel autre moyen, pour en être, que d'assurer sa victoire ?

Et quand il le faut, par la force. Force de leurs cris à la porte de la Convention, en mai 93, où les femmes, très anti-girondines, conspuent tout ce qui porte une tête de « modéré » : « poltrons, lâches », « couillon ! », « clerc de notaire », « à la guillotine, les brissotins ! ». Force des poings aussi. Dans les sections où s'écharpent partisans des Montagnards et des Girondins, les femmes sont de la « batterie ». Force de la colère enfin, dans l'émeute. Les statistiques des arrestations sous-estiment leur participation aux soulèvements populaires ; hors les journées d'octobre 89, l'historien ne les distingue que dans les émeutes de subsistance : pillage des épiceries les 25 et 26 février 1793, journées des blanchisseuses les 25 et 26 juin 1793 et surtout terribles révoltes de Germinal et Prairial an III (1795). En fait, dès 89, les femmes n'isolent pas la ménagère de la citoyenne, la subsistance du politique. « Du pain, mais non pas au prix de la liberté », disent-elles. Documents, gravures et témoignages nous les montrent aux Tuileries : défilant le 20 juin 1792, parmi les assaillants le 10 août. Reine Audu, Théroigne de Méricourt et Claire Lacombe recevront des fédérés une couronne civique pour leur conduite ce jour-là.

Tout en faisant la part de l'exagération, lisons le *Moniteur* du 28 août 1792 :

« J'ai vu, un instant avant le combat, une demoiselle aimable et jeune encore, un sabre à la main, montée sur une pierre, et je l'ai entendue haranguer la multitude.[...] Aussitôt des milliers de femmes se sont précipitées dans la mêlée les unes avec des sabres, les autres avec des piques ; j'en ai vu plusieurs tuer elles-mêmes des Suisses [...]. »

Elles sont encore là le 2 juin 1793, aux côtés des insurgés, munies de leur pétition demandant l'arrestation des députés girondins. Gorsas, l'un d'eux, évoque « une troupe de femmes se disant révolutionnaires, troupe de furies, avide de carnage ». Il n'y eut pas de mort ce jour-là et les femmes n'étaient pas armées, mais ce témoignage partial souligne l'un des aspects les plus discutables de la femme sans-culotte : sa violence.

FÉROCES « FURIES DE GUILLOTINE »

Il y eut effectivement une violence féminine ; mieux vaut l'analyser et tenter de la comprendre que laisser la malveillance évoquer à loisir ces « monstres assoiffés de sang ». Faisons d'abord justice du cliché, si vivace encore, de la mégère échevelée, avinée, avide, se ruant à la curée sur fond d'incendie.

Qu'il s'agisse de chroniqueurs de droite — qui exploitent dans une féminité sanguinaire le point le plus choquant d'une Révolution dont on veut prouver l'inhumanité — ou de gauche, qui cherchent à minimiser l'horreur en la psychologisant et en la localisant chez quelques hystériques, l'image est la même et aussi peu fondée. Il n'y eut pas de femmes parmi les massacreurs de Septembre, pas de femmes « cannibales », ni incendiaires — sauf en paroles. Si violence féminine il y eut, ce n'est pas dans l'effusion du sang, mais dans l'exaltation de celles qu'on appela alors les « furies de guillotine », et qu'on représente encore tricotant leurs mailles haineuses au pied de l'échafaud.

Qui étaient donc ces femmes ? Certainement pas la lie de toutes les marginalités mais, simplement, celles que nous avons vues sur les bancs des Sociétés — fraternelles ou populaires. Il est vrai que leurs propos, aujourd'hui peu compréhensibles, font peur. Surtout isolés de leur contexte. La limonadière Baudray aurait déclaré que « ceux qui s'opposeraient aux sans-culottes, elle voulait avoir leur cœur à manger. » La femme Chalandon assurait que « tout n'irait bien que quand il y aurait des guillotines permanentes à tous les carrefours de Paris. » La femme Lance se serait plainte, un jour, que la guillotine n'ait expédié que 60 victimes : « La semaine prochaine, ça ira par deux cents ! » A Alençon, les épouses des « justiciers » de septembre 92 les encourageaient à se défaire de « tous les foutus gueux d'aristocrates ».

Ces exemples appellent deux remarques. D'une part beaucoup de ces témoignages proviennent de rapports de police établis plus d'un an après les faits, en l'an III lors des arrestations de Prairial, et ne sont donc pas absolument fiables. Observons d'autre part que le crime est verbal — et crime tout de même ! Rien n'établit chez ces « buveuses de sang » une quelconque jubilation au spectacle de la guillotine. Le seul cas, à notre connaissance, illustrant une sorte de « passion » pour le « rasoir national » provient des Pyrénées-Orientales : l'épouse du bourreau s'était instituée l'assistante de son mari et était montée sur l'échafaud coiffée du bonnet rouge. C'est du moins ce qui ressort du registre de la Société populaire de Perpignan décidant, le 13 Frimaire an II (novembre 93), de « défendre à la femme de l'exécuteur des

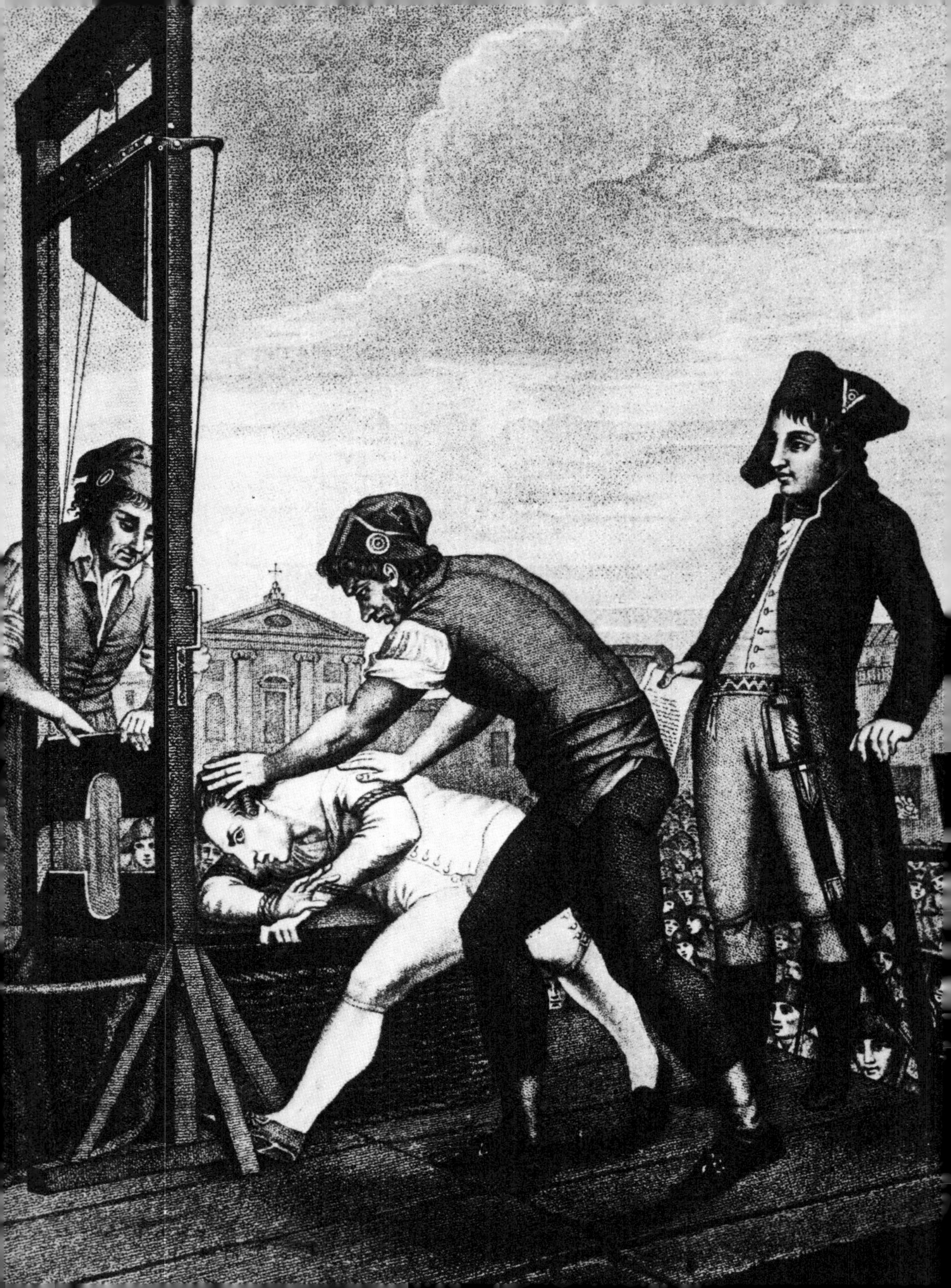

jugements criminels de paraître sur l'échafaud et de se vêtir d'un bonnet de police ».

Cette stupéfiante exception faite, que reste-t-il ? Une assistance fidèle et nombreuse à tout le cérémonial de la peine capitale, du Tribunal à l'exécution, et une indiscutable popularité de la guillotine, qui n'est évidemment pas l'exclusivité des femmes. Certes, elles portent aux oreilles des mini-guillotines d'un goût contestable. Mais la Louisette est partout : au fond des plats, des tabatières ; Guignol au jardin s'en sert ; et que dire du Théâtre du Lycée qui affiche *La Guillotine d'amour* ?

On ne peut ici que constater ; mais on doit rappeler combien les mentalités et les mœurs ont changé. Que pouvons-nous comprendre à une société, à des hommes et à des femmes conditionnés depuis des siècles à une violence permanente, visible, subie. Nous ne sommes plus habitués à voir dans nos rues le laquais d'un grand seigneur bastonner, sur l'ordre de son maître, le malheureux qui n'a pas cédé le passage assez vite, à voir mettre à mort la servante voleuse en pleine place publique devant la foule qui applaudit ; nous ne risquons plus la torture légale et le supplice au grand jour ; les prostituées ne sont plus convoyées en Louisiane, les enfants ne sont plus raflés pour être expédiés aux colonies ou à la guerre ; les braconniers ne sont plus pendus publiquement ni envoyés aux galères — dans ces chaînes de forçats qui traversaient à pied la France entière, couverts d'injures et les rendant. Les citoyens et les citoyennes de 93 sortaient de ce monde-là et croyaient, sans y voir le moindre mal, que seule la violence égalitaire de la Terreur pouvait définitivement abolir la violence injuste du régime ancien.

Ceci, dira-t-on, explique l'approbation de la guillotine, mais assister régulièrement aux exécutions, en réclamer de nouvelles, est une autre chose. Ces femmes, qu'éprouvaient-elles devant l'échafaud ? Comment le savoir, tous les récits sont masculins ! Mais il faut admettre, si les révolutionnaires n'étaient pas des cannibales, que ces roulements de tambour, ce couteau qui tombait, cette tête qui roulait et qu'on montrait au peuple, toute cette vision avait un sens, symbolique et politique, qui évacuait l'horreur au bénéfice d'autre chose : l'affirmation de la Justice, l'assurance de la victoire. Les condamnés sont moins alors des coupables que des ennemis, de même nature que ceux qu'un million de soldats français combattent au même moment en Vendée, en Belgique, en Hollande, en Alsace. Les dernières victimes de notre guillotine étaient des individus, celles de 1793 devaient être vues comme les représentants d'une collectivité — pour ainsi dire étrangère — peuplée de royalistes, aristocrates, comploteurs, agioteurs, et autres affameurs. Contre eux la guillotine ne s'exerçait pas comme un supplice mais comme une arme.

Cette interprétation permet de rendre compte de l'attirance particulière et troublante des femmes pour la guillotine. Les citoyennes,

« C'était peint en rouge. Tout était en bois excepté le triangle qui était en fer. On sentait que cela avait été construit par des hommes tant c'était laid, petit et mesquin ; et cela aurait mérité d'être apporté là par des génies, tant c'était formidable. Cette bâtisse difforme, c'était la guillotine. » (V. Hugo, Quatrevingt-Treize.*)*
Mort de Robespierre, *gravure d'Inarpila d'après Beys, Musée Carnavalet. Photo Édimédia.*

nous l'avons vu, n'avaient pas droit aux armes, réservées aux hommes. Privées de la « sainte pique », exclues de la violence légale, elles trouvaient sans doute dans le spectacle de la « sainte guillotine » une manière d'exercer, elles aussi, le pouvoir de punir et de vaincre.

COUP DE FOUDRE ET COUPS DE FOUET : THÉROIGNE DE MÉRICOURT

De toutes les figures féminines de la Révolution, Théroigne fut incontestablement la plus fameuse, et reste la plus romanesque. Quoique sans rôle réel, sans influence politique et ne laissant pas non plus derrière elle trace de plume ni de poignard, sa présence dans la Révolution est résolument extraordinaire. Depuis le 5 octobre 1789, où elle n'était sans doute pas, Théroigne en effet n'existe pour ses contemporains que sur le mode de l'apparition spectaculaire. Ce n'est pas une femme, c'est une épiphanie !

On se souvient de quel « flash » elle éblouit les Cordeliers en 1790. L'éclair disparaît : arrêtée en Belgique, enfermée en Autriche pour avoir « voulu » assassiner Marie-Antoinette en octobre 89. Résurrection en janvier 92. Avec son allure fascinante, sa jupe d'amazone et son feutre noir à plume blanche, peut-être jolie en tout cas irrésistible, elle promène un charme inédit dont les accessoires masculins soulignent la féminité, et déchaîne toutes les vipères de la presse royaliste qui ne l'a pas oubliée. *Le Petit Gautier* annonce le retour de cette « crapuleuse créature », de la « charogne ambulante » et « sanguinaire ». A son premier geste politique, elle sera la « bourrique des Jacobins » combinant miraculeusement les fonctions de « donzelle » au boudoir et de dame de pique aux barrières.

Aberrante — car si Théroigne avait eu des débuts galants, elle n'était en rien une dévergondée — et disproportionnée, cette violence fait d'elle un symbole vivant. Pour la droite, avec ses airs royaux d'affranchie, elle est l'usurpatrice, la femme de peu qui s'arroge par imposture une nature supérieure. Pour la gauche, elle incarne l'héroïsme persécuté et est reçue avec effusion en janvier 92 aux Jacobins. « La Société, écrit Brissot, a témoigné l'indignation la plus vive pour ses infâmes persécuteurs et la plus haute admiration pour la constance qu'elle a déployée. » Un orateur la sacre « une des premières amazones de la Liberté », « martyre de la Constitution ».

Mais surtout, gardez la pose, Mademoiselle ! ne bougez plus ! De fait, quoique parée de félicitations officielles, Théroigne, le 25 mars, ne

Théroigne de Méricourt. Chanteuse ratée, fausse « madame Campinados », amazone célébrée et vomie, héroïne rayonnante et inutile. Peinture

parvient à aucun résultat dans sa tentative de recrutement d'amazones. On l'aime en effigie, en Muse plus qu'en meneuse. La légende la repère à nouveau dans la foule des Tuileries, le 20 juin 1792. La voici, « photographiée » par Lamartine : « Jeune et belle femme, vêtue en homme, un sabre à la main, un fusil sur l'épaule et assise sur un canon traîné par des ouvriers aux bras nus. »

Puis c'est l'insurrection du 10 août. On sait que, parmi d'autres, Théroigne prend part à l'assaut avec une audace qui lui vaudra une couronne civique. A quoi la presse royaliste, relayée cette fois par les Goncourt, ajoute : « Le 10 août, Théroigne égorge Suleau. » Ce journaliste, ancien condisciple et ami de Camille Desmoulins, avait choisi de mettre sa verve au service de la contre-révolution. Il était imprudent de sa part de se montrer en pleine insurrection. Il fut tué à coups de sabre. Sûrement pas par Théroigne en tout cas, qui, fort menue semble-t-il, n'était guère de taille à sabrer le colosse qu'était Suleau. Ces calomnies n'entament pas alors sa popularité ; elles s'accumulent en attendant une postérité ravie de « révéler » que la belle Liégeoise ajoutait à ses exploits quelques mutilations lors des massacres de Septembre et — surprise gourmande — quelques nuits accordées au marquis de Sade !

Dans les faits, Théroigne n'agit plus et se contente de soutenir ses amis aux tribunes de la Convention. Mais, elle, que la tradition range parmi les partisans de Robespierre, incline en réalité vers la Gironde et ses rêves d'apaisement. Le 15 mai 1793, elle est repérée par des femmes sans-culottes comme porteuse d'une de ces cartes d'entrée réservées aux supporters des Brissotins ; c'est le clash.

« Une héroïne de la Révolution a éprouvé avant-hier un petit échec sur la terrasse des Feuillants. Mademoiselle Théroigne, dit-on, recrutait des femmes pour la faction Rolandine ; malheureusement elle s'adressa aux dévotes de Robespierre et de Marat qui [...] se saisirent du recruteur femelle et le fustigèrent avec toute l'activité désirable. La garde arriva et arracha la victime à la fureur de ces indécentes furies. Marat même qui vint à passer, prit la fustigée sous sa protection. C'est ainsi qu'elle échappa aux sœurs fouetteuses des tribunes. »

Cette image cruelle et humiliante pourrait être la dernière ; Théroigne disparaît alors de la scène. Elle a 31 ans. Son histoire pourtant n'est pas finie. Un an plus tard, on la retrouve, folle. Il lui restait encore à vivre 23 ans d'aliénation, enfermée successivement à l'Hôtel-Dieu, aux Petites-Maisons, enfin à la Salpêtrière à partir de 1807. Son dernier signe de vie est une étrange lettre adressée à Saint-Just en 1795, plus d'un an après sa mort :

« Si vous ne pouvez venir où je suis, si votre temps ne le permet point, ne pourrai-je point me faire accompagner jusque chez vous ? J'ai mille choses à vous dire. Il faut établir l'union ; il faut que je puisse développer tous mes projets, continuer d'écrire ce que j'écrivais. Je puis vous assurer que j'ai fait des progrès. Je n'ai ni papier, ni lumière, ni rien.[...] »

La parole désormais appartient au grand aliéniste Esquirol, qui l'observa :

« Téroenne ne veut supporter aucun vêtement, pas même de chemise. Tous les jours, matin et soir, et plusieurs fois le jour, elle inonde son lit, ou mieux la paille de son lit, avec plusieurs seaux d'eau, se couche et se recouvre de son drap en été, et de sa couverture en hiver. Elle se plaît à se promener nu-pieds dans sa cellule dallée en pierre et inondée d'eau. Le froid rigoureux ne change rien à ce régime. [...]

Quoique dans une cellule petite, sombre, très humide et sans meubles, elle se trouve très bien ; elle prétend être occupée à des choses très importantes ; elle sourit aux personnes qui l'abordent ; quelquefois elle répond brusquement : *Je ne vous connais pas*, et s'enveloppe dans sa couverture. Il est rare qu'elle réponde juste. Elle dit souvent : *Je ne sais pas ; j'ai oublié* . Si on insiste, elle s'impatiente ; elle parle seule à voix basse ; elle articule des phrases entrecoupées des mots *fortune*, *liberté*, *comité*, *révolution*, *coquins*, *décret*, *arrêté*, etc. Elle en veut beaucoup aux modérés. [...]

Elle ne sort presque point de sa cellule, et y reste ordinairement couchée. Si elle en sort, elle est nue, ou couverte de sa chemise ; elle ne fait que quelques pas, plus souvent elle marche à quatre pattes, s'allonge par terre ; et l'œil fixe, elle ramasse toutes les bribes qu'elle rencontre sur la pavé, et les mange. Je l'ai vue prendre et dévorer de la paille, de la plume, des feuilles désséchées, des morceaux de viande traînés dans la boue, etc. Elle boit l'eau des ruisseaux pendant qu'on nettoie les cours, quoique cette eau soit sale et chargée d'ordures, préférant cette boisson à toute autre. [...] »

Elle mourut en 1817, ignorée, oubliée. Plus tard, des auteurs fades la rangèrent — aux côtés de Phrynè, de la Du Barry et de Lola Montès — dans la série des « Courtisanes célèbres ». Pâle piment de la morale bourgeoise qui éteint pour longtemps le feu rayonnant d'un héroïsme aliéné, peut-être, par son inutilité.

Théroigne de Méricourt.
« Avez-vous vu Théroïgne,
[amante du carnage,
Excitant à l'assaut un
[peuple sans souliers,
La joue et l'œil en feu,
[jouant son personnage,
Et montant, sabre au
[poing, les royaux
[escaliers ? »
(Baudelaire, Sisina.*)*

DES FEMMES QUI DÉCOIFFENT : LA SOCIÉTÉ DES CITOYENNES RÉPUBLICAINES ET RÉVOLUTIONNAIRES

C'est le 10 mai 1793 qu'est enregistrée la fondation de ce club de femmes parisiennes ; son action originale, et incessante jusqu'à l'automne, éclaire d'un jour nouveau et éphémère le rôle des femmes dans la Révolution, au point de cristalliser brutalement, en octobre-novembre, une opposition masculine diffuse jusque-là.

D'autres sociétés féminines existent déjà en province, nous l'avons vu. Mais les Parisiennes affirment leur autonomie en formant « une société où les femmes seules pourront être admises », et d'objet purement politique — sinon tout à fait policier. « Cette société a pour but de délibérer sur les moyens de déjouer les projets des ennemis de la République. » Conçue sur le modèle des sociétés sectionnaires, elle s'ouvre aux postulantes qui doivent être parrainées par deux membres, avoir de « bonnes mœurs », prêter serment à la République, « être fidèle au réglement ». Trois comités de douze membres chacun s'occupent respectivement de l'administration, de la bienfaisance, et des relations avec les sections et les sociétés populaires. A la tête une présidente, élue pour un mois, porte seule en séance le bonnet rouge.

Les deux fondatrices se succèdent à cette fonction, Claire Lacombe et Pauline Léon. La première a 28 ans. Comédienne venue de province, elle fait ses débuts parisiens à la Législative, le 25 juillet 1792, où elle lit une pétition pour obtenir un emploi dans l'armée. Remarquée à défaut d'être satisfaite, elle prouve ses mérites le 10 août, reconnus, on s'en souvient, par une couronne civique et un certificat stylé : « elle a combattu les satellites d'une cour perfide... ». On voit bientôt cette belle et grande brune sur les bancs de diverses sociétés fraternelles ; son charme, sa hardiesse, sa générosité, lui valent au printemps 1793 les hommages et le cœur d'un jeune journaliste « enragé », Leclerc. Pauline Léon est une parisienne de 25 ans, fille et successeur d'un chocolatier ami des Lumières. Elle milite depuis 1791 au moins dans le sillage des Cordeliers. Pétitionnaire au 17 juillet 1791, adepte de ce féminisme militaire qui le portait dès mars 92 à la Législative pour y demander la formation d'Amazones, elle partage avec Claire Lacombe le projet d'agir en soldats contre les « ennemis du dedans » : « Nous avons résolu de *garder l'intérieur*, tandis que nos frères garderont les frontières. » Ni l'une ni l'autre ne sont mariées ni mères mais, sous peau, c'est Pauline Léon qu'épousera Leclerc et non Claire !

La Société compte de 100 à 170 adhérentes assidues, dont la plupart nous restent inconnues. Lamartine, avec une rhétorique peu généreuse, les dit « femmes perdues, aventurières de leur sexe, recrutées dans le vice ou dans les réduits de la misère ou dans les cabanons de la démence ». La plupart en fait appartiennent à la petite bourgeoisie du commerce et de l'artisanat, et leurs dirigeantes au moins sont nettement plus instruites que la moyenne des femmes du peuple.

Le premier rêve, partagé avec toutes les « amazones » — « s'armer pour concourir à la défense de la patrie » —, est vite déçu par les refus polis et fermes des Jacobins. Mais les témoignages les décrivent entourées, dans leurs déplacements, d'un « appareil vraiment militaire » : « tambour battant et drapeau déployé », piques symboliques et, surtout, le bonnet rouge, attribut des sans-culottes. Outre leurs réunions, on ne dénombre de leur part — seules ou associées à des sections — pas moins de 30 délégations, interventions, pétitions de toutes sortes auprès de la Commune, des Jacobins, de la Convention. Elles participent à l'insurrection du 31 mai-2 juin contre la Gironde et sont aussi des journées sans-culottes des 4 et 5 septembre 93 qui contraignent la Convention à mettre la Terreur à l'ordre du jour. Mais les 27 et 28 juin, elles interviennent pour tempérer les « pillages » réquisiteurs de savon et le département de Paris leur en sait gré :

« [...] elles se sont répandues dans les groupes, elles ont montré le précipice, elles ont répandu les principes, et, secondant les efforts des magistrats du peuple, elles ont bien mérité le témoignage qu'ils leur rendent. »

Place officielle leur est faite lors des cérémonies de l'été 93 : le 23 juin pour célébrer la Constitution, le 16 juillet dans la pompe funèbre de Marat, le 28 dans la translation du cœur de celui-ci, le 10 août à la grande fête de l'Unité ; le 19 août enfin autour de l'obélisque à Marat dont elles ont pris l'initiative. A ces actions s'ajoute, moins recommandable mais très efficace, une « agitation » permanente. Haranguer, conspuer, bousculer, rassembler, rameuter, elles ont la science spontanée du remous et de la fermentation. Femmes à voix, elles sont aussi des femmes à poigne : Théroigne de Méricourt en a fait les frais la première. Avant de se retourner en motifs d'accusation, tout ceci contribue à leur succès.

Les Républicaines révolutionnaires entrent alors dans leurs jours de gloire. La Montagne triomphante à l'Assemblée veut resouder autour d'elle l'unité nationale menacée par la sécession girondine. Très opportunément elle décide de vendre les biens d'émigrés par petits lots — pour favoriser les paysans pauvres — et de supprimer sans indemnité tous les droits féodaux, que la Constituante avait déclarés rachetables ! Parallèlement, elle achève la fameuse Constitution de 93, dite de l'an I, jamais appliquée en raison des circonstances, mais qui contient une Déclaration des Droits beaucoup plus audacieuse que sa sœur aînée de 89 : droit au travail, à l'assistance, à l'instruction, à l'insurrection. Le suffrage reste masculin, mais universel et direct.

Ce texte fondateur, et symbole durable de la démocratie politique, devait être accepté par le peuple. Les assemblées primaires convoquées à cette fin, où les femmes, nous l'avons dit, votèrent parfois, et les cortèges de félicitations du 24 juin, où hommes et femmes se confondent, marquent le début d'une ère, brève, de reconnaissance des femmes en général et des Républicaines révolutionnaires en particulier comme partie intégrante du peuple souverain. Une longue lettre élogieuse, destinée à diffuser le zèle de ces citoyennes dans tout le département, le fait savoir :

« Les Républicaines révolutionnaires ont bien mérité de la patrie, leur zèle est infatigable, leur surveillance pénètre les complots, leur activité les déjoue, leur défiance écarte les intrigues, leur audace prévient les dangers, leur courage les surmonte [...]. »

Aux mois de juillet et d'août, la mort de Marat, l'ami des femmes, et les cérémonies de son apothéose — car on ne saurait alors parler de funérailles — mobilisent leur énergie. Mais la plus grande fête est celle de l'Unité et de l'Indivisibilité, le 10 août 1793. David, sur les pierres de la Bastille, a dressé sa fontaine-statue de la Régénération. Le cortège des sociétés populaires, après une libation générale, s'ébranle vers le boulevard Poissonnière. Là un arc de triomphe porte inscrits les souvenirs des journées d'octobre 89 et cet hommage : « Comme une vile proie, elles ont chassé le tyran devant elles. » Sous l'arc, assises sur des canons, se tiennent les héroïnes de 89, parmi lesquelles de nombreuses Républicaines révolutionnaires ; c'est à elles que le Président de la Convention parle :

« O liberté [...] ! Par toi, sous des mains délicates, roulèrent ces bronzes, ces bouches à feu, qui firent entendre à l'oreille d'un roi la tonnerre, augure du changement de toutes les destinées. [...] O femmes ! la liberté attaquée par tous les tyrans, pour être défendue, a besoin d'un peuple de héros. C'est à vous de l'enfanter. »

Faut-il, comme certains le font, reprocher leur sagesse à ces dames réunies en club ? Bonnets « à la Constitution », fichus patriotiques, souscriptions, lecture du Moniteur *témoignent pourtant d'un engagement et d'une volonté politiques des femmes, impensables avant la Révolution — et après. Gouache de Lesueur, Paris, Musée Carnavalet.*

Heure unique en vérité qui réconcilie en une seule image les deux visages de la femme, l'amazone et la mère, et réunit au « souverain », en les intégrant au cortège, les citoyennes et leurs canons. Ce jour-là, ce sont bien ses femmes militantes que la Révolution accueille dans ses rangs, et non des allégories.

La tension pourtant n'a pas faibli. La question du pain se pose à nouveau, et les queues s'allongent dès 3 heures du matin. La mort de Marat a laissé le champ libre à ceux qui avaient grandi dans son ombre : le mouvement des Enragés, conduits par l'ancien prêtre Jac-

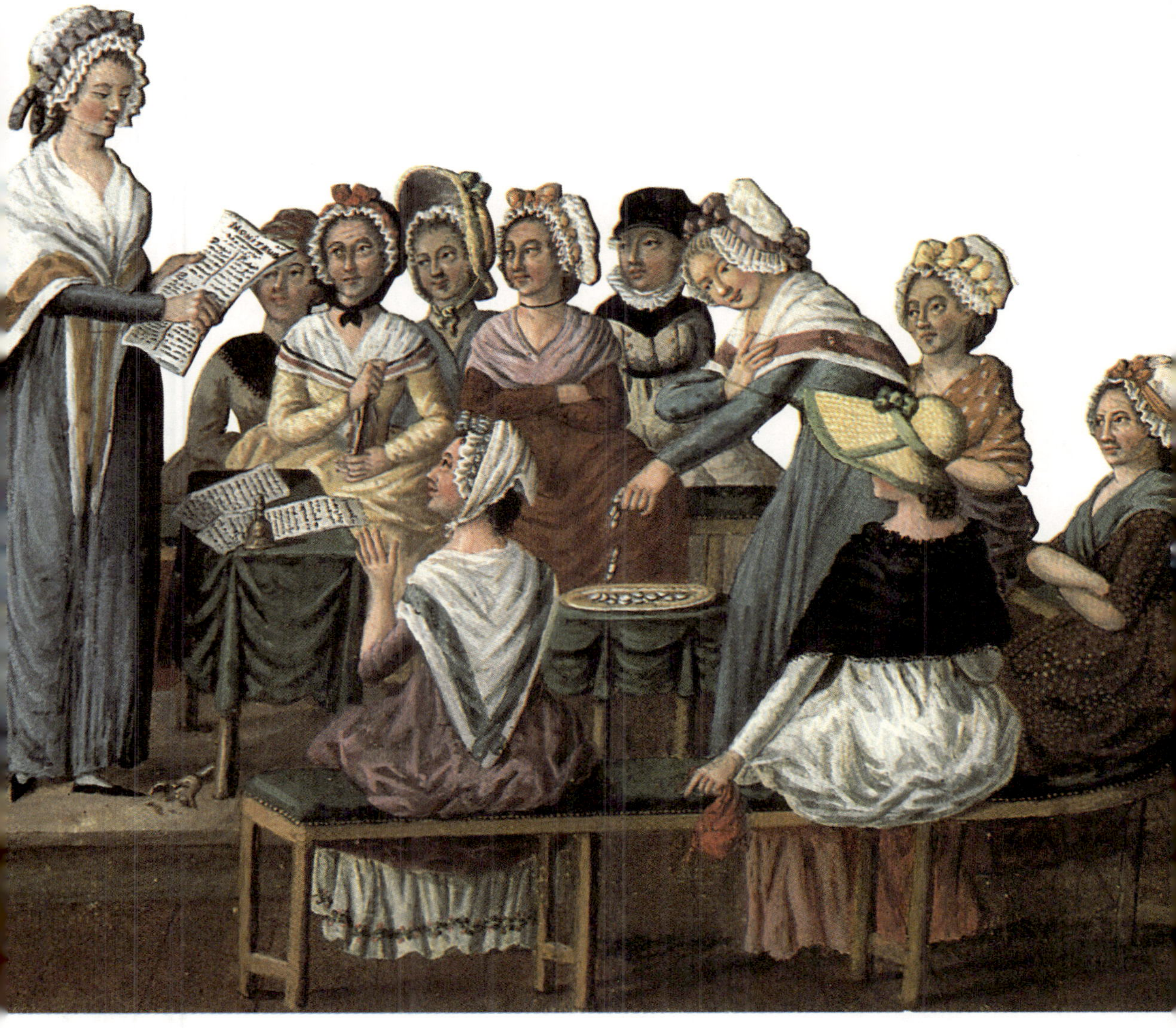

ques Roux et Leclerc, l'ami de Claire Lacombe. A l'écoute des sans-culottes, attentifs au mouvement social et économique aussi important pour eux que l'orientation politique, ils réclament la taxation générale et une loi contre les accapareurs. J. Roux le dit à la Convention, le 25 juin :

« La liberté n'est qu'un vain fantôme quand une classe d'hommes peut affamer l'autre impunément. L'égalité n'est qu'un vain fantôme quand le riche, par le monopole, exerce le droit de vie et de mort sur son semblable. »

Dans cette lutte contre la nouvelle « aristocratie bourgeoise et mercantile », J. Roux et Leclerc se savent écoutés par les femmes qu'ils appellent à l'action :

« C'est à vous qu'il appartient de sonner le tocsin de la liberté ! Les moments sont pressants, le péril extrême. Vous avez mérité la priorité, volez ! la gloire vous attend ! »

Le 26 août Claire Lacombe présente à la Convention une pétition « terroriste », réclamant la destitution de tous les nobles — de l'armée notamment et des Tribunaux révolutionnaires ; de plus, mettant en doute l'aptitude de la Convention à appliquer ces mesures, le texte demande l'application de la nouvelle Constitution — c'est-à-dire la mise en place d'un nouveau pouvoir exécutif, contrôlé par le peuple. En somme, avec les Enragés et les sans-culottes, les Républicaines souhaitent à la fois la Terreur et la démocratie directe. Contraints par les manifestations des sections, le 5 septembre, à mettre la Terreur à l'ordre du jour, les Jacobins n'entendent pas céder sur la décentralisation, ni se laisser déborder par une dangereuse anarchie. Jacques Roux, qui parle déjà de nouveaux massacres dans les prisons, est arrêté le même jour, Leclerc contraint de suspendre la parution de son journal le 21.

Au même moment, une agitation inédite met aux prises dans les rues de Paris femmes modérées et extrémistes : c'est la guerre des cocardes, coup d'envoi d'une campagne contre les femmes dont les Républicaines révolutionnaires et les clubs féminins vont bientôt faire les frais pour s'être trop activement engagés aux côtés des « Enragés ». Tandis que des citoyennes porteuses de cocardes se font traiter de « jacobines » et de « putains » par des dames de la Halle, une vieille de 70 ans se plaint d'avoir été fouettée, montre ses vêtements en lambeaux, son bonnet déchiré : elle n'avait pas de cocarde. La loi impose le port de l'insigne patriotique, mais sans préciser si elle s'applique aux femmes. Les Républicaines l'arborent bien sûr, comme toutes les adhérentes des sociétés populaires. Mais bien des femmes ne la portent pas, par indifférence, hostilité, ou refus bourgeois de la vulgarité. Les rixes se multiplient et les femmes de plusieurs sociétés, auxquelles s'associent les Républicaines, pétitionnent pour que la Convention punisse « les mégères qui maltraitent les citoyennes qui portent la cocarde nationale » et rende obligatoire le « signe de la liberté ».

L'Assemblée, d'abord muette, décide le 21 septembre que « les femmes qui ne porteront pas la cocarde tricolore seront punies, la première fois de 8 jours de prison ; en cas de récidive, elles seront déclarées suspectes ». Les bagarres s'arrêtent mais, de façon prévisible, l'œil vigilant des patriotes détecte très vite des cocardes hypocrites, dissimulées sous des mouchoirs, ou muscadines : montées en épingle et d'un luxe provocateur.

C'est dans ce climat que, sur la plainte d'une adhérente venue aux Jacobins prétendre qu'elle avait été indûment exclue de la Société, Chabot, saisissant l'occasion, dénonce en plein club Claire Lacombe et ses « prétendues révolutionnaires ». Relayé par deux acolytes, Basire et Desfieux — autant coquins que jacobins, nous y reviendrons —, il assaisonne de propos galants et badins ses accusations qui tiennent en quatre points : Claire Lacombe a cherché à faire libérer le parent d'un ci-devant, elle héberge chez elle un ci-devant (encore ! il s'agit de Leclerc qui a épousé Pauline Léon !) et, surtout, elle « demande la Constitution, rien que la Constitution, toute la Constitution et finit par calomnier les autorités constituées ». Visant l'auditoire féminin nombreux dans les tribunes, Chabot ajoute sous les applaudissements :

« C'est parce que j'aime les femmes que je ne veux pas qu'elles fassent corps à part, et qu'elles calomnient la vertu même ! Elles ont osé attaquer Robespierre, l'appeler Monsieur Robespierre. »

Du public enthousiaste tombe alors sur celle qui s'était vouée au culte de Marat ce mot stupéfiant : « A bas la nouvelle Corday ; va-t-en malheureuse, ou nous allons te mettre en pièces. »

Déférée devant le Comité de Sûreté générale, Claire Lacombe est libérée dans la nuit. Le sursis sera bref. Les Républicaines, regardées désormais d'un mauvais œil mais rassurées par le décret sur la cocarde, ne désarment pas. Le 18 septembre, elles présentent à la Commune une double pétition demandant l'arrestation des épouses d'émigrés et proposant un programme de réhabilitation des prostituées :

« faire transférer les femmes de mauvaise vie dans des maisons nationales pour les y occuper à des travaux utiles, et ramener, s'il se peut, aux bonnes mœurs, par des lectures patriotiques, ces malheureuses victimes du libertinage, dont souvent le cœur est bon, et que la misère seule a presque toujours réduites à cet état déplorable. »

Cette proposition qui aurait dû redresser, au moins moralement, l'image des Républicaines devait les desservir doublement : les historiens n'ont retenu longtemps de ce projet que son aspect répressif, et les contemporains s'empressent d'interpréter cette préoccupation comme l'effet d'une connivence ! Voici « la fille Lacombe » devenue, dans la *Feuille du Salut Public* du 24 septembre, « bacchante contre-révolutionnaire », amatrice d'hommes et de vin ! Même langage que le *Petit Gautier* royaliste parlant de Théroigne !

Les choses se précipitent début octobre. Le 6, la « Société des hommes du 10 août » dénonce les Républicaines à la Convention comme « inciviques » et demande l'interdiction des clubs autonomes de femmes. Le lendemain, Claire Lacombe obtient la parole devant l'Assemblée :

« Des intrigants, des calomniateurs, ne pouvant nous trouver des crimes, ont osé nous assimiler à des Médicis, à une Elisabeth d'Angleterre, à une Antoinette, à une Charlotte Corday ! Ah ! sans doute, la nature a produit un monstre qui nous a privés de l'Ami du peuple. Mais nous, sommes-nous responsables d'un crime ? Corday était-elle de notre Société ? Ah ! nous sommes plus généreuses que les hommes. Notre sexe n'a produit qu'un monstre tandis que, depuis quatre ans, nous sommes trahis, assassinés par les monstres sans nombre qu'a produits le sexe masculin. Nos droits sont ceux du peuple, et, si on nous opprime, nous saurons opposer la résistance à l'oppression. »

Le 8, elle parvient à se faire applaudir aux Jacobins !

Mais le 28 octobre, tout est perdu, pour une affaire de bonnet rouge ! Invitées par la section de la Réunion à une cérémonie en l'honneur de Marat, les Républicaines s'y présentent, certaines comme à l'ordinaire coiffées du bonnet rouge, et rencontrent l'accueil furieux des dames de la Halle : « à bas le bonnet rouge, à bas les Jacobins et la cocarde ! » Des invectives, les « poissardes » musclées passent aux actes, et flanquent aux Républicaines une épouvantable raclée. Ces « dames », depuis longtemps, n'avaient plus que des sentiments fort modérés à l'égard de la Révolution : taxations, visites domiciliaires et contrôles n'étaient pas du goût de ces commerçantes. L'affaire de la cocarde, assortie de rumeurs fantaisistes colportant que bientôt le bonnet rouge, les cheveux courts, le pantalon, l'enrôlement militaire et, pourquoi pas, le renouvellement des mariages célébrés avant 89 allaient devenir obligatoires, les avait déchaînées.

Le très anti-féministe Prud'homme, celui qui avait déjà agressé les Lyonnaises dans ses *Révolutions de Paris* , s'empresse d'amplifier la chose : les Républicaines, accoutrées de pantalons et de pistolets (! !) ont subi le fouet de la « justice populaire ». La Commune s'informe, la Convention s'en mêle et le 29 octobre (7 Brumaire an II) Fabre d'Eglantine plante les premières banderilles :

« On demande aujourd'hui le bonnet rouge ; on ne s'en tiendra pas là, on demandera bientôt la ceinture avec les pistolets de manière

Silhouette romaine, douceur maternelle : l'idéalisation n'empêche pas cette institutrice républicaine d'enseigner, comme les citoyennes de Lyon en 1792, la Déclaration des droits de l'homme et du citoyen. Paris, Bibl. nat.

que cela coïncide parfaitement avec la manœuvre des attroupements pour le pain et vous verrez des files de femmes aller au pain comme on marche à la tranchée. »

Toujours aussi inspiré, il conclut :

« Ces Sociétés ne sont pas composées de mères de famille, de filles de famille, de sœurs occupées de leurs frères ou sœurs en bas âge, mais d'espèces d'aventurières, de chevaliers errants, de filles émancipées, de grenadiers femelles. »

Son auditoire était touché. Le lendemain, Amar, rapporteur au Comité de sûreté générale, portait le coup de grâce en associant habilement la question de fond — les droits politiques des femmes — à la situation présente. Depuis le 24 octobre, le grand procès des députés girondins était ouvert ; de là à prétendre que les troubles provoqués par les Républicaines leur étaient favorables, il n'y avait qu'un pas, qu'Amar franchit sans scrupule : « On voudrait, dans ce moment où l'on juge Brissot et ses complices, exciter quelques mouvements à Paris. »

Or au même moment s'instruisaient les procès d'Olympe de Gouges et de Manon Roland ; Marie-Antoinette, elle, venait d'être exécutée. L'occasion était bonne pour associer le mouvement féminin à la contre-révolution et, de la sorte, poser les vraies questions en des termes particulièrement défavorables aux femmes :

« 1° Les femmes doivent-elles exercer les droits politiques, et s'immiscer dans les affaires du gouvernement ? [...] ont-elles la force morale et physique qu'exige l'exercice de l'un et de l'autre de ces droits ? L'opinion universelle repousse cette idée.

2° Les femmes doivent-elles se réunir en associations politiques ? »

La réponse était encore non, la nature destinant les femmes à des « fonctions privées » et « l'ordre social » reposant sur la « différence qu'il y a entre l'homme et la femme. »

Après avoir chanté l'homme « fort, robuste », « seul propre aux méditations profondes et sérieuses qui exigent une grande contention d'esprit et de longues études qu'il n'est pas donné aux femmes de suivre », Amar concluait, devant une Assemblée apparemment favorable, par ce morceau d'anthologie :

« En général les femmes sont peu capables de conceptions hautes et de méditations sérieuses. [...] Voulez-vous que, dans la République française, on les voie venir au barreau, à la tribune, aux assemblées politiques comme les hommes, abandonnant et la retenue, source de toutes les vertus de ce sexe, et le soin de leur famille ? Elles ont plus d'un autre moyen de rendre des services à la patrie ; elles peuvent éclairer leurs époux, leur communiquer des réflexions précieuses, fruit du calme d'une vie sédentaire, s'employer à fortifier en eux l'amour de la patrie par tout ce que l'amour privé peut leur donner d'empire ; et l'homme, éclairé par des discussions familières et paisibles au milieu de son ménage, rapportera dans la société les idées utiles que lui aura données une femme honnête. Nous croyons donc qu'une femme ne doit pas sortir de sa famille pour s'immiscer dans les affaires du gouvernement. »

Le député Charlier, pourtant, avait des réserves à faire : au nom de quoi interdire aux femmes de « s'assembler paisiblement ? » Les travées murmurent. Il poursuit : « A moins que vous ne contestiez que les femmes font partie du genre humain, pouvez-vous leur ôter ce droit commun à tout être pensant ? » Devant une intervention si naïve et si gênante, Bazire juge à propos de faire oublier les « principes » par un peu de réalisme :

« Il est [...] uniquement question de savoir si les Sociétés de femmes sont dangereuses. L'expérience a prouvé, ces jours passés, combien elles sont funestes à la tranquillité publique. Cela posé, qu'on ne me parle plus de principes. Je demande que révolutionnairement, et par forme de sûreté publique, ces associations soient interdites, au moins pendant la révolution. »

Et le décret est voté : « Les clubs et les sociétés populaires de femmes, sous quelques dénomination que ce soit, sont défendus. »

Ainsi la voix des femmes fut-elle, à travers les Républicaines révolutionnaires, étouffée, « étranglée » dit Michelet. Arrêtée en avril 94, Pauline Léon sera libérée par les Thermidoriens, sans avoir été jugée. Claire Lacombe, dénoncée par une femme, est arrêtée au même moment que son amie. Elle semble avoir erré de prison en prison jusqu'en août 1795, avant de redevenir comédienne. Un contrat de l'an V (1797) l'engage pour tenir « l'emploi de premiers rôles et reines dans la tragédie et celui de grande coquette et premiers rôles dans la comédie ». Dernier signe de vie en l'an VII : 386 livres de dettes.

QUEL ANTIFÉMINISME ?

A ce moment de l'histoire révolutionnaire où s'élèvent devant les citoyennes des interdits si clairs et où s'énonce une conception de la femme si misogyne, deux questions se posent : ces mesures répressives sont-elles l'aboutissement d'un antiféminisme rampant et continu depuis 1789 ou l'effet de circonstances politiques ? d'où sort et de quelle « pensée » est constitué un discours si violemment sexiste au cœur d'une Révolution qui accueillait avec émotion les femmes dans ses rangs et n'avait d'effigies que féminines ?

Tant que la Révolution soude le Tiers État contre les privilégiés, la Patrie contre les dangers, les forces républicaines contre la royauté, les femmes — au même titre que les citoyens « passifs » — font partie intégrante d'une dynamique unitaire. Mais lorsqu'apparaissent nettement, au sein même des forces révolutionnaires, des clivages sociaux qui opposent entre elles composante bourgeoise et populaire — dictature jacobine et démocratie sans-culotte —, la participation féminine est dénoncée comme alliée ou instrument d'une dangereuse « anarchie ». Pourtant cette exclusion n'est pas motivée par une argumentation politique, mais par un discours sexiste qui tente, au prix de contradictions piteuses, de refuser à la femme non les droits mais carrément une « nature » civique, — à la manière de l'Eglise, au fond, qui avait si longtemps nié chez ses chrétiennes la présence d'une âme. L'actualité politique se conjugue alors à la pesanteur des mentalités.

L'attaque systématique contre les femmes ne s'élabore pas avant le printemps 93. Elle vient des rangs girondins menacés par l'offensive montagnarde, activement soutenue, on l'a vu, par les citoyennes sans-culottes. Et c'est Gamon — promis à une belle carrière après Thermidor — accusant : « Ces femmes qui sont venues régulièrement troubler nos séances [...] sont évidemment salariées par nos ennemis. En effet presque toutes portent les livrées de la misère [...]. » C'est Isnard dénonçant les ennemies de la patrie à qui l'on fait croire « qu'elles sont les héroïnes qui doivent la sauver ». C'est Gorsas dans son *Courrier des quatrevingt-trois départements* évoquant l'« organe des furies » ivres de sang, leurs « pistolets et leurs poignards », l'« étendard de la licence » au bout du bras. C'est Buzot enfin, dont l'amour pour Madame Roland ne censure pas la hargne contre ces « femmes perdues ramassées dans les boues de la capitale, dont l'effronterie n'a d'égal que leur impudicité, monstres femelles qui ont toute la cruauté de la faiblesse et tous les vices de leur sexe ». Manipulées, misérables, immorales, monstrueuses : on voit comment

Liberté, *manière de crayon et de lavis dessinée par Leclerc et gravée par Carrée. Musée Carnavalet. Photo Édimédia. Féminine toujours, l'image de la Liberté foisonne en l'an II. Juvénile ici, et même sauvageonne sous le bonnet phrygien, la gracieuse Liberté n'en écrase pas moins de son gourdin l'hydre du despotisme.*

le cliché antiféministe se superpose à la crainte du peuple sans-culottes.

L'hostilité montagnarde d'octobre 1793 ressemble à la tactique défensive des Girondins. Le Comité de Salut public, où vient d'entrer Robespierre, se heurte alors aux Enragés. Insatisfaits des premières mesures « terroristes » qui répondent pourtant à leurs demandes, ils tendent par leurs revendications « exagérées » (comme l'application de la Constitution) à détruire l'équilibre fragile établi entre la poussée extrémiste parisienne et la modération des Conventionnels. On s'explique que J. Roux soit arrêté et sa clientèle féminine — dont les Républicaines révolutionnaires — suspectée de provocation. Mais l'attaque, politiquement fondée et en elle-même non sexiste, est accaparée par un groupe d'individus qui, pour des raisons de circonstance, ont tout intérêt à jouer de la fibre antiféministe.

Qui sont en effet, Chabot, Bazire, Fabre d'Eglantine ? Des Montagnards modérés, que bientôt on appellera Dantonistes ou Indulgents et qui mourront avec Danton en avril 94. Mais Chabot, capucin défroqué, est compromis dans d'obscures spéculations avec les banquiers Frey dont il s'apprête à épouser la jeune sœur et les millions. Déjà suspect et exclu du Comité de Sûreté générale, il n'est qu'en sursis et le sait. De plus, associé cette fois à Bazire — ancien ami d'Etta Palm — et au « poète » Fabre d'Eglantine, il se prépare à retirer de fabuleux bénéfices – partagés avec des banquiers étrangers dont les Frey — de manœuvres frauduleuses à l'occasion de la liquidation de la Compagnie des Indes. C'est Fabre, semble-t-il, qui pour détourner les soupçons, dénoncera l'affaire en novembre ; le Comité de Salut public, voyant là un « complot de l'Etranger », y trouvera de quoi alimenter sa lutte contre les « factions ».

Le trio a donc de bonnes raisons d'orienter l'attention vers un objet plus consensuel que ses malversations et de professer un antiféminisme de circonstance. Le moment est favorable : l'affaire des cocardes et les discussions internes au club des Républicaines ont montré un adversaire divisé. Tout désigne une cible qui ne sera ni l'orientation politique, ni même le militantisme des femmes mais « la femme ». Dans un autre contexte, le même langage servira de nouveau lors de la répression définitive de Prairial an III — après les grandes émeutes du printemps 1795 : « La Convention décrète que les femmes ne pourront assister à aucune assemblée politique. »

Ces offensives – antipopulaires autant qu'antiféministes — se nourrissent des stéréotypes archaïques que la mentalité contemporaine n'a pas évacués — la nôtre l'a-t-elle fait ? Sur le motif de la femme faible, inférieure, pécheresse, l'actualité brode de nouvelles couleurs aux vieux fantasmes, en demandant à un Rousseau mal lu sa garantie philosophique : le schéma sexiste classique (mépris de la femelle, peur de l'être perfide et dangereux : en Eve toujours une sorcière sommeille, sa sottise seule rassure) croit trouver sa justification dans la sublimation rousseauiste de la faiblesse féminine en douceur, en vertu, en sagesse, en bonheur maternel et familial. Toute figure atypique méritera condamnation, non plus parce que la femme est mauvaise mais parce que sa nature bonne a été pervertie. L'idéal domestique sera simplement opposé à la vie dans la cité ; la douceur exquise et requise rendra odieuse la violence de la « furie » — variantes : « harpie », « mégère », « cannibale femelle » — qui « aboie », « glapit », s'adonne au pugilat côté rue et, côté Cour, se mue en « Louve » et en « Architigresse ». Et puis, Etta Palm, Théroigne, Claire Lacombe ont beau être belles — tout le monde le dit —, il n'est de militantes que « laides à faire peur », comme si le fantasme refusait à l'ensemble ce que le regard accorde à chacune.

De même la vertu exaltée par Rousseau souligne le « vice » des « femmes-perdues », « putains », « bacchantes », « Messaline » et autres « nymphes ». La figure maternelle enfin révèle que — suprême transgression — ces femmes sont des hommes : « amazones », « grenadiers-femelles » que Chaumette catalogue ainsi : « la femme sans vergogne qui endosse la tunique virile, et fait le dégoutant échange des charmes que lui donna la nature contre une pipe et une culotte ». Celles-là sont les pires : ce sont les « hermaphrodites », les êtres « mixtes » comme Olympe de Gouges ou la « femme Roland » : « Elle était mère, mais elle avait sacrifié la nature, en voulant s'élever au dessus d'elle ; le désir d'être savante la conduisait à l'oubli des vertus de son sexe. » (*Moniteur Universel* , 19 novembre 1793.) Et qu'on ne discute pas : ce n'est pas être antiféministe que de pourfendre des êtres qui ne sont pas des femmes.

Leur voix même prouve leur dénaturation. Le rêve depuis toujours, c'est l'épouse muette : la « langue », le « bavardage » des femmes, vieux lieux communs, les revoici, devenus « cris » et « vociférations ». Le « babil » a dégénéré en « hurlement ». Le grief serait plat et vain s'il ne visait une usurpation de la parole devenue insupportable quand les femmes accèdent au discours. La plume d'Olympe vaut le poison ou le poignard ; l'éloquence de Claire Lacombe est son premier crime : « La femme qu'on va dénoncer est fort dangereuse en ce qu'elle est fort éloquente : elle parle bien d'abord, et attaque ensuite les autorités constituées [...]. » Pour comble, cette rhétorique réclame des piques, au lieu de bercer des enfants — que ces fausses femmes ne font pas, et de cajoler leur homme — qu'elles n'épousent pas.

Ainsi justifiait-on l'exclusion des femmes du forum en 1793. La mentalité masculine avait du retard sur l'idéologie révolutionnaire -on ne saurait s'en étonner. Mais ce discours ne parvient pas à gérer autrement que par la force ses contradictions : comment renvoyer dans ses foyers, pour y exercer sa douceur naturelle, cette violence dangereuse ? Comment exclure de la sphère publique — au nom de la nature — celle-là même que la Révolution a sacrée héroïne de 89, acceptée et écoutée dans ses assemblées, celle qu'elle a déclarée « majeure », et promue déesse, mère régénératrice et éducatrice ? Peut-on applaudir l'énergie patriotique d'un sexe voué par sa faiblesse morale et physique à ne jamais franchir le « cercle des fonctions privées » ?

Pour l'heure ces apories machistes sont plus dangereuses pour la logique de leurs auteurs que pour les femmes. Elles continuent à participer à la vie des sociétés populaires. Le pouvoir aurait-il dû, en 1795, interdire aux femmes l'accès aux réunions politiques si la Terreur y était parvenue en 93 ? Mais, à ce discours sommaire s'ajoutent déjà des variantes plus pernicieuses. La première, culturelle, tente de réconcilier les images contradictoires de la femme sous les traits d'un personnage unique : la Romaine. Elle est beaucoup plus maniable que le modèle de la fragilité féminine, parce qu'elle rencontre le rêve civique des femmes elles-mêmes. « Puisque les Français sont devenus des Romains, imitons les vertus et le patriotisme des dames romaines », s'était écrié, en 1790, Etta Palm et, dès 1789 on s'en souvient, ces femmes qui offraient leurs biens à la nation avaient évoqué les « Romaines qui firent hommage de leurs bijoux au Sénat ».

Mais à Romaine, Romaine et demie. Un misogyne invétéré comme Prud'homme, rédacteur des *Révolutions de Paris*, exhibe une authentique Romaine propre à invalider le serment civique des femmes en 1790 et leur présence dans les sociétés ou les clubs. C'est « la fille de Caton et l'épouse de Brutus : Porcie » qui « mettait son orgueil dans la discrétion et ne cherchait point à rivaliser de gloire avec ceux dont elle partageait le cœur et les destinées ». Après Porcie, on convoquera Cornélie, mère des Gracques, au secours d'un Rousseau trop peu sûr : « Si Cornélie avait été d'un Club nous passerions condamnation sur ce que nous avons dit d'après la nature et la raison et J.J. Rousseau. » Bref, le discours « romain » concède l'ardeur, la générosité, la grandeur, mais dans la réserve de la République. L'aboutissement de cette image se lit superbement dans le grand tableau de David, *L'Enlèvement des Sabines* : loin d'être des femmes-objets ou de faibles femmes, elles sont exaltées et exaltantes mais comme mères, filles ou épouses héroïquement réconciliatrices.

L'enlèvement des Sabines, *Louis David. Musée du Louvre, Paris. Photo Giraudon. Ni femmes-objets, ni faibles femmes, les Sabines sont exaltées et exaltantes mais comme mères, filles, sœurs ou épouses héroïquement réconciliatrices.*

Intelligente, cette image récupératrice est cependant trop pompeuse, trop bourgeoise surtout pour venir à bout des « excès » féminins surgis de faubourgs peu sensibles au latin et aux drapés romains. Le discours médical, lui, concerne toutes les femmes ; il justifie leur inaptitude à la vie publique et dépasse la contradiction qui juxtaposait faiblesse et violence féminines. Tout s'explique par l' *hystérie*, affection mi-physique, mi-mentale, découverte au cours du XVIIIe siècle, qui fait de la femme une constante malade en puissance, à jamais plus faible

223

que l'homme. Lui est un esprit doté de muscles, elle n'est qu'un corps : une frêle enveloppe dont le centre est l'utérus. Celui-ci détermine toute la sensibilité féminine, l'oriente vers le sentiment maternel et, par sa propre fragilité et sa nervosité excessive, prédispose la femme aux convulsions, aux ardeurs anormales, au dérèglement de l'imagination, à la folie, et lui interdit toute spéculation intellectuelle.

Sans la Révolution ce mal ne serait peut-être jamais sorti des boudoirs, mais des médecins — comme Cabanis, ami de Mirabeau et des Condorcet — le démocratisent pour ainsi dire en le généralisant. Conséquence : il faut du calme et la sécurité du foyer à cet utérus susceptible. Exposé à de nocives influences, Dieu sait quels troubles il provoquera, dangereux pour la santé de l'individu comme à celle de la nation : hystérie collective des femmes en foule, mais aussi bien hystérie des dévotes manipulées par les prêtres réfractaires :

« Les femmes sont plus disposées que les hommes à croire aux esprits et à avoir des apparitions ; elles se livrent d'autant plus aisément à toutes ces pratiques superstitieuses que leurs préjugés sont nombreux. »

Universelle et contagieuse, cette déraison qui réconcilie les engagements les plus opposés, et guette les prétendantes à l'exercice de la raison, vient conforter « scientifiquement » l'ordre naturel, c'est-à-dire bourgeois, de la famille. Ce n'est, à la fin de la Révolution, qu'un argument propre à renvoyer les femmes de l'espace public qu'elles occupent encore ; le XIXe siècle s'en servira pour les empêcher — longtemps — d'y revenir.

FEMMES FLOUÉES OU AFFRANCHIES ?

Faut-il conclure de ce discours discriminatoire que la pensée révolutionnaire est essentiellement antiféministe ? Sa date, tardive, s'y oppose et s'il est tentant d'établir une constante : refus du droit de vote par les trois Assemblées, interdiction des clubs féminins fin 93, exclusion de toute vie politique en 95, code civil en 1804, c'est là une fausse série. En fait, les avancées et les reculs du statut des femmes dans la cité, les écarts entre positions officielles et situations réelles révèlent les contradictions profondes rencontrées par la Révolution de part et d'autre de Thermidor : sur la question des femmes comme dans le domaine économique, le projet d'une République bourgeoise, libérale, élitiste et censitaire se combine et s'affronte à une dynamique porteuse d'une démocratie politique et sociale.

Evitons également une vision myope qui accommoderait à notre expérience moderne le « féminisme en action » des femmes de la Révolution. Spontanément, il n'abandonne pas la citoyenneté au vestiaire de l'espace domestique et ignore encore la démarcation aliénante entre vie publique et vie privée à laquelle il se heurte, aux derniers mois de la Révolution, non comme à un ennemi de toujours, mais comme à une limite nouvelle opposée à son mouvement. Enfin, pour déplorable qu'il soit, le sexisme bruyant de certains Jacobins ne doit pas nous rendre sourds à d'autres voix masculines, plus audacieuses, qui osent rompre avec des préjugés millénaires.

Militant obstiné de la justice, Condorcet ajoute à son combat pour la reconnaissance des droits civiques aux Juifs, pour la suppression de la traite des noirs et l'abolition de leur esclavage, la cause des femmes. Entrevue dès 1788, la question de « l'admission des femmes au droit de cité » est clairement posée en 1790. Avec une ironie assez froide, il dénonce l'« oubli » des législateurs prétendus philosophes :

« Tous n'ont-ils pas violé le principe de l'égalité des droits, en privant tranquillement la moitié du genre humain de celui de concourir à la formation des lois, en excluant les femmes du droit de cité ? [...] ou aucun individu de l'espèce humaine n'a de véritables droits, ou tous ont les mêmes ; et celui qui vote contre le droit d'un autre, quels que soient sa religion, sa couleur ou son sexe, a dès lors abjuré les siens. »

A l'évidence logique des principes, Condorcet ajoute une réfutation patiente de tous les arguments pratiques. Fragilité biologique ? Certes les femmes sont exposées « à des grossesses et des indispositions passagères », mais a-t-on pensé à exclure du droit de vote « les gens qui ont la goutte tous les hivers et qui s'enrhument aisément » ? Elles sont moins éclairées ? Eduquons-les, mais éduquons aussi les hommes ignorants, sans quoi le risque est grand de n'accorder bientôt le droit de cité « qu'aux hommes qui ont fait un cours de droit public » ! Elles n'ont pas de sens politique ? Elisabeth d'Angleterre, Marie-Thérèse d'Autriche, Catherine de Russie prouvent le contraire. Et les reines des salons n'auraient sans doute pas, elles, promulgué des lois « aussi absurdes et barbares [...] contre les protestants, les voleurs domestiques, les contrebandiers et les nègres ». Les préjugés balayés, reste encore une objection : la politique détournera les femmes de leurs devoirs familiaux. Soit. Mais « on n'arracherait pas les femmes à leur ménage plus qu'on n'arrache les laboureurs à leurs charrues. »

Philosophe hardi, Condorcet est plus modéré en politique. Partisan du suffrage censitaire, il n'accorde le droit de vote qu'aux femmes propriétaires et sans oser les rendre éligibles. Cette timidité chez le penseur le plus moderne des droits de la femme donne la mesure de la résistance involontaire des mentalités. L'antiquité gréco-romaine, si fertile en grands citoyens, n'offre aucun modèle de citoyenne à part entière ; quant aux reines, on n'en veut plus ! Ne nous étonnons donc pas que la question, même après les prises de position de Condorcet, n'ait jamais été réellement débattue. Robespierre resta muet et c'est dommage car un article de son projet de constitution, en 93, allait peut-être dans le sens de Condorcet : « Ces droits appartiennent à tous les hommes quelle que soit la différence de leurs forces physiques et morales. »

La solitude de Condorcet et le silence qui accueille ses idées signifient-ils pour autant le refus unanime d'une « majorité » politique des femmes ? Sans doute pas. On le voit à l'occasion des débats sur le divorce en 1792. La plupart de ses partisans envisagent cette mesure comme un instrument de bonheur et de libération individuelle de la femme, mais certains y voient une étape vers une promotion civique future. Ainsi le député Sédillez : « N'était-il pas temps enfin de compter pour quelque chose, dans notre gouvernement, dans notre législation, et la raison et l'esprit des femmes ? » Plus nette encore est la brochure du breton Lequinio, intitulée *Les Préjugés détruits* : les femmes ont des droits « qu'elles ont reçus comme nous de la nature et que nous avons sans doute eu l'intention de reconnaître dans notre déclaration générale des droits de l'homme ». Celle-ci, « ne renfermant point d'exception contre les femmes, elles ont à se promettre sans doute par la suite un avenir plus heureux et une entière liberté ».

Cette question du vote des femmes, si importante à nos yeux, est donc restée théorique. Mais, faut-il le rappeler, les femmes, à l'exception d'Olympe de Gouges, ne l'ont guère réclamé. Le vote et plus encore l'éligibilité leur semblent alors négligeables en comparaison d'une participation concrète et active à la « chose publique », au bien commun, au salut de la patrie, qui fonde véritablement leur appartenance au corps social et au Peuple souverain. Ce qu'elles souhaitent avec force en revanche, c'est l'instruction. La véritable infériorité, le véritable esclavage est là, dans l'ignorance, doublement dangereuse pour les femmes qui en sont victimes elles-mêmes et la transmettent à leurs enfants.

La réponse de la Révolution à cette attente est à la fois énorme et décevante. Enorme parce qu'elle fait de l'instruction un droit — et non plus un privilège ou une chance — et entreprend non seulement de donner aux filles une éducation jusque là refusée, mais de faire accéder tout un peuple, garçons et filles, à la formation dont ne bénéficiaient que les fils de la bourgeoisie et de la noblesse. Il lui faut donc repenser l'éducation, la rendre publique, laïque et républicaine. Décevante parce que les conflits idéologiques et l'évolution politique rapide des Assemblées multiplient et enterrent successivement les projets. Le temps manquera finalement à l'achèvement du programme de la Convention.

Ici encore, le projet de Condorcet affirme son originalité et une foi profonde dans une instruction libératrice. Universelle, égale pour les femmes et les hommes, les pauvres et les riches, permanente pour les adultes dont le milieu social empêche la conservation ou le renouvellement des connaissances, cette éducation doit, à tous les niveaux, être gratuite, tolérante, critique. Concevant même la mixité, Condorcet prévoit d'accueillir garçons et filles de 6 à 10 ans à l'école primaire, de 10 à 13 ans à l'école secondaire où sont abordées mathématiques, histoire et géographie, dessin, langues étrangères. Les Instituts — nos lycées actuels — à raison d'un par département dispensent une formation professionnelle ; celle de sage-femme par exemple y est prévue. Au sommet 9 « lycées » — nos Universités — assument, pour les garçons seulement, formation et recherche scientifiques.

Ce projet pouvait, cette fois, rencontrer l'adhésion générale. Mais le jour même où Condorcet en fait lecture, le 20 avril 1792, Louis XVI propose à l'Assemblée survoltée la guerre contre l'Autriche. L'urgence politique, la journée du 10 août, puis l'étiquette girondine attachée au nom de Condorcet devaient éliminer son rapport. C'est celui de Lakanal, professeur de son état, qui fut adopté à l'automne 1794. Il maintenait l'instruction primaire obligatoire pour les filles, mais les séparait des garçons. Depuis, on a vivement stigmatisé cette « méfiance ». Elle devait pourtant provoquer une percée féminine imprévue mais considérable, le recrutement d'institutrices marquant l'entrée des femmes dans « l'administration de la chose publique ».

Plus étroit et moins démocratique que celui de Condorcet par le nombre inférieur des écoles, ce projet restait très progressiste. Il suffit pour s'en convaincre de le comparer aux notes (non publiées à l'époque) de Saint-Just sur l'éducation : trois pages serrées de consignes spartiates organisent la formation des garçons, puis cette ligne, unique : « Les filles sont élevées dans la maison maternelle. » Moins laconiques mais analogues, plusieurs autres projets, masculins (Mirabeau, Talleyrand) et même féminins, posent clairement que les filles n'ont pas besoin d'une instruction « savante » et que, une fois maîtrisés calcul, écriture et lecture, seule importe la préparation à la vie domestique et maternelle. Cette ségrégation des écolières, inspirée d'un rousseauisme dévoyé, correspondait sans doute à l'opinion majoritaire dans la bourgeoisie éclairée — et militante. La Convention sut aller plus loin. Mettons pourtant les choses au point.

On ferait un grave contresens sur les conceptions pédagogiques révolutionnaires en bornant leur application à l'école seule : elle forme des citoyens, mais le corps entier des citoyens est à son tour une gigantesque école :

« Les véritables écoles des vertus, des mœurs et des lois républicaines, dit un Conventionnel, sont dans les sociétés populaires, dans les assemblées de sections [...], dans les fêtes nationales et locales, les banquets civiques et les théâtres. C'est là que la jeunesse acquerra, pour ainsi dire sans travail, la connaissance de ses droits et de ses devoirs, qu'elle puisera des sentiments propres à élever son âme à la hauteur des vertus républicaines. »

A cet idéal, on a vu les citoyennes adhèrer en fréquentant clubs ou tribunes et en dispensant leur propre savoir.

L'aspiration féminine à l'instruction ne correspond pas non plus à nos modernes ambitions féministes mais à ces deux préoccupations qui semblent les contredire : être une bonne citoyenne, être une mère éclairée. Il ne s'agit pas, comme ce fut le cas au XIXe siècle, d'accéder à des fonctions et des diplômes masculins : les bourgeoises ne travaillent pas et les métiers féminins, hors ceux de sage-femme et d'institutrice, ne demandent pas de longues études. Mais il faut être instruite pour gérer éventuellement, une fois veuve, les affaires du mari ou, divorcée, les siennes propres, surtout pour savoir garder ses enfants en vie, leur transmettre autre chose que les préjugés reçus et former en eux des citoyens. « Je jure d'apprendre à mes enfants et à tous autres sur qui j'aurais autorité à préférer la mort à l'esclavage » dit le serment que prêtent les adhérentes du club des Lyonnaises. Nous ne saurions réduire à l'image moderne de l'épouse aliénée par ses biberons et son ménage — mais assistée par toutes sortes de machines, d'écoles maternelles, de pédiatres, etc. — la volonté toute neuve de former et d'éduquer des enfants, pour leur bonheur et pour celui de tous.

S'ajoutent enfin l'espoir d'une égalisation sociale permettant aux femmes du peuple d'avoir pour leurs enfants les mêmes soins que les bourgeoises, et une promotion réelle : détentrice d'un savoir domestique, la femme acquiert un pouvoir sur ses enfants non reconnu jusque là. L'autorité absolue du père, les caprices des domestiques, les ignorances des nourrices, les superstitions des matrones, cèdent la place à une idée neuve : être mère exige une compétence qui confère une dignité. Bien sûr, pour les antiféministes comme Amar et surtout dans la bourgeoisie du XIXe siècle, cet « avancement » de la femme est, et sera, aussi une éviction ; mais à l'époque révolutionnaire même, l'héroïsation civique des mères, leur présence constante dans les fêtes et les cortèges, la mode, l'appellation de « citoyenne » et la conscience de l'être même chez les non-militantes, surtout la conviction partout répétée d'une responsabilité publique de la maternité, font de la vie privée une antichambre de la patrie.

Aussi n'y avait-il pas que de la misogynie rétrograde dans ce dialogue de Napoléon et de Madame Campan à laquelle l'Empereur confie la direction de la première Maison de la Légion d'honneur :

« Les anciens systèmes d'éducation ne valent rien ; que manque-t-il aux jeunes personnes pour être bien élevées en France ? — Des mères, répondit Madame Campan. — Le mot est juste, reprit Napoléon. Eh bien ! Madame, que les Français vous aient l'obligation d'avoir élevé des mères pour leurs enfants. »

Lucile, Camille Desmoulins et leur fils. Peinture école française du XVIIIe siècle. Photo Hubert Josse.

FEMME FUTURE : LUCILE DESMOULINS

Que fut la Révolution pour les millions de filles, de mères, d'épouses de ce temps, qui n'ont pas été des figures de l'engagement féminin, ni des rebelles, ni des victimes ? il est bien difficile de le savoir, faute de témoignages. L'histoire de Lucile Desmoulins entrouvre pour nous la porte d'une intimité révolutionnaire où, sans la « libération » fracassante du divorce, ni le tumulte de l'émeute, ni l'éclat du bonnet rouge, se devine pourtant une femme résolument nouvelle. Non la femme moderne, mais sa promesse.

Elle a installé son mariage d'amour près de l'actuel Odéon, quartier vivant peuplé de cette bourgeoisie de « talents » promue par 1789, imprimeurs ou journalistes. Marat y habite. Les Danton sont à deux pas. Echoppes, commerces, cafés animent la rue — pavée, ce qui est un progrès. Tout près, le club des Cordeliers dont Camille est un des leaders. L'appartement est modeste — le talent ne rend pas riche — et son ameublement, dont l'inventaire précis fut fait après l'arrestation de Desmoulins, permet d'imaginer cette mystérieuse « sphère privée », où Lucile sait être heureuse sans s'y enfermer.

Un grand poële de faïence dans l'antichambre assure le chauffage du trois pièces-cuisine. La chambre est ouvertement conjugale ; on ne voit que lui, le lit ! Seule pièce fortement estimée par l'inspecteur dans un mobilier qu'il juge visiblement médiocre, ce lit unique est presque une nouveauté ; la plupart des époux préfèrent les lits jumeaux. Matelas de plume, rideaux et ciel de damas bleu permettent aussi à Lucile, qui n'est pas matineuse, d'y paresser. Autour s'entassent des bibliothèques, des fauteuils, un secrétaire et le pianoforte venu de Bourg-la-Reine. Une seconde chambre abrite le nécessaire de toilette. Pas de baignoire — elle est rarissime encore — mais tout un matériel qui témoigne d'un très moderne souci d'hygiène. Outre de multiples brocs, cuvettes, baquets, une « toilette en acajou » raconte par son contenu de petits pots parfumés l'attention de Lucile à son maquillage. Et, quasi inconnu encore en France, un luxueux bidet, derrière son paravent. Au fond s'ouvre le bureau de Camille, encombré de livres et de piles de journaux. On y a placé le petit lit d'Horace.

Sur tous les murs, des tableaux alternent gravures patriotiques, pastorales tendres et amoureuses, un portrait de famille. A la cuisine, les poêles à frire, plus nombreuses que les anciennes casseroles, annoncent des repas peu mijotés. Surtout, un nombre étonnant de cafetières et de moulins indique la consommation de quantités impression-nantes de café — que Lucile fait « à la chausse ». Les commodes débordent de fouillis. Lucile n'a pas le sens de l'ordre et Camille n'a pas d'heures. Les séances des Cordeliers, les réunions tardives, les articles à rédiger, brûlent les soirées et consomment les bougies par paquets.

Dans cette bohème amoureuse et militante, ce n'est pas la frivolité, mais ce n'est pas la vertu spartiate non plus. Les Desmoulins colorent leur pratique neuve du bonheur d'une « originalité » qui n'est une valeur ni pour la morale classique, ni pour la conduite « exemplaire » jacobine. Désormais Lucile complète sa beauté de jeune fille par des airs de femme émancipée. Elle a coupé ses cheveux bruns qu'un large ruban retient ; elle suit la mode douce et cambrée avec une coquetterie avouée, et ne manque pas d'admirateurs. Le plus assidu est Stanislas Fréron, qui deviendra après Thermidor un redoutable Muscadin. Pour l'heure, c'est un vieil ami de la famille qui prend aux pieds de Lucile des airs d'amoureux romantique. Lucile badine, ne chagrine personne et note dans son journal : « Fréron est revenu et paraît être toujours le même mais je m'en fiche, qu'il devienne fou s'il veut, mon pauvre Camille, va, n'aie pas peur. » Envoyé à Toulon assiéger la ville qui s'est livrée aux Anglais, Fréron, surnommé « le lapin », écrit à Lucile sans le dissimuler à Camille : « Tu sais depuis longtemps que j'aime ta femme à la folie, je lui écris, c'est bien la moindre consolation que puisse se procurer un malheureux lapin. »

Danton aussi tente parfois des galanteries qu'elle trouve « rustres ». Mais « c'est un bon diable » et l'amitié entre les deux familles est solide. Aux liens politiques, s'ajoute le voisinage ; les femmes se visitent, sortent ensemble, et chez l'une comme chez l'autre se tient une manière de salon improvisé, plus récréatif apparemment que celui de Madame Roland. Cette autonomie de femme libre, et souvent seule, s'exprime aussi dans des lettres confiantes à sa mère — qu'elle interroge par exemple sur la conduite à tenir avec Fréron — et dans des carnets intimes. Le quotidien d'une intimité heureuse, les soucis également — la santé de Camille n'est pas bonne —, les récits de « vacances », y composent avec fantaisie une intériorité sans rapport avec les livres de comptes des bourgeoises sérieuses, ni même avec les *Mémoires* , si contrôlés, de Manon Roland.

Elle raconte aussi les faiblesses, les angoisses et la prise de conscience d'une jeune femme de plus en plus concernée, comme épouse et comme citoyenne, par l'événement. Dès la fuite du Roi, en juin 91, ses émotions sont des opinions. Le 23, elle écrit à sa mère :

« Nous avons eu des alarmes, nous ne nous sommes point quittés l'un de l'autre et moi je serais morte si j'étais restée seule ces trois jours. [...] Nous avons été sur le point de rentrer dans l'esclavage. Le Roi revient et La Fayette tremble. Il revient aujourd'hui. [...] Il n'est plus question de *roulade* [cabrioles], toutes ces choses-là me les ont

fait oublier. [...] Les femmes entrent aux Jacobins. Je crois que j'irai aujourd'hui. »
Ne cherchons pas chez elle de déclarations patriotes, mais un ton clairement « partisan », troué de frayeurs que Lucile n'a pas honte d'avouer. Ainsi la nuit du 9 au 10 août, au milieu d'un groupe anxieux chez les Danton : « Bientôt je vis chacun s'armer. Camille, mon Camille arrive avec un fusil. O Dieu ! Je m'enfonçais dans l'alcôve. Je me cachai avec mes deux mains et me mis à pleurer. » Puis c'est l'attente, le tocsin, le canon au matin ; « [...] nous entendions crier et pleurer dans la rue. Nous crûmes que Paris allait être tout en sang. Enfin on vint nous dire que nous étions vainqueurs à une heure. »

La royauté supprimée, Danton est nommé ministre de la Justice et recrute Camille comme « secrétaire du sceau » avec mission de réorganiser les tribunaux. Voici venu le temps du bonheur commun ! « Que de projets nous fîmes. Si tout pouvait durer. Je crus que j'allais avoir le pouvoir de faire du bien à qui je voudrais. » Espoir bientôt déçu : « Vaine chimère. Je n'ai rien pu. » Camille de son côté, en dépit de nombreuses destitutions, se heurte à l'impossibilité de modifier réellement l'appareil judiciaire. L'histoire n'a retenu ironiquement de son œuvre que le recrutement d'un lointain parent en quête de place : Fouquier-Tinville. Bientôt, en septembre 92, la nouvelle assemblée chargée de doter la jeune République d'une autre constitution, la Convention, est convoquée. Camille est élu. Le voici, pour la première fois, député, ce qui ne signifie pas seulement représenter le peuple mais fonder définitivement ses droits et sa souveraineté.

Le procès du Roi est le premier acte de cette mission. Lucile assiste à toutes les séances, parfois jusqu'au matin. Le 20 janvier 1793, elle note : « J'ai été à la Convention. Enfin, nous l'emportons. » Le 21 : « C'est aujourd'hui qu'on a fait mourir Capet. » Ce « nous » qui l'inclut dans les acteurs du drame, cette tranquillité devant l'exécution (mais y a-t-elle assisté ?) montrent à quel point, sans être le moins du monde une « furie de guillotine », Lucile — et avec elle sans doute beaucoup d'autres femmes — adhère au mouvement de l'histoire. C'est bien la Révolution qui la mobilise, comme le révèle son émotion à l'enterrement de Lepelletier de Saint-Fargeau, assassiné ces jours-là :

« 23 janvier. J'ai vu ce malheureux Saint-Fargeau. Nous avons fondu toutes en larmes lorsque le corps est passé, nous lui avons jeté une couronne. [...] Je fus quelques temps sans pouvoir tarir mes larmes. »

Vient l'été 93. Marat est mort. Vendée insurgée, provinces en sécession girondine, défaites partout à l'Est : la Terreur, militaire, politique, économique, est mise en place. Le démocrate Camille se défie d'un système, incarné par le Comité de Salut public, qui a des airs de dictature. Mais sa « démocratie » d'intellectuel bourgeois s'effraye aussi de ruptures sociales excessives et de l'idéal « partageux » des sans-culottes. Quoique Montagnard, il ne se reconnaît ni dans l'austère vertu d'un Roberpierre ou d'un Saint-Just, ni dans les « foutre ! » sommaires d'un Hébert, le rédacteur du *Père Duchesne*. L'humeur frondeuse de juillet 89 ne l'a pas quitté, ni son goût de la liberté individuelle : tout cela que la Révolution lui a reconnu, la Terreur va-t-elle l'interdire ?

La peur aussi, depuis que le procès et la mort des Girondins ont privé les députés de toute immunité, se fait jour chez cet homme qui aime tant la vie. Camille croit choisir le camp de la liberté du côté de Danton dans son offensive contre le « despotisme de Robespierre » et contre les aveuglements de la Terreur. Il s'engage en publiant l'hiver 93-94, dans son journal *Le Vieux Cordelier* , sa proposition d'un « Comité de clémence ». Les Jacobins lui demandent des comptes. Robespierre semonce — amicalement ? — l'irresponsable. Hébert dénonce ce « Sardanapale » de Desmoulins. Camille s'entête et croit au succès : n'a-t-il pas l'opinion publique pour lui ? L'arrestation, le 14 mars, d'Hébert et des « Enragés », ses ennemis, semble lui donner raison. Il a tort. Dans la nuit du 30 au 31 mars, Danton est arrêté et avec lui tous les « Indulgents », dont Camille, emmené au Luxembourg.

La suite nous est connue par ses lettres. C'est d'abord l'ordinaire du prisonnier : « Ma chère Lolotte, le chagrin de notre séparation m'a rallumé le sang, ma maladie revient, je n'ai point de chambre à feu, il faut que tu m'envoies un fourneau, de la braise, un soufflet, une cafetière... » C'est la quête de l'image de Lucile : « Oui ma bien aimée, nous pourrons nous revoir encore dans le jardin du Luxembourg ! Mais [...] envoie-moi de tes cheveux et ton portrait, car je pense uniquement à toi, et jamais à l'affaire qui m'a mené ici, et que je ne puis deviner. » L'angoisse aussi : « Tu n'imagines pas ce que c'est que d'être au secret sans savoir pour quelle raison, sans avoir été interrogé, sans recevoir un seul journal ! C'est vivre et être mort tout ensemble ; c'est n'exister que pour sentir qu'on est dans un cercueil. »
Lucile le rassure, par sa silhouette postée dans le jardin du Luxembourg, par ses lettres :

« Bonjour Camille, as-tu pris quelque repos ? As-tu pris quelque moment pour endormir ta douleur, mon bon loup, unique bien, bonheur de mon âme, mon ami, calme tes esprits ; songe à ta santé, ta Lucile t'en conjure. As-tu reçu mes cheveux ? »

Puis c'est la dernière lettre :

« Je sens fuir devant moi le rivage de la vie. Je vois encore Lucile ! Je la vois, ma bien aimée, ma Lucile ! mes mains liées t'embrassent, et ma tête séparée repose encore sur toi ses yeux mourants ! »

Lucile n'y répondra pas.

Le 4 avril, sous le prétexte d'un « complot des prisons » monté pour favoriser des évasions, Lucile qui a multiplié démarches et visites, est arrêtée et envoyée à Sainte-Pélagie. La nouvelle, parvenue à Camille aux ultimes heures du procès, le foudroie : les témoignages le montrent hagard, « déraillé ». A la Conciergerie où leur est transmise la sentence de mort, Danton le secoue, plaisante ; Camille, prostré, ressasse : « Ma pauvre Lucile, mon pauvre Loulou, mon petit Horace, que vont-ils devenir ? » Et, comme si l'amour et la vie de Lucile lui avaient seuls conservé l'équilibre, l'espoir, la force, il se livre tout entier au vertige de la peur panique de la mort. Il est en cela — comme dans son horreur de la violence — bien plus proche de nous que Danton, bravant la mort d'un sarcasme. Camille ne fit pas de phrase. Le dernier mot de celui qui avait préféré une vie belle à une belle mort est « Lucile ».

Elle, elle ne se débattit pas. Niant simplement le complot et comme indifférente à ses juges, elle semblait n'attendre que la sentence pour dire, soulagée : « O joie, dans quelques heures je vais donc revoir Camille ! » Rien jusqu'à la fin ne dément cette sérénité qu'habite une grâce secrète, ni la lettre à sa mère : « Bonsoir, chère maman, une larme s'échappe de mes yeux, elle est pour toi, je vais m'endormir dans le calme de l'innocence », ni la gaieté de sa réponse au dernier ami rencontré au pied de la charrette : « Regardez-moi. Ai-je l'air d'une femme qui a besoin d'être consolée ? » Allant à la mort comme une jeune mariée à ses noces, Lucile se tut devant la guillotine. L'Histoire et elle n'avaient plus rien à se dire. Mais elle avait déjà rédigé son épitaphe : « Elle aima ».

Sa vérité ne réside ni dans un héroïsme militant, ni dans un anachronique romantisme, mais dans cette présence, autonome et solidaire, aux côtés de Camille, en privé comme en public. Aussi n'est-ce point par goût du romanesque mais par souci de saisir cette réalité neuve qu'une biographie « conjointe » leur a été récemment consacrée. Quand tant de documents nous montrent des femmes prendre part à la Révolution sans que l'on puisse relier cette action à leur vie personnelle, il est précieux de découvrir dans l'histoire de Lucile et de Camille une relation conjugale nouvelle, libérée de tout despotisme comme de toute théâtralité. Loin du traditionnel « ménage », tous deux inventent, dans et avec la Révolution — l'eussent-ils fait avant ou après elle ? — la réciprocité transparente d'un « couple ».

Dans son journal de jeune fille, Lucile avait écrit : « Ah ! qu'ils nous divinisent moins et qu'ils nous laissent libres ! » L'injustice de la mort n'efface pas le chemin parcouru, et tracé. Ça ira, Lucile, ça ira !

La Liberté guidant le peuple *ou* le 28 juillet 1830 *par Eugène Delacroix. Musée du Louvre. Roger-Viollet.*

POSTFACE

UNE IDEE NEUVE DE LA FEMME

Femme, objet de tous les fantasmes. Mais ne peut-on en dire autant de la Révolution ? Quoi de plus rêvé, quoi de plus haï, quoi de plus passionnément remémoré ou refoulé que cette décennie sauvage où la France est entrée, pour le meilleur et pour le pire, dans la modernité ?

Qu'on pense alors à ce double fantasme : les femmes dans la Révolution. Leur rôle comme militantes, comme sujets révolutionnaires. Les lois qui révolutionnent leur rôle dans la famille, dans la société. Et aussi tout ce que la Révolution n'a pas su, pas voulu révolutionner. Il y a là matière à bien des analyses... mais d'abord, à bien des fantasmes, car à propos des femmes, ce sont les fantasmes qui courent les premiers. Et aussi à propos de la Révolution.

Déjà chez les contemporains, les révolutionnaires, les contre-révolutionnaires, ceux qui ont vu, vécu, craint, espéré, hésité si souvent. Plus encore, chez les héritiers, chez les interprètes. Sur la scène du bicentenaire défilent ces fantasmes, mêlés à tant d'autres, mêlés aussi à la voix des historiens qui s'efforce — pas toujours avec conviction, ni avec succès — de les dissiper. Mais cette scène est si vaste qu'on continue à y jouer deux pièces, avec deux séries distinctes de fantasmes, l'une à droite l'autre à gauche, car ce sont des fantasmes français.

Que donnent à voir les fantasmes du côté droit ? Des figures bien opposées, apparemment incompatibles. Figure de la tricoteuse. Figure de la femme éconduite. L'une hurlant vengeance, l'autre étouffant sa plainte. L'une déchaînée sur la place publique, l'autre enchaînée au foyer.

Parmi les horreurs qu'ils n'ont cessé de reprocher au mouvement révolutionnaire, les nostalgiques de l'Ancien Régime ont mis en bonne place l'émancipation des femmes et — pour eux sa conséquence inévitable — le relâchement des mœurs. Jusqu'en notre XXᵉ siècle, l'image des tricoteuses éclaboussées de sang, huant les victimes, acclamant les bourreaux, est restée gravée dans les imaginations. La culture contre-révolutionnaire n'est pas morte. Elle revit, au contraire, et hante notre temps. Au point que 89 et surtout 93 restent associés, dans l'esprit de beaucoup, à des visions de femmes débraillées, vulgaires et cruelles, figurantes d'une Révolution folle de mots et de mort.

Mais il est vrai que ce sont là des images un peu vieilles. Malgré tous leurs efforts, les nouveaux chantres de la contre-révolution et de la monarchie française ont du mal à les rafraîchir. La vague féministe a beau être aujourd'hui retombée, elle a tout de même eu des effets indélébiles sur les esprits : comme celui de rendre désormais impossible, car ridicule, l'assimilation de la femme au péché. Ceux qui veulent discréditer la Révolution française ne peuvent plus, comme par le passé, suggérer qu'elle fut le triomphe de Satan en l'associant à des images de mégères et de poissardes glapissant contre l'ordre établi. Les tricoteuses ne suscitent plus un effroi garanti auprès de tous les publics.

Il y a plus moderne. Du côté droit des fantasmes, et certes bien plus habilement que du côté gauche, on a su se reconvertir. Il y a donc l'image des femmes trahies par une cause qu'elles croyaient libératrice. La Révolution, ou la défaite des femmes. Non plus les tricoteuses en folie, mais les citoyennes frustrées. Séduite et abandonnée le soir de ses noces avec l'histoire, la femme, victime d'une Révolution de machos.

C'est celui-ci, le fantasme à la mode. Au lieu de s'indigner contre 89, apothéose de la populace et démoralisation de la famille, voilà qu'on propose la Révolution à la haine des jeunes générations éprises d'égalité. Il suffit de faire valoir un argument auquel elles sont sensibles : le sexisme de la Révolution. Vos fameux révolutionnaires étaient des machos. Vous les croyiez égalitaires ? Ils n'ont cessé de refuser aux femmes la vraie citoyenneté, ils les ont renvoyées à leur broderie et à leurs marmots. Comme en toutes choses, l'égalité a ici servi de leurre, et les pseudo-citoyennes n'ont rien gagné à la Révolution. Elles y ont même perdu. Triste Révolution. Le catéchisme de gauche a beaucoup exagéré ses mérites... Ce qu'il fallait démontrer.

Ce fantasme est à droite, même si ce sont souvent des gens de gauche qui s'y complaisent. Il est à droite parce qu'il dit que 89 et 93 ont été inutiles, ou pire, malfaisants.

Il y a en effet deux manières de faire passer le postulat contre-révolutionnaire : « tout serait mieux allé sans la Révolution ». Ou bien l'on montre que cette Révolution a été une catastrophe, qu'elle a ruiné la France et ses valeurs catholiques. Ou bien l'on montre qu'elle n'a servi à rien. Dans les deux cas, il doit être clair qu'elle ne répondait à aucune nécessité historique. Entreprise satanique ou gaspillage irresponsable, à chacun de choisir le grief qui convient le mieux à son humeur. L'essentiel est de pouvoir conclure que... tout serait mieux allé sans la Révolution.

C'est de fait ce que suggère l'image de l'antiféminisme révolutionnaire systématique — cette idée que rien n'a été pire pour la cause des femmes que la Révolution et ses suites. Il ne faut donc pas s'étonner de retrouver ce refrain dans tant de livres d'histoire, écrits aujourd'hui non pour dissiper les vieux fantasmes, mais pour en forger de nouveaux à l'encontre de la Révolution. Parce que l'antiféminisme a désormais mauvaise réputation — y compris chez les universitaires qui le pratiquent avec zèle ! —, il est devenu une arme absolue contre l'esprit révolutionnaire, si l'on arrive à montrer que celui-ci s'en est rendu coupable. Ce qui, on a pu s'en persuader en lisant les mésaventures des citoyennes, n'est pas bien difficile. Seulement, s'il est hors de doute que la Révolution n'a pas été un mouvement traversé de part en part par un féminisme unanime et cohérent, il est hors de doute aussi qu'elle a été traversée par quelque chose comme du féminisme. Le mot n'existait pas, la chose non plus, telle que nous la connaissons. Mais pour la première fois dans notre histoire, des femmes ont défendu la cause des femmes, des hommes ont mis l'émancipation de la femme à l'ordre du jour. Et ces événements n'avaient rien de commun avec ce qui s'était passé jusqu'alors : des femmes ou des hommes de lettres, prenant la plume pour prôner l'égalité des sexes, dénonçant en francs-tireurs le machisme ambiant. La Révolution, elle, a installé sur le terrain de la pratique politique — la rue, les clubs, les assemblées — un débat resté jusque-là théorique et réservé aux salons. Il s'est bien passé quelque chose d'important pour les femmes à partir de 1789. Et c'est ce que tous ces fantasmes tentent soigneusement d'obscurcir.

Mais continuons notre promenade autour de la grande scène où se commémore, se célèbre, s'abhorre la Révolution. Nous avons vu des fantasmes de droite, vieux de deux cents ans. D'autres plus nouveaux, parlant à droite mais un langage savamment emprunté au progressisme, au féminisme. Un langage de liberté, contre la liberté.

N'y a-t-il pas non plus quelques fantasmes du côté gauche ? Les femmes de la Révolution n'ont-elles pas engendré des images et des mythes pour les révolutions à venir ?

Et comment donc ! Ceux qui se pensent les héritiers de la France révolutionnaire auraient mauvaise grâce à le nier. Depuis les victoires des émeutières parisiennes d'octobre 89, le mouvement des peuples a figure de femme, son mythe, souvent, s'énonce au féminin. Jaurès l'immortalise : « c'est sous la pression des pauvres femmes de Paris demandant du pain que la Déclaration des Droits de l'Homme est sanctionnée. Ce sont des mains ouvrières qui remettent à l'humanité nouvelle son titre glorieux. » Mains de femmes, mains ouvrières, c'est une même image pour l'historien socialiste de la Révolution. Les femmes ne sont-elles pas la part la plus faible des faibles, ne sont-elles pas le peuple du peuple ? Leur révolte signifie donc que même les plus humbles peuvent faire face aux puissants, c'est l'emblème du droit absolu de l'humanité contre la force, par essence inhumaine.

Cet emblème est chrétien, ne l'oublions pas. En faisant des femmes ses interlocutrices privilégiées, le Christ des Évangiles marque son option préférentielle pour les êtres que la société méprise, et qui ont la dernière place dans l'ordre établi. Le Christ, par l'Église, puissance antiféministe notoire, qui ignore les femmes de l'Évangile et exècre celles de la Révolution. Dans la mythologie révolutionnaire des XIXe et XXe siècles, la femme est en première ligne du combat pour la justice. Elle n'est pas porteuse de revendications spécifiques à sa condition féminine — sinon, elle n'occuperait pas cette position dans le mythe, car l'antiféminisme ouvrier reste longtemps au moins aussi réel que celui des bourgeois de la grande Révolution. La femme est l'emblème du peuple en marche vers la réalisation de ses droits. Le célèbre tableau de Delacroix, *La Liberté guidant le peuple,* pour exalter le souvenir des journées de juillet 1830, met en scène, franchissant une barricade, une femme qui n'a rien d'une déesse de l'Olympe, mais qui ressemble comme une sœur aux militantes du temps de la Convention. A ceci près que loin d'entraver sa marche, les militants — le bourgeois et l'ouvrier — lui emboîtent le pas avec ferveur.

On ne s'étonnera point de trouver du côté gauche une vision enthousiaste de la Révolution. Le combat fraternel unit les sexes, et l'on est à cent lieues des images de division qui dominent à droite : une conspiration de la lie du peuple, une chienlit provoquée par des sorcières tout droit surgies de la Cour des Miracles..., ou encore, une lâche humiliation sexiste infligée à des femmes qui attendaient tout des institutions nouvelles, et qui seront pour toujours des déçues de la Révolution. A gauche, les femmes chantent, et avec elles, les lendemains.

C'est que le mythe de gauche agite des fantasmes, lui aussi. Grandiloquents à leur manière, autant que ceux du mythe adverse, et aussi soucieux d'embellir les choses que les autres de les noircir. Mais le mythe de gauche est un mythe révolutionnaire. Si, en tant que mythe, il est incapable de dire la vérité, il est du moins, en tant que révolutionnaire, plus apte que l'autre à exprimer l'élan authentique de ceux qui ont fait la Révolution. Ainsi, ce rôle contradictoire qu'ils ont consenti aux femmes. Ainsi ce fantasme, justement, d'une impossible unité. La Révolution française a été divisée sur la question des femmes comme elle l'a été sur la question des classes populaires. Dans un cas comme dans l'autre, cette division concernait la participation directe aux luttes politiques et l'accès à l'égalité des droits. Dans les deux cas, la tradition révolutionnaire a voulu oublier la division, et en même temps l'a confirmée ou amplifiée. C'est ainsi que la gauche tient deux discours difficilement compatibles : l'un, mythique, où hommes et femmes, bourgeois et peuple, se donnent la main à l'assaut de l'Ancien Régime ; l'autre, analytique, où est soulignée la divergence des points de vue et des intérêts. Curieusement, le développement au XIXe siècle d'un mouvement ouvrier, solidement antibourgeois, et plus marginalement, d'un mouvement féministe, solidement hostile à la tyrannie du mâle, n'a jamais pu effacer l'image exaltante d'une Révolution des riches et des pauvres, des citoyens et des citoyennes : « la Révolution de l'armateur et de la harengère », chère à Jaurès.

Au-delà des fantasmes qui peuplent les mythes, si sympathiques soient ces derniers, il faut tâcher de saisir la réalité des contradictions révolutionnaires. Les débats, les combats, les incompréhensions, les alliances : tout cela a été peint et interrogé dans ce livre. Reste à en apprécier les aboutissements, et à poser la question cruciale : qu'ont gagné les femmes à la Révolution française ? Et comme le solde n'est pas forcément positif, le bilan peut aussi comporter la question inverse : qu'y ont-elles perdu ? Mais nous verrons que le raisonnement comptable a ses limites en histoire. L'ampleur des questions ouvertes par la Révolution au sujet de la femme oblige à considérer que ce temps est la fin d'une préhistoire, le début d'une histoire des rapports conscients entre les sexes. A ce passage, les femmes, pas plus que les hommes, ne peuvent avoir perdu.

Deux dimensions se mêlent : l'action, le droit. C'est dans la rue, ou comme on dit, sur le tas, que les femmes sont devenues des citoyennes. Mais elles le sont aussi devenues selon la loi. On ne peut séparer ces deux évolutions. Les femmes des journées populaires ne parleraient sans doute pas politique si le débat public, puis les textes législatifs, ne donnaient pas une définition de la citoyenneté et des buts de l'État. Réciproquement, la loi ne s'appliquerait pas avec autant de soin à distinguer les droits civils des droits civiques, et à tenir les citoyennes à l'écart de la tribune, si les militantes, par leur action de contestation radicale, ne remettaient en cause la structure du pouvoir politique, ainsi que les rapports entre la base populaire et les représentants élus de la Révolution.

On ne saurait donc penser l'engagement des femmes, sujets révolutionnaires, isolément des grandes lois qui transforment la condition civile et immobilisent la condition civique de la femme. Cependant, on ne saurait non plus les penser solidairement. Le mouvement des femmes a une dynamique propre, dont les réformes ou les non-réformes ne sont qu'une composante parmi d'autres, économiques, sociales, psychologiques. Le débat législatif a lui aussi une dynamique propre, intellectuelle et pas strictement politique. Les juristes de la Révolution ne sont pas seulement des députés conduisant une ou des stratégies face aux aristocrates, aux classes populaires, etc. Ce sont aussi, le plus souvent, des légistes, des professionnels du code et de la doctrine, c'est-à-dire, des interprétations savantes de la loi. Leur œuvre n'est pas une création spontanée du génie révolutionnaire, mais le couronnement de toute une ascension de l'individualisme juridique, à laquelle les philosophes des Lumières ne sont, bien sûr, pas étrangers.

Il faut dire, enfin, qu'aucune des lois importantes concernant la femme n'a été prise par les assemblées révolutionnaires sous la pression d'un mouvement revendicatif. Ce qui suffira à indiquer que la sphère de l'action et celle du droit sont spécifiques, tout en n'étant pas indépendantes l'une de l'autre. Elles se meuvent chacune à leur rythme, mais ne prennent tout leur sens que placées en interaction.

Pour cette double lecture de l'évolution de la condition féminine, dans l'action et selon la loi, au cours de la décennie révolutionnaire, distinguons trois types de réalités. Ce sont aussi trois modes différents d'articulation entre le mouvement des femmes et l'ordre juridique révolutionnaire, resserrés dans le temps entre 1789 et 1794.

1) *L'avènement de la femme citoyenne,* placée sous l'empire de la Déclaration des Droits de l'Homme et du Citoyen, et appelée à exercer ses capacités dans la société. A ce niveau, la loi semble bien fournir un cadre moral à l'engagement des femmes. Le corps social n'est pas distingué du corps politique, « homme » signifie être humain en général, « citoyen » signifie membre de la cité au sens large, et le masculin comprend le féminin : vaut pour la citoyenne tout ce qui vaut pour le citoyen. L'action se pense ici en harmonie avec le droit. La femme est reconnue comme un sujet, les femmes sont légitimées à s'exprimer et à agir.

2) *L'avènement de la femme civile,* dotée d'une personnalité juridique individuelle, et appelée à réaliser ses droits en tant qu'individu, dans ses rapports avec d'autres individus. Ce domaine n'est justement pas, comme de nos jours, un pôle de revendication féminine. Ici, donc, le droit anticipe largement sur l'action, et pousse très loin la créativité révolutionnaire : il fait éclater l'institution familiale d'Ancien Régime, invente des lois d'une surprenante modernité. Mais tout cela dans le cadre étroit des liens civils, à l'exclusion des liens civiques. La citoyenne est certes émancipée dans la sphère de la vie privée, celle qui n'est pas, ou guère, concernée à cette époque par un engagement public.

3) *L'avènement de la femme civique,* contre le droit, hors de tout cadre institutionnel. Les classes populaires urbaines, impliquées dans un processus de démocratie directe, nourrissent l'affirmation spécifique d'une avant-garde féminine. Celle-ci revendique sa place au sein du corps politique, se réclame des droits propres de la femme et de la citoyenne, prône l'alignement du civique sur le civil. L'action anticipe alors le droit... de cent cinquante ans (les femmes françaises voteront en 1945). Pour l'heure, au contraire, le droit résiste. La Révolution verrouille toute possibilité d'émancipation civique de la femme, et prend des mesures contre les mouvements féminins existants.

Comme on l'a remarqué, chacun de ces niveaux de réalité, ou d'articulation entre l'action et la loi, correspond globalement à une phase de la Révolution.

Dans une première phase, plutôt dominée par le consensus — ce qu'on appelle un peu vaguement « l'esprit de 89 » —, c'est la conjonction de l'action et de la loi qui prévaut, parce que le cadre de la loi est très large, et les objectifs de l'action féminine encore assez peu spécifiés. La loi exprime et légitime la volonté vivante de la nation, dont les femmes sont une part, naturelle et active, souveraine donc.

Dans une deuxième phase, dominée par l'initiative législative, la

Révolution est dans sa maturité victorieuse — Valmy, les débuts de la République et de la Convention —, tandis que le mouvement populaire tâtonne, incapable de se prendre en charge politiquement. A plus forte raison le mouvement féminin. La promotion de la femme ne concerne alors que des sujets individuels.

Dans la troisième phase, dominée par l'initiative populaire, et en particulier féminine, c'est du côté de l'action que s'effectue l'apprentissage civique de la citoyenneté : les militantes sont au service d'une cause politique, au milieu des affrontements majeurs de la Convention (printemps-automne 93) ; de la loi, ne viendra pour elles que la trahison.

Examinons le détail de ces trois phases, où l'émancipation des femmes passe tantôt par la conjonction de la loi et de l'action, tantôt par la loi excluant l'action, tantôt par l'action excluant la loi.

L'AVÈNEMENT DE LA FEMME CITOYENNE.

Pour les femmes comme pour les autres victimes d'une société inégalitaire dans son principe, le début de tout, c'est la Déclaration des Droits de l'Homme et du Citoyen. Là est le moment-clef, l'ouverture de tous les possibles. Une ouverture, bien sûr, pas un aboutissement. Tout n'est pas réglé avec la Déclaration, ni pour les femmes, ni pour les autres. Mais sans elle, rien ne peut se transformer, puisqu'elle marque la sortie solennelle et définitive de l'homme hors de l'empire du privilège. Mille ans de France féodale s'écroulent — du moins au niveau des principes, mais est-ce un détail ? — au contact de l'explosif article premier : « Les hommes naissent et demeurent libres et égaux en droits. » Voilà ruiné ce bel Occident, dont on ne cesse aujourd'hui de nous vanter les charmes, et dont le principe fondamental, au contraire, est que les hommes naissent inégaux, que certains valent plus que d'autres, selon qu'ils sont bien ou mal nés. S'attendrir sur l'Occident et ses prétendues valeurs, c'est toujours regretter ce temps du privilège — en se figurant bien entendu qu'on aurait été du bon côté, et qu'on aurait valu quelque chose ! Ce temps est mort le 26 août 1789, mort pour toujours. D'autres privilèges sont apparus, des inégalités se sont tissées à nouveau, monstrueuses. Mais jamais personne n'a pu affirmer que ce désordre était inscrit dans la nature des choses. Les seuls à avoir réhabilité la vieille idée des inégalités de naissance entre les hommes, et légitimé une supériorité du sang, ce sont les nazis. Lesquels raffolaient justement de l'époque féodale, et haïssaient la Révolution française. C'est cette compagnie-là que choisissent aujourd'hui, souvent sans même être capables de s'en apercevoir, les gens qui trouvent la Révolution encombrante, ceux qui passent leur temps à peindre les délices de la société d'Ancien Régime, ou à rêver d'un joyeux Moyen Age où les hommes naissaient et demeuraient inégaux en droits.

La Déclaration est le fondement de tout l'humanisme moderne, par cette reconnaissance d'une égalité de principe entre des êtres en fait différents, soumis à des sorts inégaux. Aucun humanisme n'est possible à l'écart de cet axiome. Toute morale qui prétendrait la contourner, par exemple sous prétexte que l'égalité de fait est plus importante que l'égalité de droit, irait irrésistiblement à la barbarie. Car une fois retiré l'axiome, tout est permis : il redevient légitime de considérer que certains hommes sont plus précieux que d'autres, ou moins précieux. Marx a eu raison de montrer que l'égalité juridique était insuffisante et même dérisoire, quand régnait l'inégalité de fait, et que le fameux article premier de la Déclaration devenait une espèce d'alibi, permettant de pratiquer l'exploitation en toute bonne conscience. Mais Marx a eu tort de réduire la portée de ce texte immense, de n'y voir que « la déclaration des droits de l'homme égoïste », sorte de gadget juridique bourgeois destiné à abuser le prolétariat. C'est n'avoir rien compris à la démocratie, à ses fondements nécessaires... nécessaires, même si, dans le cadre de la démocratie bourgeoise, ils sont insuffisants.

Et la femme ? Fait-elle bien partie de ces « hommes » qui « naissent et demeurent libres et égaux en droits » ? Oui, sinon nous n'en parlerions pas ici, et le principe, s'il n'était pas universel, perdrait toute sa valeur humaniste. La femme est au nombre des êtres que leur humanité commune dote des mêmes droits. Son émancipation peut commencer, sitôt qu'est prononcée la disparition des particularités d'état : le fait d'être né ceci ou cela, femme par exemple, ne donne pas à un être moins de droits qu'à un autre, ni évidemment plus. Certes, l'horizon subitement ouvert à une égalité des hommes et des femmes suscitera des peurs. La grande invention qui permettra de limiter les effets de cette ouverture vertigineuse, ce sera la faiblesse physique de la femme. Le parti machiste va donc s'empresser de spéculer sur cette infériorité matérielle, qui annule pratiquement l'égalité de droit. Les hommes de la Révolution, puis le XIXe siècle presque au complet, savants en tête, délireront sur la fragilité de l'être féminin. Nous y reviendrons. En tout cas, pour le droit, la femme est une représentante de l'humanité, au même titre que l'homme. Non seulement parce qu'elle a une âme, comme l'a péniblement admis l'Église, mais parce qu'elle a une personnalité d'être raisonnable, à quoi sont attachés des droits et des capacités universels.

A l'horizon des droits de l'homme, se profile donc une nouvelle humanité de la femme. Cette humanité implique la citoyenneté. En effet, si « le but de toute association politique est la conservation des droits naturels et imprescriptibles de l'homme », il faut que l'homme soit également un citoyen, un membre de cette « association politique », autrement dit, de cette société régie par des lois. Mais attention. Un membre, ce n'est pas seulement un élément appartenant à l'ensemble social. Être citoyen, ce n'est pas seulement faire partie du groupe. C'est être là comme élément intéressé à la bonne marche de l'ensemble — puisque c'est cette bonne marche qui garantit « la conservation des droits ». Être citoyen, c'est donc être membre actif de l'« association politique », et veiller au respect des institutions qu'elle met en place. Pas de citoyenneté sans cet intérêt pour les droits de l'homme, et sans cette vigilance à l'égard des institutions. La Déclaration, dans son préambule, affirme la nécessité que tous les citoyens, parce qu'ils tiennent à leurs droits et à ceux de leurs semblables, gardent les yeux fixés sur elle : « afin que cette déclaration, constamment présente à tous les membres du corps social, leur rappelle sans cesse leurs droits et leurs devoirs ».

On le voit, à ce niveau de définition de la citoyenneté, cette dernière apparaît comme une condition fondamentale de l'existence au sein du corps social, pour tout être raisonnable conscient de ses droits. Elle concerne donc aussi bien les femmes que les hommes. Aux femmes autant qu'aux hommes, elle donne pour mission de consolider les institutions en charge des droits de tous... ou éventuellement de les dénoncer, si ces institutions manquent à leur tâche. Car l'article 2 de la Déclaration proclame, au nombre de ces droits que l'État est là pour conserver, « la résistance à l'oppression ».

En somme, il faut supposer que les citoyennes peuvent prendre une part active à la sauvegarde des lois, et à travers elles, des droits de l'homme. Cette fonction est elle-même un droit — un droit au carré, si l'on peut dire, le droit de veiller à la consolidation de ses droits —, ne pas l'exercer reviendrait à s'exclure de l'« association politique », et donc à ne plus se considérer soi-même comme un être humain intéressé à la conservation de ses droits. Ainsi, les femmes qui renonceraient à l'action seraient indignes de la loi qui fait d'elles des citoyennes. De la même manière, le régime qui les priverait de cette faculté d'agir dans la cité et pour la cité, serait en contradiction avec la loi qui reconnaît aux femmes les droits de l'homme et du citoyen. Ce régime serait illégitime. Selon l'article 16 de la Déclaration, « toute société dans laquelle la garantie des droits n'est pas assurée (...), n'a point de constitution ».

L'AVÈNEMENT DE LA FEMME CIVILE.

La femme est installée par les lois révolutionnaires dans un horizon politique. Citoyenne, elle a le droit de jouir de sa liberté, d'exprimer son opinion, de veiller au respect des institutions. Mais il semble que la Révolution souhaite s'occuper de la femme, plutôt que de voir les femmes s'occuper de la Révolution.

L'horizon politique reste un horizon. L'action des citoyennes reste une possibilité, marginale tant que la femme n'aura pas été dotée de droits civiques, fixant le cadre légal de sa participation aux affaires publiques. Or ce cadre ne sera jamais fixé. Le législateur révolutionnaire lui tourne même résolument le dos, en choisissant d'intervenir sur le plan du droit civil. La citoyenne n'est pas reconnue comme un sujet politique, entretenant des rapports avec les organes de gouvernement. En revanche, elle est investie de multiples et nouvelles fonctions, dans ses rapports avec les autres citoyens, de personne privée à personne privée. La Révolution lui construit une personnalité civile moderne, en l'arrachant à l'immémorial servage de la famille. On peut dire que c'est pour la femme que la rupture a été la plus vive, entre la soumission à l'ordre d'Ancien Régime et le nouveau statut individuel.

Car ce statut est individuel : dans la citoyenne définie par la Déclaration de 89, ce que le droit révolutionnaire dégage, ce dont il libère l'existence, c'est l'individu. En d'autres termes, la Révolution permet l'avènement juridique d'une femme individualisée, libre de ses sentiments et de ses choix. C'est ce qu'on pouvait inventer de plus choquant pour signifier que la page de l'Ancien Régime est bien tournée. Une femme individu ! Alors que la femme, dans toutes les sociétés dont on garde alors la mémoire, a été par vocation une mère de famille, une pondeuse et une nourrice, doublée d'une maîtresse de maison, la voilà reconnue autre chose : une individualité autonome, un *je* existant pour son propre compte, et non pour la prospérité de sa tribu.

Cette libération civile commence avec la Constitution du 3 septembre 1791 — qui est la suite logique de la Déclaration d'août 1789 — : « La loi ne considère le mariage que comme un contrat civil » (titre II, article 7). Formule audacieuse, et il faut bien le dire, horrible blasphème contre l'ordre familial, catholique et féodal ! Si le mariage est un contrat civil, cela implique que les parties contractantes, l'homme et la femme, soient civilement égales, en accord avec les principes de 89. En outre, si le mariage *n'*est pour la loi *qu'*un contrat civil, cela veut dire que la nature de ce contrat suffit à créer les obligations du mariage, lesquelles ne dépendent donc plus d'un engagement sacré. La femme n'est plus qu'une contractante, un sujet volontairement obligé par un acte juridique. Elle n'entre pas dans le mariage comme dans une vocation. Elle ne fait pas don de sa personne à l'institution familiale, dont les comptes sont tenus par le Ciel.

Le mariage a été choisi à certaines conditions. Si elles ne sont pas remplies, il pourra être dénoncé par l'une ou l'autre des parties. Telle est la logique du contrat civil. Le mariage religieux, au contraire, est un contrat qui doit admettre à l'avance des obligations non convenues, des clauses étrangères à l'acte, au mépris de la volonté des contractants. Il est indissoluble, quoi qu'il arrive, ou presque. Dans son obsession procréatrice, le droit d'Église n'admet qu'un motif sérieux de démariage — à côté des éternels obstacles de la consanguinité —, le fonctionnement défectueux de la machine sexuelle. En revanche, les sentiments des époux, leur entente morale, bref, tout ce qui n'a pas un rapport direct avec l'accouplement, n'a aucune importance aux yeux de la loi religieuse. On ne s'est pas marié pour être heureux, mais pour fonder un foyer et se reproduire, en accord avec les prescriptions du Ciel.

C'est à tout cela que la Révolution soustrait les couples. Et surtout les femmes, qui en sont de fait plus lourdement affectées que les hommes, dans une société inégalitaire où « du côté de la barbe est la toute-puissance », comme l'enseigne l'Arnolphe de Molière. Une redéfinition de la dignité du couple profite en premier lieu à celles dont toute la vie sociale gravite autour du mariage et des tâches domestiques. Elles ont tout à gagner à ce que les époux y soient un peu plus des sujets autonomes, et un peu moins des géniteurs.

Le pouvoir de se marier en individu libre contient le pouvoir de divorcer. Les juges civils de la Révolution ont parfaitement compris que l'esprit de la loi de 1791 impliquait la faculté de rompre le contrat de mariage. Tant et si bien qu'ils ont pris l'habitude d'enregistrer les ruptures déclarées, avant même que le divorce ne soit officiellement institué. Un décret confirme en 1794 ces quasi-divorces antérieurs à la loi. Quant à celle-ci, elle intervient avec la fondation même de la République. Symboliquement, le mariage d'Ancien Régime s'écroule avec la puissance monarchique. Le trône et l'autel ont cessé de faire la loi.

Ce sont, en fait, deux actes législatifs qui mettent en place le dispositif émancipateur. Ils portent tous deux la même date : 20-25 septembre 1792.

La *Loi qui détermine le mode de constater l'état civil des citoyens* établit une symétrie entre la procédure du mariage et celle du divorce — et du reste, une symétrie entre les époux qui feront constater le divorce par un officier public.

Le *Décret qui détermine les causes, les modes et les effets du divorce* est la conclusion logique du processus de libération des individus, et tire toutes les conséquences de la nouvelle définition du mariage. C'est un véritable système du divorce qui vient redoubler le système matrimonial. Le divorce peut revêtir deux formes, contractuelle et judiciaire : ou bien les époux décident en commun de rompre leur contrat, ou bien ils sollicitent un jugement. Dans ce dernier cas, les sujets avouent leur impuissance à gérer les suites d'un mariage malheureux : c'est donc au juge de motiver la nullité du contrat. Mais dans le premier cas, ce sont bien les contractants eux-mêmes qui prononcent l'annulation, qui l'assument dans ses motifs et dans ses effets.

Le divorce par consentement mutuel est une invention révolutionnaire. Pourquoi à ce point ? Parce qu'il fait une totale confiance à l'individu, mais plus particulièrement, à la femme. C'est cette position donné à l'épouse, capable de juger son mariage avec la même indépendance que l'époux, à la fois contre lui et aussi bien que lui, qui repousse dans la nuit de la préhistoire les traditions de l'Occident chrétien. Le divorce par consentement mutuel est une avancée incontestable du droit en direction de l'égalité des sexes. C'est sans doute pourquoi la bourgeoisie, une fois installée au pouvoir, se repent très vite des audaces du législateur de 1792. Le scandale créé par l'institution d'un divorce symétrique, largement utilisable, est grand chez les défenseurs de la famille. Le divorce par consentement mutuel apparaît bientôt comme un encouragement à la dissolution du mariage. Il est d'ailleurs vrai, statistiquement, qu'il est la forme choisie par les ménages les plus récents, et qui se sont donc révélés les plus fragiles. Le consentement mutuel est lié, dans l'opinion, à l'idée d'immaturité et de versatilité, alors même qu'il table sur une plus grande responsabilité des individus...

Avec l'arrivée aux affaires d'une bourgeoisie soucieuse de retour à l'ordre, la réforme de la loi sera dès 1795 à l'ordre du jour. Le divorce par consentement mutuel sera rendu de plus en plus difficile, hérissé de formalités dissuasives. Rappelons que le divorce, sous toutes ses formes, sera aboli par la très catholique Restauration, en 1816 — à la différence de la loi sur l'état civil, que Pie IX suppliera Napoléon III d'abroger, mais en vain. Quand la Troisième République rétablira la faculté de divorcer, en 1884, elle se gardera bien d'y inclure le consentement mutuel. Celui-ci ne refera surface qu'en... 1975. La loi française aura mis 183 ans à retrouver la largeur d'esprit de 1792, où une assemblée s'est risquée à imaginer que deux époux également sensés et responsables pouvaient décider eux-mêmes de dénouer leurs liens. Quant au divorce par procédure judiciaire, il fait, après 1792 comme après 1884, l'objet d'une demande féminine majoritaire : l'écart entre demanderesses et demandeurs ayant été particulièrement sensible dans les premières années de la législation.

L'ordre juridique privé retient donc les femmes loin de la vie publique, en captant leur désir d'émancipation. Elles trouveront dans le divorce une liberté qu'elles ne pourront trouver dans la vie politique. Du moins, selon la loi. Si elles tiennent à faire l'expérience d'une liberté qui ne soit pas seulement celle de la sphère privée, il leur faut s'en saisir elles-mêmes : non comme objets d'une législation révolutionnaire faite par des hommes, mais comme femmes, sujets de la Révolution.

L'AVÈNEMENT DE LA FEMME CIVIQUE.

Symétriques dans leur vie d'individus, l'homme et la femme devraient logiquement le devenir dans leur vie de citoyens. Ainsi serait pleinement réalisé l'idéal d'égalité de 1789. C'est ce que reconnaît cyniquement Talleyrand, juste avant de conclure que cet idéal n'est pas totalement compatible avec... le bonheur public. « Si nous leur reconnaissons les mêmes droits qu'aux hommes, il faut leur donner les mêmes moyens d'en faire usage. Si nous pensons que leur part doive être uniquement le bonheur domestique et les devoirs de la vie intérieure, il faut les former de bonne heure pour remplir cette destination. » Voilà qui a le mérite d'être clair ! Et qui peut toutefois étonner de la part d'un homme qui, au même moment, affirme que « la Déclaration des Droits » doit devenir « un nouveau catéchisme ». Ce texte exemplaire, dans sa contradiction comme dans son hypocrisie, date de l'automne 1791. Attardons-nous sur ce monument du sexisme bourgeois. Il nous permet de comprendre pourquoi c'est dans la rue que les femmes deviendront membres du peuple souverain.

Les droits de la citoyenne doivent rester limités à une définition minimale, centrée sur la personne individuelle. La femme peut notamment prétendre à un droit fondamental au bonheur. Il lui sera accordé avec d'autant plus de générosité que ce bonheur est « domestique », et ne signifie pas pour elle la même chose que pour l'être masculin. Mais n'est-ce pas insulter les principes de la Déclaration ? Talleyrand marque un temps d'hésitation. « Une moitié du genre humain exclue par l'autre de toute participation au gouvernement ; des personnes indigènes par le fait et étrangères par la loi sur le sol qui les a pourtant vues naître (...) : ce sont là des phénomènes politiques, qu'en principe abstrait, il paraît impossible d'expliquer ; mais il est un ordre d'idées dans lequel la question change et peut se résoudre facilement. »

Nous voilà rassurés ! De la même manière, Tartuffe expliquait qu'il est un ordre d'idées dans lequel voler n'est pas commettre un vol, dans lequel trahir n'est pas commettre une trahison, etc. Tout dépend de l'art de présenter les choses. Il y a moyen de faire dire à la Déclaration des Droits de l'Homme et du Citoyen que certains citoyens sont plus citoyens que d'autres, ou que l'égalité civique menace le bonheur. Le digne ecclésiastique qu'est Talleyrand n'a aucune peine à l'imaginer : tout comme avec le Ciel, il existe avec les droits de l'homme des accommodements.

« Le but de toutes les institutions doit être le bonheur du plus grand nombre. Tout ce qui s'en écarte est une erreur ; tout ce qui y conduit, une vérité. Si l'exclusion des emplois publics prononcée contre les femmes est pour les deux sexes un moyen d'augmenter la somme de leur bonheur mutuel, c'est dès lors une loi que toutes les sociétés ont dû reconnaître et consacrer. » La mission du législateur est donc de protéger le bonheur des femmes en les protégeant elles-mêmes de la politique. Si certains citoyens sont plus citoyens que d'autres, certains bonheurs doivent aussi être plus heureux que d'autres : « le bonheur commun, surtout celui des femmes », poursuit notre évêque, « demande qu'elles n'aspirent point à l'exercice des droits et des fonctions politiques. Qu'on cherche ici leur intérêt dans le vœu de la nature. N'est-il pas sensible que leur constitution délicate, leurs inclinations paisibles, les devoirs nombreux de la maternité (...) les appellent à des occupations douces, à des soins intérieurs ? »

Nul mieux que Talleyrand n'a formulé les impasses d'une conception sexiste des droits de l'homme, ni figuré avec plus de clarté le partage d'une citoyenneté mâle et femelle, ni plus tranquillement assumé son absurdité. Surtout, il a dit la grande pensée des révolutionnaires : ce que signifie pour eux placer les femmes « sous l'empire de la liberté et de l'égalité », ce que signifie ce contraste entre libération civile et frustration civique. « Au moment où elles renoncent à tout droit politique, elles acquièrent la certitude de voir leurs droits civils s'affermir et même s'accroître. »

Alors ? Alors il reste la rue, comme depuis le début de la Révolution. La rue émeutière, mais aussi la rue politique, où l'on se rassemble pour discuter. Le club, en ce sens, est un prolongement de la rue. Le plus fameux, le Club des Citoyennes républicaines révolutionnaires, fondé le 10 mai 1793, a pour objectif avoué d'organiser les militantes en groupe de pression politique et en bataillon. Au moment de sa dissolution, en octobre de la même année, le Club a déjà lui-même succombé aux tensions de l'heure, qu'il reproduit avec un surcroît de dureté.

Car cette politique de femmes est globalement la même que celle des hommes : mêmes objectifs, mêmes enjeux, mêmes conflits. Si les citoyennes interviennent sur la chose publique, cette chose publique n'est évidemment pas différente pour elles : les problèmes qu'elles y affrontent sont aussi ceux des hommes, même si, nuance importante, leur regard peut être différent. Dans les sections de sans-culottes, les militantes imposent leur présence, et donc cet autre regard, plus attentif sans doute aux difficultés de la vie quotidienne, à la question des vivres, aux effets concrets du chaos économique de la Révolution.

Mais quelle que soit la spécificité de leur regard de femmes, ces militantes sont là parce qu'elles sont le peuple, et non parce qu'elles sont un *sexe,* un membre *sectionné* du corps politique. Elles proclament au contraire que nul ne peut les séparer de ce corps auquel elles appartiennent pleinement. Ce qui amène les citoyennes dans les clubs, sur la place publique, c'est d'abord le souci d'exercer la part de souveraineté qui leur revient de droit, mais non pour faire valoir leurs intérêts singuliers de femmes. Elles viennent pour assurer, conjointement avec les hommes, la vigilance du peuple à l'endroit des lois.

C'est précisément à ce niveau qu'un contresens est à éviter. Il consisterait à prendre pour des féministes les citoyennes engagées dans les luttes politiques de la Révolution. Or, le premier mobile de ces femmes n'est pas de revendiquer pour les femmes. Elles revendiquent pour le peuple, contre la vie chère, contre des lois d'injustice sociale, pour la promotion de certains choix politiques. C'est seulement si on les interpelle au sujet de leur engagement, qu'elles affirment avoir autant à dire que les hommes, et protestent d'un droit des femmes. Nos citoyennes ne sont pas féministes. Elles sont mieux que cela. Militantes de la liberté des deux sexes, elles affichent un dédain superbe, et peut-être un peu irréaliste, à l'égard de tout ce qui sert à distinguer la cause des hommes et la cause des femmes. Elles n'ont aucun goût pour la doctrine du développement séparé des idéaux.

Et n'est-ce pas là que la Révolution fait vraiment d'elles des femmes modernes ? La cause la plus neuve, dans un monde qui a toujours accentué la différence des sexes, n'est pas, en effet, que les femmes aient *autant* de liberté que les hommes. Car on pourrait les contraindre à exercer cette liberté, quantitativement égale, dans des domaines qualitativement réservés aux femmes. La cause vraiment révolutionnaire, donc, c'est que les femmes puissent exercer leur liberté d'êtres raisonnables dans les mêmes instances de la vie sociale que les hommes. Dans la vie politique — et les citoyennes voulaient avoir le droit de monter à la tribune. Dans la vie professionnelle — et les citoyennes voulaient avoir le droit d'étudier, d'officier au service de l'État, y compris pour la défense du territoire national.

La Révolution française n'a pas libéré la femme. Il faut être sot, ou de mauvaise foi, pour s'étonner qu'elle n'en ait pas eu les moyens. Certaines de ses initiatives ont même durablement traumatisé l'opinion d'un vieux pays sexiste, et suscité une réaction si brutale, au XIXe siècle, que bien souvent l'on est tenté d'y voir une régression par rapport à l'Ancien Régime. Pourtant, ce sont les questions les plus résolument modernes qui ont été posées par les hommes et par les femmes de la Révolution. Des travailleuses sans instruction et sans manières ont osé imaginer une citoyenneté commune aux êtres raisonnables des deux sexes. C'était entailler un tabou millénaire. Car les sociétés tiennent encore plus à la différence des sexes qu'à leur inégalité. Et une vraie révolution dans les rapports entre hommes et femmes ne peut s'arrêter à l'égalité. Tant qu'il sera plus évident d'être gouverné, ou dirigé, ou représenté, par un homme que par une femme, alors même qu'est proclamée et instituée l'égalité des sexes, la grande idée des citoyennes révolutionnaires sera toujours devant nous.

ELISABETH GUIBERT-SLEDZIEWSKI

BIBLIOGRAPHIE ABRÉGÉE DES OUVRAGES CONSULTÉS

Je remercie pour leur contribution :

P.-A. DE BEAUMARCHAIS, H. DE BALZAC, J.-A. BARBEY D'AUREVILLY, MME DE CHASTENAY, F.-R. DE CHATEAUBRIAND, DELISLE DE SALES, A. DUMAS, ERCKMANN-CHATRIAN, P. FOUCHER, A. FRANCE, E. et J. GONCOURT, V. HUGO, La Marquise de LA TOUR DU PIN, L.-S. MERCIER, J. MICHELET, MIRABEAU, C. NODIER, E. RENAN, RESTIF DE LA BRETONNE, J.-J. ROUSSEAU, SAINT-JUST, G. SAND, A. DE VIGNY.

TRAVAUX

L. ABENSOUR, *La femme et le féminisme avant la Révolution*, E. Leroux, 1923.

M. AGULHON, *Marianne au combat*, Flammarion, 1979.

D. ARASSE, *La guillotine et l'imaginaire de la Terreur*, Flammarion, 1987.

PH. ARIES, *L'enfant et la vie familiale sous l'Ancien Régime*, Seuil, « Points », 1975.

E. et R. BADINTER, *Condorcet*, Fayard, 1988.

E. BENABOU, *La prostitution et la police des mœurs au XVIIIe siècle*, Perrin, 1987.

O. BLANC, *Olympe de Gouges*, Syros, 1981.

J.-P. BERTAUD, *La vie quotidienne en France au temps de la Révolution 1789-1795*, Hachette, 1985.
Lucile et Camille Desmoulins, Presses de la Renaissance, 1985.

P. BOIS, « La Vendée contre la République », dans *L'Histoire*, n° 25, 1980.

J.-C. BONNET (dir.), *La Carmagnole des Muses*, A. Colin, 1988.

M. BOULOISEAU, *La République jacobine 10 août 1792-9 thermidor an II*, E. du Seuil, 1972.

M. CERATI, *Le Club des Citoyennes républicaines révolutionnaires*, Éditions sociales, 1966.

D. DESSERTINE, *Divorcer à Lyon sous la Révolution et l'Empire*, P.U.L., 1981.

J. DONZELOT, *La police des familles*, Éd. de Minuit, 1980.

P.-M. DUHET, *Les femmes et la Révolution 1789-1794*, Julliard, « Archives », 1791.

J.-L. FLANDRIN, *Familles — Parenté, maison, sexualité dans l'ancienne société*, Hachette, 1976.
« L'avortement dans l'ancienne France », dans *L'Histoire*, n° 52, 1983.

M. FOUCAULT, *Histoire de la folie à l'âge classique*, Gallimard, 1978.

J. GELIS, « Quand les femmes enfantaient sans médecin », dans *L'Histoire*, n° 34, 1981.

M. GENTY, *L'apprentissage de la citoyenneté*, Messidor, 1986.

D. GODINEAU, *Les femmes des milieux populaires parisiens pendant la Révolution française 1793-Messidor an III*, thèse dactyl., Université Paris I, 1986.

P. GOUBERT et M. DENIS, *Les Français ont la parole, Cahiers des États Généraux*, Julliard, « Archives », 1964.

C. HABIB « La part des femmes dans l'*Émile* », dans *Esprit*, août-septembre 1987.

L. HUNT, « Révolution française et vie privée », dans *Histoire de la vie privée*, t. IV, Éd. du Seuil, 1987.

A. HUSSEN, « La " crise " du mariage et de la famille pendant la Révolution française », dans *Aimer en France 1760-1860*, Actes du Colloque de Clermont-Ferrand, 1980.

E. JULLIARD (dir.), *Histoire de la France rurale*, t. 3, Éd. du Seuil, 1976.

L. LACOUR, *Trois femmes de la Révolution*, Plon, 1900.

F. LEBRUN, « Tu enfanteras dans la douleur », dans *L'Histoire*, n° 54, 1983.

E. LE ROY LADURIE (dir.), *Histoire de la France rurale*, t. 2, Éd. du Seuil, 1975.

E. LE ROY LADURIE (dir.), *Histoire de la France urbaine*, t. 3, Éd. du Seuil, 1981.

M. LEVER, « L'antiféminisme du Moyen Age à la Révolution », dans *L'Histoire*, n° 54, 1983.

M. LIDOVE, *Les Vendéens de 93*, Éd. du Seuil, 1971.
« Les femmes et la Révolution française », dans *L'Histoire*, n° 29, 1980.

C. MAZAURIC, *Jacobinisme et Révolution*, Messidor, 1984.

A. MATHIEZ, *La Révolution française*, U.G.E., « 10/18 », 1978.

N. MOZET, « Mariage et Révolution dans *Nanon* », dans *Bulletin de la Société des amis de G. Sand*, 1988.

V. NAHUM-GRAPPE, « Conflit de parure et vouloir paraître : briller au XVIIIe siècle », dans *Parure, pudeur, étiquette, Communications*, n° 46, 1987.

PH. PERROT, *Le travail des apparences ou les transformations du corps féminin XVIIIe et XIXe siècles*, Éd. du Seuil, 1984.

CL. PETITFRÈRE, « Le temps des serviteurs », dans *L'Histoire*, n° 82, 1985. « Le peuple contre la Révolution française », *ibid.*, n° 53, 1983.

P. PEYRONNET, « Le péché philosophique », dans *Aimer en France...*, ouvr. cité.

D. ROCHE, « L'économie des gardes-robes à Paris de Louis XIV à Louis XVI », dans *Parure, pudeur, étiquette, Communications*, ouvr. cité.

A. SOBOUL, *Histoire de la Révolution française*, Gallimard, « Idées », 1964. *Le procès de Louis XVI*, Julliard, « Archives », 1970. *Les sans-culottes*, Éd. du Seuil, 1968.
« Les paysans " partageux " de la Révolution française », dans *L'Histoire*, n° 26, 1980.

J. STAROBINSKI, *1789 — Les emblèmes de la Raison*, Flammarion, « Champs », 1979.

C. TILLY, *La Vendée, Révolution et contre-révolution*, Fayard, 1970.

M. VOVELLE, *La chute de la monarchie*, Éd. du Seuil, 1972. *La mentalité révolutionnaire*, Éditions sociales, 1984. *La Révolution française. Images et récit*, Messidor, 1986.

M. VOVELLE (dir.), *L'état de la France pendant la Révolution*, La Découverte, 1988.

D. WORONOFF, *La République bourgeoise de Thermidor à Brumaire*, Éd. du Seuil, 1972.

TABLE DES MATIÈRES

Maquette
François Féret
Iconographie
Marie-Hélène De Peretti

Achevé d'imprimer en juillet 1989
sur les presses d'Aubin Imprimeur Ligugé, Poitiers
pour le compte des Éditions Messidor
146, rue du Faubourg Poissonnière 75010 Paris

Relié dans les ateliers de la S.I.R.C.
à Marigny-le-Châtel

Dépôt légal : juillet 1989. N° d'édition : 2604
N° d'imprimeur : P 31803 — 389073R6

